가치의 입법자

프리드리히 니체

가치의 입법자
프리드리히 니체

리 스핑크스 지음 | 윤동구 옮김

앨피 book

해석하고, 창조하고, 긍정하라

1889년 1월 이탈리아 토리노에서 마부에게 채찍질을 당하는 말의 목을 끌어안고 눈물을 흘리다가 쓰러진 뒤, 니체는 심각한 정신착란을 겪으며 사실상 철학자로서의 삶을 마감했다. 자서전 격인 『이 사람을 보라』의 초고를 탈고한 지 두 달 만의 일이었다.

자신의 삶과 사유가 제대로 이해되지 못한 채로 사람들의 입에 오르내리는 것을 보며, 니체는 『이 사람을 보라』가 자신의 실존과 사상에 대한 직접적인 해명이 되길 바랐다. 자신이 어떤 사람인지 동시대인들이 당장 알아차리기는 어려울 것이라며 '백 년만' 기다려 보자고 다짐한 니체였건만, 그 역시 자신의 '진정한' 모습을 인정받고픈 욕망에서 끝까지 자유롭지는 못했을지도 모른다. 니체는 『이 사람을 보라』의 초고를 출판사에 보냈다가 도로 가져와 수정하는 등 열의를 보였으나, 끝내 출간 소식을 듣지 못한 채 1900년 세상을 떠났다.

그러나 세계가 니체의 부름에 적극적으로 화답하는 데 굳이 백 년까지 기다릴 필요는 없었다. 오래 지나지 않아 후대 사람들이 앞 다투어 니체의 삶과 저서들을 자기 깜냥대로 해석하며 저마다 그의 적자이자 창조적 계승자임을 자처하고 나섰기 때문이다. 이들이 보기에 니체는 삶과 작품의 혼연일체를 완성한 위대한 실존의 표상이자 정열적인 예술가의 초상이었고, 모든 권위에 도전하고 기존의 도덕과 가치에 얽매이지 않으며 심지어 자기 파괴도 서슴지 않은 진정한 시대의 비판가였다.

또 어떤 이들은 니체에게서 문학과 철학의 경계를 허문 독창적인 문장가로서의 면모를 보았고, 20세기 중후반에 등장한 다수의 이론가들은 향후 인문학의 영역 전반을 뒤흔들게 될 탈구조주의와 포스트모더니즘의 선구자로서 니체를 추대했다. 나아가 니체는 한편으로 서양 형이상학의 완성자이자 나치즘에 이론적 기초를 제공한 인물로 평가되다가도, 다른 한편으로는 정반대로 전통적 형이상학의 극복을 요청하고 민족주의와 반유대주의를 경멸한 인물로 인식되기도 했다.

이처럼 다채로운 백가쟁명의 해석들이 니체가 백 년 뒤에 이해받고 싶었던 자신의 진면목을 얼마나 정확히 짚어 내고 또 풍요롭게 선보였는지 판단하기란 쉽지 않을 것이다. 그러나 지난 백여 년간 흥미진진하게 전개되어 온 니체 해석 및 평가 작업들의 결정적인 가치는 그러한 일련의 과정들이 결과적으로 인문사회과학의 거의 모든 영역에 걸쳐 유래 없는 활기와 창조적 역량을 불어넣음으로써, 삶의 실천에 해석 행위를 필수적인 요소로 본 니체의 주장을 직접 실행에 옮겨 증명해 왔다는 사실에서 찾아야 한다.

또 이를 가장 극적으로 수행한 해석들로는 역시 탈구조주의와 포스트모더니즘을 들 수 있을 것이다. 니체의 개념들에 대한 정교하고 강력한 재해석이 자양분이자 모태인 탈구조주의와 포스트모더니즘은 이론과 실천, 자기동일적 주체와 타자, 지식과 권력, 진리와 해석, 역사와 허구 등의 문제에 대한 과격하고 전면적인 재검토를 감행함으로써, 고착화된 학문적 제도 및 갖가지 분류법과 인식 체계, 나아가 사람들의 사고방식 전반에 돌이킬 수 없는 커다란 균열을 일으켰다. 탈구조주의와 포스트모더니즘은 해석이라는 이론적 작업이 그 자체로 의미심장하고 역동적인 변화를 촉진할 수 있는 효과적인 실천임을 확실히 보여 줌으로써 가장 막강한 니체의 전위부대가 되었던 것이다.

니체는 내심 『이 사람을 보라』로써 자신의 실체를 온전히 알리고 싶었을지 모르지만, 그 외 다른 저서들에서는 다양한 해석들의 놀이 배후에 자리 잡은 '진짜' 의미란 존재하지 않음을 여러 차례 강조했다. 바꾸어 말하자면, 우리에게 주어진 숱한 해석들을 포괄하고 정리할 수 있는 '단 하나의' 니체 해석이란 있을 수 없으며, 이를 찾으려 애쓰는 것이야말로 니체의 사유에 정면으로 반하는 일이다. 그럼에도 니체에 관한 유력한 해석과 미약한 해석이 구별될 수 있다면, 그러한 구별은 하나의 해석이 니체의 '참모습'에 얼마나 근접했는지의 여부가 아니라, 얼마나 적극적으로 고유한 '가치'를 창조해 내고 이를 '긍정'할 수 있는지, 곧 얼마나 자신만의 '힘에의 의지'를 옹호할 수 있는지의 여부에 따라 결정될 것이다. 다시 말해, 강력한 니체 독법은 니체의 텍스트에 대한 자구 해석에 열중하거나 기존의 권위 있는 해석에 기댄다고 해서 저절로 얻어지는 것이 아니다. 그것은 우리의 자발성과 능동성을 앗아 가는 모든 도덕과 가치들의 기원을 심문하는 동시에, 이에 맞설 생기 넘치는 삶의 형식을 독자적으로 창조하고 긍정할 수 있을 만한 전략과 동력을 니체에게서 이끌어 낼 수 있을 때 비로소 생산된다.

니체가 동시대인들과 더불어 미래의 인간들에게 제출한 과제 가운데 하나가 바로 허무주의의 극복이었음을 잊지 말자. '신'으로 대표되는 초월적 가치와 도덕이 사라지자 의지할 대상을 잃고 무력감에 사로잡힌 인간들에게, 니체는 그와 같은 허무주의를 오히려 적극적으로 밀고 나갈 것을 요청했다. 그렇게 함으로써 인간은 진리도, 유일한 '참된' 세계도, 보편타당한 이상도 존재할 수 없음을 기꺼이 인정할 수 있고, 세계의 가상적 성격을 이해하게 됨에 따라 마침내 자발적 세계 해석과 가치 창조의 필요성을 인식할 수 있기 때문이다. 니체는 인간이 독립적인 해석의 주체이자 가치의 입법자로서 스스로를 긍정할 수 있을 때 허무주의 극복의 가능성이 열릴 것이라고 보았다. 말하자면 허무주의로써 허무주의를 넘어서고자 한 것이다.

따라서 그와 같은 과업의 시작은 다시 해석의 몫으로 넘어온다. 해석은 유일한 초월적 진리와 관념의 세계를 부정하는 허무주의에서 제 정당성을 확보하기 때문이다. 그런 점에서 가장 창조적인 니체 해석자는 어떠한 권위적 해석에도 아랑곳하지 않은 채 자기 자신만의 가치에 의거하여 가장 니체답지 않은, 또는 가장 시대착오적인 니체를 만들어낼 수 있는 인물일지도 모른다.

그 어떤 초월적 관념도 강인한 힘에의 의지에 따라 자신의 내재적 가치로 대신할 수 있는 자기입법자를 니체는 '위버멘쉬'라고 불렀다. 니체 해석자로서 감히 위버멘쉬를 자임하고자 한다면, 여전히 무궁한 잠재적 용법들을 감추고 있을 니체의 사유를 현재의 최전선에서 전방위적으로 '실험'하고 '사용'함으로써, 이 시대를 온통 뒤덮고 있는 야만과 불모성을 향해 니체의 이름으로 해석된 '고귀한' 가치들을 끊임없이 강제해야 한다. 그러한 입법 행위의 적극적 긍정이야말로 19세기와 온몸으로 대결하며 20세기를 뒤엎을 화약고를 예비한 철학자 니체를 21세기의 철학자로 거듭 자리매김하는 실마리가 될 것이기 때문이다.

◆ ◆ ◆

인문학적 토양이 척박하기 이를 데 없는 이 땅에서 니체는 분명 가장 축복받은 학자이다. 세 차례나 전집이 기획되어 간행되었고, 국내외 전문가들의 수준 높은 연구 업적들이 꾸준히 발표 및 소개되고 있으며, 평이하고도 내실 있는 입문서 또한 여러 종이 나와 있기 때문이다. 국적과 언어를 불문하고 이곳에 소개된 그 어떤 학자도 이만 한 기회를 누리지 못했고, 비슷한 사례가 앞으로 생겨날 가능성도 희박해 보인다.

이처럼 니체는 한국어로 쉽게 다가갈 수 있는 철학자이기 때문에, 이 책은 그러한 접근 가능성을 조금 더 높여 주는 정도에서 그 용법이 제한될 수밖에 없을 것이다. 그럼에도 이 책은 다른 어떤 입문서보다도 니체의 글들을 풍부하게 발췌하여 수록하고 이를 바탕으로 니체의 핵심 개념들을 충실하게 논의하고 있다는 점에서, 본격적으로 니체의 저작들을 펼치기 직전의 전 단계로서 가장 효과적인 문턱 구실을 능히 해낼 수 있을 것이다. 특히 문학작품들을 인용하며 설명하는 내용들은 니체의 복잡한 개념들이 유익한 해석의 틀로 변용되어 사용되는 구체적인 사례로서 유심히 살펴볼 만하다. 참고로 본문에서 인용된 니체의 글들은 모두 '책세상판 니체 전집'의 번역을 따랐고, 논의의 맥락을 파악하는 데 도움이 되도록 해당 번역문이

수록된 전집의 권호와 쪽수를 명시하였음을 밝힌다.

객쩍은 잡담이지만, 어쩌면 지금/여기의 독특한 정치적·사회적 국면이야말로 니체의 문제의식을 절실히 요청하며 과도한(?) 니체 수용이라는 예외적 상황을 부추기고 있는지도 모른다. 근래에 이곳은 그 어느 때보다도 기괴하기 짝이 없는 '역사투쟁'이 진행 중이고, 사회 전 분야에 걸쳐 지극히 특수한 집단과 계급의 가치들이 만인을 위한 진리인 양 강요되고 있다. 이 과정에서 집요하게 시도되는 술책 가운데 하나가 역사와 도덕 과목의 교과서 개정 압력이라는 절묘한 사실을 접하게 된다면, 그 섬뜩한 상징성에 니체를 떠올리지 않고서는 도저히 배겨낼 재간이 없을 것이다. 진리의 외양으로 곳곳에서 출현하는 그들의 가치와 도덕 앞에서 우리는 그것의 기원을 따져 묻고, 기원의 망각 과정과 그 사이의 음험한 재해석이 궁극적으로 누구에게 이바지하는지 적시할 수 있도록 철저한 계보학적 비판을 수행하지 않으면 안 된다. 이렇게 하수상한 시절, 이 책이 그러한 비판적 시각을 갖는 데 최소한의 길라잡이로 쓰일 수 있다면 더 이상 바랄 것이 없겠다.

2009년 1월

옮긴이

차 례

04_역사

05_선악의 저편

06_위버멘쉬

왜 니체인가?

■ 일러두기

원어 표기 인명이나 지명은 외래어 표기용례를 따랐다. 단, 널리 알려진 이름이나 표기가 굳어진 명칭은 그대로 사용했다. 본문에서 주요 인물(생몰연대)이나 도서, 영화 등의 원어명은 맨 처음, 주요하게 언급될 때 병기했다.

출처 표시
– 주요 인용구 뒤에는 괄호를 두어 간략한 출처를 표시했다. 상세한 서지 사항은 책 뒤 〈참고문헌〉 참조.
– 본문에 인용되는 니체의 글은 모두 책세상 판 〈니체 전집〉의 번역을 따르고, 해당 쪽수를 '(영역본 발행 연도 : 쪽수/〈니체 전집〉 번호 ; 쪽수)' 형식으로 밝혀 두었다. 예를 들어 '(1993 : 59/2 ; 96)은 '1993년에 출간된 니체의 책(영역본) 59쪽/〈니체 전집〉 2권 96쪽'을 뜻한다.

도서 제목 본문에 나오는 도서 제목은 원 제목을 번역 표기하는 것을 원칙으로 하되, 국내에 번역 출간된 도서는 그 제목을 따랐다.

옮긴이 주 옮긴이 주는 〔 〕로 표기했다.

프리드리히 니체(1844~1900)는 19세기 후반에 활동한 사상가이지만, 그의 주장들은 오늘날 우리가 여전히 신뢰하고 있는 여러 가정들을 의심케 하고 허물어뜨린다. 상식, 참과 거짓의 구별, 어떤 도덕적 형식에 대한 믿음, 우리가 모두 인간이라는 사실에 대한 동의 같은 것들이 존재하지 않는 세계란 잘 상상되지 않는다. 그러나 니체는 분명 그와 같은 세계를 상상했으며, 또한 우리가 그러한 세계를 현실화할 수 있는 방식으로 글을 쓰고 사유해야 한다고 주장했다. 니체는 단순히 한 사람의 철학자나 사상가가 아니었다. 니체는 인식과 사유라고 하는 개념들 자체에 도전했기 때문이다. 더욱 중요하게는 우리가 글을 쓰고 사유하는 방식을 바꿈으로써 우리의 존재를 바꿀 수 있다고 역설했다.

니체는 우리가 상식적인 것으로 생각하는 일련의 문제들에 의문을 가져야 한다고 했다. 대부분의 철학자들이 개념들의 기능을 분석하고 다듬는 것으로 기존의 사상사 안에서 자신의 자리를 찾는 것에 만족하는 데 반해, 니체는 근본적인 문제들을 제기한다. 사유는 무엇에 쓰는 것인가? '사유한다는 것'은 무엇을 뜻하며, 사유하는 것은 삶 내부의 다른 동력들과 어떻게 연관되는가? 문화와 삶의 양식이 우리의 '가치들'을 반영한다고 할 때, 우리는 어떻게 가치들을 창조하며, 그 가치들은 어떻게 우리의 행동양식 또는 삶의 지침들을 표현하는가?

니체에 따르면, 사람들은 종종 다음과 같이 생각한다. 인간성은 타고난 도덕 감각과 더불어 발생하며, 진리는 우리의 생각과 행위를 규제하는 하나의 목적이자 이상적 규범이라고. 그러나 '도덕'이란 것이 무자비하고 폭력적이며 강압적인 체제가 낳은 역사적 산물이고, '진리'라는 것도 단지 삶을 도덕적인 용어로 설명할 수 있도록 우리가 삶에 강요한 특정한 관점에 불과하다면 어찌할 것인가? 과연 선과 악이라는 도덕적 이분법에서 벗어난 생활 방식을 상상할 수 있을까? 만약 상상할 수 있다면, 그러한 삶은 어떤 모습일까?

전기적 배경

니체는 1844년 프로이센 작센 주의 뢰켄에서 태어났다. 니체의 아버지는 루터교회의 목사였으며, 니체가 어릴 때 세상을 떠났다. 아버지의 사망 직후인 1850년에 니체는 어머니와 결혼하지 않은 두 명의 고모, 그리고 여동생 엘리자베스Elizabeth(엘리자베스는 니체의 삶에, 그리고 니체 저작의 수용 과정에 매우 중요한 위치를 차지하는 인물이다.)와 함께 나움부르크로 이주한다. 1858년 슐포르타 기숙학교에 입학하면서 명민하고도 조숙한 학자로서의 면모를 갖추어 가던 니체는, 이후 본 대학과 라이프치히 대학에서 고전문헌학을 공부하고, 불과 24세의 나이에 바젤 대학의 고전문헌학 특별 촉탁교수가 된다. 그리고 3년 뒤 첫 번째 저작인 『음악의 정신으로부터의 비극의 탄생*Die Geburt der Tragödie aus dem Geiste der Musik*』을 출간하기에 이른다.

『비극의 탄생』은 니체 특유의 호전적인 문체가 이미 뚜렷하게 나

1862년 무렵의 청년 니체
루터교회 목사의 3형제 중 장남으로 태어난 니체는 1858년부터 1864년까지 슐포르타 기숙학교에서 명민하고 조숙한 학자의 자질을 키워 나갔다. 이후 본 대학에 입학한 그는 1865년부터 쇼펜하우어의 작품들을 본격적으로 공부하기 시작했다.

타나는 책으로, 그리스 비극 문화의 기원과 몰락을 몽상적 시각에서 개관한다. 이 책에서 니체는 근대 시기를 지배하게 되는 척박한 합리주의에 시적 상상이 복속됨으로써 그리스 비극 문화가 소멸되었다고 주장한다. 이와 같은 도발적인 주제를 니체는 학문적으로 중요한 참고문헌 및 각주를 생략한 채 120쪽도 안 되는 분량 안에 담아내었다. 그러나 짧은 분량에도 불구하고 『비극의 탄생』은 니체가 가장 오래 천착하게 되는 주제 가운데 두 가지를 제시하고 있는데, 두 가지 주제 모두 독일의 대학 체제에서 나타나는 정치적 단절 및 지적 보수주의와 불화를 겪어야 하는 것들이었다.

첫째, 니체는 '철학'과 '문화'가 정련되고 고상한 무언가를 추구하는 것이 아니라, 오히려 상호 충돌하는 힘들과 충동들 사이의 중단 없는 경쟁을 표현하는 것이라고 역설한다. 둘째, 니체는 우리가 철학을 지배적인 개념과 사상에 대한 포괄적이고 추상적인 설명으로서 이해하는 잘못을 범하고 있다고 주장한다. 철학의 고유한 임무는 '강하고' 창조적인 삶의 운동을 구체화하는 힘들을 역사에서 식별하고 증대시킴으로써, 이 같은 힘들을 현재에 재생시키는 데 있다는 것이다.

이러한 '비철학적인' 접근 방식으로 말미암아 『비극의 탄생』이 학계에서 격렬한 비난을 사게 된 것은 놀라운 일이 아니다. 비록 니체의 작업에 충격을 받은 지식인 사회가 그 충격을 다소 에둘러, 이를테면 학문적 불문율 위반, 역사적 초점의 갑작스러운 전환, 불필요한 논쟁적 어조 등에 대한 혐오감을 드러내는 식으로 표현했다 할지라도 말이다. 니체가 일생 내내 독일의 지식인 문화와 대결을 벌이게 되는 무대가 이때 마련된 것이다.

처음 한 차례 적대감을 드러낸 뒤, 니체 비판가들은 경멸조로 침묵했다. 그 결과, 이후 16년간 쓰인 니체의 저작 십수 권은 선동적인 내용에도 불구하고 일반 독자들에게 거의 인상을 남기지 못했다. 니체는 바젤 대학에서 계속 가르쳤으나, 1860년대 후반 매독에 감염된 이후 나빠지던 건강이 더욱 악화되면서 1879년에 교수 직을 그만두게 된다. 이때부터 맹렬하게 글쓰기에 몰입한 니체는 건강 상태에 따라 서늘하거나 따뜻한 날씨를 찾아 이주를 거듭하면서, 별다른 수입 없이 독립적인 사상가로서의 삶을 살아가기 시작한다. 니체가 학계 바깥의 주변적 존재였다는 사실은 개인주의적이고 비순응적인 태도의 전형으로서 종종 해석되긴 하지만, 이는 급진적 사상가들과 주류 학문적 공동체의 결별이라는 좀 더 보편적인 역사적 운동의 일환으로 이해될 수도 있다. 이러한 분열은 혁명의 소용돌이가 유럽을 강타하던 1848년에 발발한 독일의 '3월 혁명Marzrevolution'이 실패로 돌아간 뒤, 혁명에 대한 희망과 새로운 사회를 향한 꿈이 좌절되면서 나타난 결과였다.(Magnus & Higgins 1996 : 74)

3월 혁명의 실패는 19세기 독일 역사의 전환점이 되었다. 봉기는 정치적·경제적 개혁, 다양한 게르만 민족국가들의 통일, 자유의회 선거 실시, 언론의 자유 쟁취, 성문법 확립, 그리고 권리장전the Bill of the Rights 제정 등을 목표로 삼았다. 봉기를 촉진한 요인들은 많다. 먼저 1776년의 미국 혁명, 1789년의 프랑스 혁명, 프랑스에서 잇따라 발발한 1830년 7월과 1848년 2월의 봉기 등 압제에 타격을 가한 혁명적 사건들이 그 본보기로서 주어져 있었다. 또한 비참한 삶을 살아가는 산업노동자 계급이 대규모로 형성되고 있었으며, 값싼 식량과 더 높은 임금을 요구하던 실레지아 직조공들의 봉기가 무력으로 진압되는 등 내부적으로 정치적 억압이 거세지던 상황이었다. 그리고 1847년의 흉작 때문에 기아와 궁핍이 만연해 있기도 했다.

3월 혁명은 프로이센의 국왕 프리드리히 빌헬름 4세에게서 중요한 사항들에 대한 양보를 이끌어내며 성공적으로 시작되었으나, 자유주의 진영과 급진주의 진영 사이의 이견들 및 (군부의 지원을 받은) 프로이센 귀족들의 반혁명으로 말미암아 그 여세를 몰아가는 데는 실패했다. 1849년 4월, 국왕은 새로운 헌법 아래 황제 자리를 맡아 줄 것을 제안 받았다. 곧이어 반란 세력이 소집했던 새 의회가 해산되었고, 그 자리에 다시 들어선 것은 옛 군주제와 봉건 질서였다. 이때부터 급진적 사상가들을 비롯한 현존 질서에 비판적인 사람들은 주류 정치 문화 및 국가 기관 참여와 같은 일에서 시선을 거두며, 정치와 철학에 대한 대안적 전통들을 모색하기 시작했다.

차차 확인하게 되겠지만, 니체는 급진주의자들과 개혁론자들이 지향했던 민주주의적·평등주의적 목표들에 거의 관심을 기울이지 않았다. 그러나 독일 문화와 정치의 보수성에 감추어진 어리석음을 들추어낸다는 점에서는 그들과 일치했다. 그러했기에, 니체는 온전한 정신을 유지하고 있던 마지막 10년 동안, 근대적 사유와 삶에 대한 공격을 멈추지 않으면서도 독일, 스위스, 프랑스, 이탈리아 등지를 두루 오가며 유목적 존재로서의 삶을 받아들일 수 있었다. 1889년 1월 토리노에서 니체는 정신적으로 완전히 무너지게 되고, 여기서 끝내 회복하지 못했다. 누이동생과 어머니에게 맡겨진 니체는 이후 11년간 극도로 쇠약한 건강 상태로 살아가다가 1900년 8월 25일 사망한다.

니체의 도전

니체의 도전은 삶의 의미와 가치와 관계된 의문을 제기하는 작업으로 이루어진다. 니체가 이러한 의문들을 제기하지 않을 수 없었던 이유는 근대적 삶이 '허무주의nihilism'라는 숙명론적인 형식에 따라 특징지어진다고 믿었기 때문이다. 니체는 '허무주의'라는 용어를 사용함으로써, 일상을 규제하는 규범과 가치를 신뢰하지 않지만 새로운 가치를 만들어 낼 방법을 찾을 수도 없는 사람에게 닥쳐오는 공허감 또는 '무nothingness'를 묘사하고자 했다.

니체는 당대의 인류가 문제에 직면하였다고 주장했는데, 그들은 기독교적 세계관을 형성했던 도덕적 이상들을 더 이상 믿지 않지만, 그렇다고 삶에 대한 새로운 전망을 지지할 가치들을 창조하기에도 힘에 부친다는 것이다. 기독교 신학의 초월적인 가치를 더 이상 믿지 않으나, 기독교적 도덕이 강요하는 규칙과 금지에서 벗어나기 어려워하는 남녀들을 니체는 도처에서 접하고 있었다. 니체가 『우상의 황혼*Götzen-Dämmerung*』(1889)에서 적은 것처럼, "그들은 그리스도교의 신을 놓아 버렸지만, 그럴수록 그리스도교적 도덕을 더욱 상하게 붙들고 있어야 한다고 믿는다."(1990b : 80/15 ; 144)

니체가 『즐거운 학문*Die fröhliche Wissenschaft*』(1882)에서 그 유명한 '신의 죽음'을 선언한 것은 인류에게 이 같은 '우상의 황혼'을 경고하고, 기독교의 유산에 구속받지 않는 삶을 해석해 내는 작업의 필요성을 강조하려는 의도에서였다. 종교, 도덕, 19세기적 삶 등을 비판한 동시대의 다른 인물들과 니체가 구별되는 점은 니체의 경우 더 효과적인 도덕적 삶을 찾으려 하지 않았다는 데 있다. 니체는 삶을 도덕 그 자체에서 구원하고자 했다. 니체에 따르면 19세기 문화에서 삶은 허무주의의 형식으로서 경험되는데, 이 시대는 삶 너머의 영역으로 고양되어 삶을 규제하고 판단하는 일련의 도덕적 개념들, 곧 '진리', '이타심', '평등' 등과 같은 개념들을 발명해 온 시대이기 때문이다.

이러한 도덕적 가치들은 니체가 삶의 가장 심원하고 본원적인 힘들로 여겼던 것들을 억압할 뿐 아니라, 우리로 하여금 우리만의 가치들을 적극적으로actively 창조하며 사는 대신, 영원히 변하지 않는 도덕 법칙에 맞추어 반응적으로reactively 살아가라고 권한다. 니체가 생각하기에, 도덕으로 삶의 한계치를 설정한다는 것은 사유에서 긍정적 내용을 비워 버리는 것이다. "도덕은 단지 기호언어sign-language에 불과하며, 증후학symptomatology일 뿐"이라고 본 니체는, "도덕에서 무엇인가를 얻고자 한다면 그것이 무엇에 관한 것인지를 이미 알아야 한다"(1990b : 66/15 ; 125-6)며 불만을 가졌다. 니체는 삶의 내용과 형식을 규정하는 개념들로 삶을 종속시키는 것, 곧 사유의 '초월성'이라는 것에 줄기차게 반대했다. 대신 그는 삶에 내적인, 그러면서 존재의 가장 강력한 힘들을 새로운 가치들의 창조와 접속시킬 수 있는 삶의 원리를 밝히고자 노력했다.

니체는 이와 같은 새로운 삶의 원리를 '힘에의 의지the will to power' 이론에서 발견했다. 니체는 삶에 내재적인 또는 내적인 비인간적 창조 원리에 따라 삶이 추동된다고 주장했다. 우리는 외적인 도덕의 관점에서 삶을 판단해서는 안 되며, 삶이 지닌 잠재력을 최대한 끌어내며 살아가야 한다는 것이다. 힘에의 의지는 단지 인간의 삶만이 아니라, 힘을 향한 공통된 투쟁으로써 결합된 모든 삶을 상상한다는 점에서 비인간적 원리라고 할 수 있다. 존재의 완전함은 생성과 변형의 끊임없는 과정으로서 지각되는데, 이러한 생성과 변형의 과정 속에서 각기 삶의 형식은 자신의 힘을 확장하고 증대시키려고 한다. 이상의 관점에서 볼 때, 삶의 목적은 계몽이나 도덕적 개선, 심지어 자기 보존과 같은 것이 될 수 없다. 삶의 목적은 본래 힘을 획득하는 데 있는 것이다. 특정한 삶의 형식은 다른 힘들을 자기 영역으로 전유하는 한에서 강력해진다. 삶의 모든 운동 내부에는 힘들의 지형이 구축되어 있다. 힘들 사이의 투쟁은 강하고 약한 힘들 사이의 위계를 형성하는데, 이는 개념들의 창조로 이어진다.

사실, 우리가 다소 완곡하게 '가치'라고 부르는 것은 기독교적 도덕주의의 '금욕주의적 이상'이나 지배계급의 이익 등과 같이 한정된 역사적 국면에 적용되는 특정한 관점 또는 삶의 해석을 나타낸다. 니체는 우리가 인식할 수 있는 '세계'나 '본질' 같은 것이 이러한 힘들 사이의 경쟁 배후에 결코 존재하지 않는다고 주장한다. 우리가 알고 있는 개념과 가치는 모두 유력한 삶의 해석이 거둔 승리의 표상이라는 것이다. 인류에 대한 도덕적인 상像, 곧 이미지는 우리가 스스로의 가치들을 세계에 투사하고 이를 우리 자신의 상으로 창출해 내는 데 필요한 언어를 발명했기 때문에, 그리고 이러한 상을 우리 스스로 발명하였다는 사실을 순식간에 망각했기 때문에 출현한 것일 뿐이다. 니체는 이와 반대로 그러한 상의 역사적 발생 지점과 한계를 표시하고,

이를 대체하고자 '부도덕'하거나 도덕과 무관한 사유의 이미지를 펼쳐 보임으로써, 존재에 대한 도덕적 해석에 이의를 제기한다.

'인간'에 대한 도덕적인 상을 겨냥한 니체의 도전은 우리가 지닌 도덕적 가치들의 역사에 대한 계보학적 비판을 전개해 나가는 것으로 이어졌다. 니체는 도덕을 인간의 선천적이고 자연적인 능력으로 바라보는 사고방식 및 도덕적 실천의 기원과 목적을 동일시하는 역사가들의 전통적인 견해를 모두 거부했다. 대신 그는 도덕적 개념들을 생산하는 물질적인 동력들에 먼저 초점을 맞추었다. 니체가 보기에, '양심', '죄', '겸양' 등과 같은 도덕적 개념들은 역사적으로 지배적인 힘들과 이해관계에서 비롯된 삶에 대한 재해석이 되풀이되면서 생산된다. 모든 재해석은 일정한 힘에의 의지를 표현한다. 니체의 글에서 가장 충격적인 대목들 가운데 몇몇은 기독교적 금욕주의(세속적 부의 축적에 반대하며 자아를 정화하고 부정하는 것)라는 희생의 수사학 안에 새겨진 은밀한 지배욕을 이야기하는 구절들이다. 삶에 대한 모든 역사적 해석은 강한 힘들이 약한 힘들을 정복함으로써 생겨나는 것이기 때문에, 니체는 도덕의 발달에 관한 객관적인 설명이나 서사로서 역사를 바라보는 이상주의적 개념들을 우리가 버려야 한다고 주장했다. 니체가 계보학적 관점이라고 말하는 역사적 탐구의 핵심은 하강하는 삶의 양식들에서 상승하는 것들을 분리시키고, 가장 생기 넘치고 강력한 현재의 힘들을 증대시킬 수 있는 새로운 과거의 판본을 창조하는 데 있다.

니체의 정치학

니체가 말하는 '모든 가치들의 전도/재평가'는 삶의 형식들을 '더 강한 것'과 더 약한 것'으로 구분하는 것에 근거하는데, 이 부분에서 그의 정치학을 둘러싼 떠들썩한 논란이 시작된다. 사람들은 니체가 제시한 개념들이 결과적으로 나치 독일의 인종정치가 자행한 대량학살로 구현되었다면서, 오랫동안 그를 파시스트 사상가라고 비아냥거렸다.

사실, 니체는 민족주의와 반유대주의를 경멸했으며, 1870년 이래 계속되는 독일 제국의 퇴행성에 대해 독설을 퍼부은 바 있다. 그런데 니체가 이토록 악명을 얻게 된 것은 상당 부분 그의 누이동생, 곧 1889년 니체가 정신적으로 완전히 무너진 이후 니체 전집의 편집자를 자임했던 엘리자베스 니체(1846~1935)의 책임이다. 엘리자베스의 정치적 성향은 그녀가 반유대주의 정치 지도자 베른하르트 푀르스터 Bernhard Förster(1843~1889)와 결혼한 것을 보면 짐작할 수 있을 것이다. 엘리자베스는 니체 전집을 편집하는 과정에서 원문의 내용을 조작하고 내용에 의미를 부여하는 전후의 철학적 맥락들을 여러 부분 삭제함으로써, 니체가 사망한 1900년 이후 그의 저작들을 나치의 이데올로그들이 가져다 쓰기 좋게 만들어 버렸다.

그러나 엘리자베스 푀르스터 니체의 개입을 고려한다 할지라도 니체의 정치학은 여전히 커다란 논란거리로 남아 있다. 니체에게 가해진 비판이 부분적으로나마 사실인 이유는 정치적 사유의 밑바탕이 되는 도덕적 맥락에 관한 우리의 상투적인 가설에 니체가 단호하게 반대하기 때문이다. 그 맥락이 유대-기독교적 형식을 취하든, 또는 사회주의나 근대 자유민주주의에 내재된 평등주의적 충동을 취하든지 간에 마찬가지다. 니체가 이러한 움직임들에 반대한 이유는 기독교적 도덕이나 사회주의, 자유주의 모두 보편적인 인간 본성의 이상 혹은 평등권에 대한 호소를 상정함으로써, 강하고 독립적인 정신에 대한 비천하고 노예적인 본성의 승리를 표상한다고 믿었기 때문이다. 이와 대조적으로, 니체의 '귀족적인' 또는 '위대한 정치'는 문화와 정치의 목적이 '위버멘쉬Übermensch', 곧 오직 긍정만을 알고 넘치는 힘에서 자신만의 가치들을 창조해 내는 우월한 존재 양식을 낳는 데 있다고 역설했다.

> 여기서 내가 제기하는 문제는 무엇이 인류를 존재자의 열에서 분리해 내어야 하는가가 아니다(—인간은 하나의 종국이다—) : 오히려 어떤 유형의 인간이 좀 더 가치 있고, 좀 더 살 만한 가치를 지니며, 미래를 좀 더 확신하는 자로서 **사육되어야** 하는지, **원해져야** 하는지이다. 이 좀 더 가치 있는 유형은 이미 충분할 만큼 자주 존재했었다 : 그런데 행운이나 예외자로서였지, 한 번도 **원해서는** 아니었다.(1990b : 128/15 ; 216-217)

니체가 노예적 본성과 '약한 자들', 그리고 여성에 대해 무절제하게 언급하는 부분들에서 그의 생각이 갖는 폭력적이고 위협적인 면모가 확연히 드러나는데, 이는 니체의 저작들에 대한 오독과 기피를 불러온 커다란 원인이었다. 더 지체 높은 존재 유형의 '사육'을 말하는 대목들 또한 마찬가지다. 아무리 니체가 그와 같은 용어들을 생물학적 맥락이 아닌, 인류의 도덕적인 상을 극복하는 윤리적·정치적 진보를 말하는 맥락에서 일관되게 사용한다 하더라도 말이다. 기독교, 평등주의적 정치, 문화적 인본주의가 식민제국주의의 '문명화 사명'에 동원된 것 역시 사실인 것처럼, 니체의 저작이 폭력적인 정치적 목적으로 전유될 가능성이 있다는 점은 부정할 수 없다.

니체의 반정초주의적antifoundationalist 사유 양식, 다시 말해 우리를 '도덕'·'선'·'악'·'정의' 등의 정초적 개념들 너머로 이끄는 사고방식의 위험은, 존재, 책임, 윤리, 그리고 인간으로서 존재한다는 것의 의미 등을 사유하는 새로운 통로들을 열어젖히는 데 있다. 물론 이 같은 사유가 '인간 조건'이라고 하는 그럴듯한 것에 심각한 위험을 초래할 수도 있다는 말은, 그것이 필연적으로 어떤 폭력을 발생시킨다는 뜻이 아니다. 또한 위험이 존재하기 때문에 근대 문화에 대한 니체의 도발적인 진단을 무시해야 한다는 뜻도 아니다. 이렇듯 니체의 작업을 한층 더 환원시켜 특징짓는 몇 가지 맥락들이 존재하기 때문에, 이 같은 맥락 너머로 가치, 도덕, 정치, 윤리 등에 관한 니체의 통찰들을 전개시키는 것은 당연히 이 시대의 사유가 떠맡아야 하는 가장 중대한 도전 가운데 하나가 된다.

예술

중요하게 거듭 언급되는 니체의 또 다른 주제는 예술의 힘에 관한 것이다. 저작 전반에 걸쳐 니체는 우리의 지각과 직관이 미리 확립된 규범적인 진리 관념 아래 종속되는 것에 이의를 제기한다. 니체는 다양한 양상들로 나타나는 이러한 반응적 움직임을 식별해 낸다. 개념들을 형성할 수 있는 정신, 곧 창조적이고 삶을 긍정하는 귀족적인 정신은 정확성, 일관성, 합리성 등과 같은 진리의 기준들에 굴복함으로써 길들여지고 약해진다. 진리를 위해 직관과 지각을 억압하면, 삶의 끝없는 생성이 '주체'('인간'의 의식)와 '대상'(외적 세계)이라는 언어적 차원으로 분열되는 토대가 형성된다는 것이다.

니체에 따르면, 우리가 보편적 인간 본성이라는 관념을 만들어 내게 되는 것은 인간적 개념들에 의거하여 삶의 흐름을 판단할 때이다. 이와 대조적으로, 니체는 우리가 인간 본성에 대한 보편적 진리 및 그것과 세계의 관계를 확립하고자 할 때 사용하는 고정된 개념들이 시적인 은유들, 곧 우리가 망각해 왔던 기원에서 비롯되는 것들이라고 주장한다. 니체에게 예술의 힘이란, 확고한 개념과 가치에 동화되지 않은 채 우리가 지각하는 세계의 단독성singularity에 주의를 기울이는 것이다. 그렇게 함으로써, 예술은 우리의 개념 체계들이 갖는 은유적 기원들을 상기시키고, 주체와 대상의 관계를 이해하는 또 다른 방식들을 제시한다. 개념들을 물려받음으로써 '인간'에 대한 우리의 관념이 규정된다고 할 때, 예술에 근본적으로 기대하는 바는 예술이 고갈되고 교화된 근대인의 초상 너머의 삶으로 나아가는 미래를 창조할 수 있으리라는 것이다. 니체 저작들의 중심에는 어떠한 도덕적 결정도 뛰어넘어 펼쳐지는 삶의 미적 형성에 대한 기대가 자리 잡고 있으며, 이는 '인간'이라는 개념이 지속적으로 심각한 위기에 처하게 되는 시대에 등장한 최초의 '탈-인간적post-human' 사상가로서 니체가 갖는 면모를 보여 준다.

이 책에 대하여

이 책의 각 장에서는 근대적 '인간'의 타락과 허무주의에 대한 니체의 비판, 그리고 새로운 사유와 삶의 양식을 전개하려는 그의 노력에 대해 논의할 것이다. 1장에서는 니체가 그리스 비극 및 귀족적 가치들의 융성과 쇠퇴에 관해 고찰한 바를 살펴보고, 비도덕적 사유 방식에 대한 니체의 탐구가 시작되는 지점을 추적한다. 이어지는 세 장에서는 니체가 진리의 기원과 구성에 대해 분석하는 양상 및 그가 우리의 도덕적 가치들이 전개되는 과정을 계보학적으로 읽어 내는 방식을 검토한다. 5장에서는 니체의 윤리적 · 정치적 이론에 대해 좀 더 자세히 살펴보고, 원한ressentiment, 허무주의, 노예 도덕slave morality과 같은 중요한 용어들을 소개한다. 6장에서는 니체가 선과 악을 넘어선 새로운 긍정의 윤리를 대표하는 존재로서 제시한 '위버멘쉬' 개념을 분석한다. 마지막 장은 힘과 해석, 그리고 관점을 다루는 니체의 비인간적 철학을 바탕으로 '힘에의 의지' 이론을 소개한다.

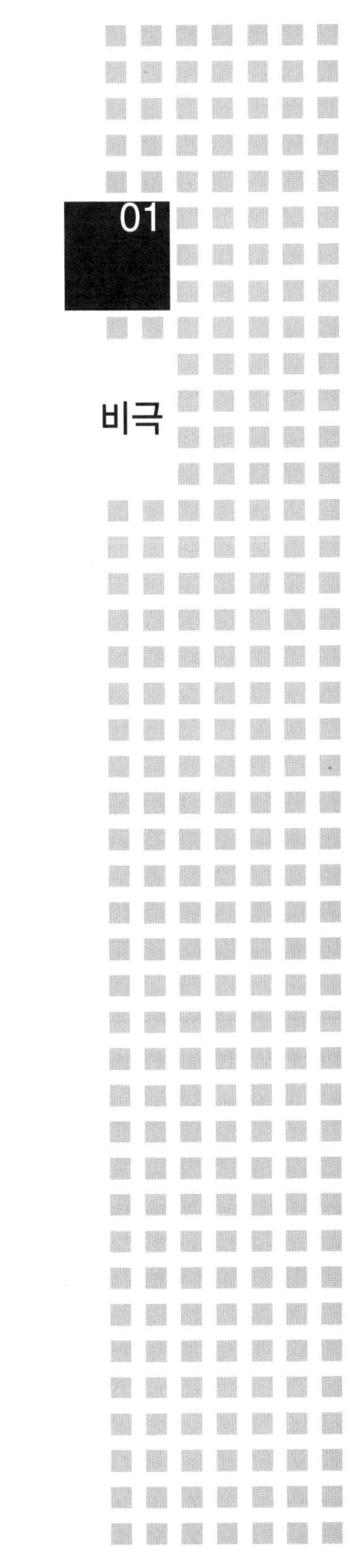

01

비극

1872년 독일에서 출간된 니체의 첫 번째 책 『음악의 정신으로부터의 비극의 탄생』은 니체 사유의 전개 과정에서 독특한 위치를 차지한다. 이 책에는 니체가 소개하는 일련의 개념들과 더불어, '니체적인' 사유 방식이라고 일컬어져 온 일정한 특징들이 담겨 있다.

120쪽이 채 안 되는 이 책에서 니체는 예술, 과학, 철학 사이의 관계를 새로이 규정짓고, '강한' 가치들을 생산하는 데 필요한 역사의 바람직한 용법과 그렇지 않은 용법을 확실히 구별한다. 또한 『비극의 탄생』에는 니체의 작업에 중심이 되는 독창적인 대립 구도, 곧 아폴론(빛, 질서, 조화의 신)적인 힘과 디오니소스(포도주, 축연, 무질서의 신)적인 힘 사이의 대립 구도가 등장한다. 그 외에도 니체는 민주주의, 근대성, 근대의 '세속적 인간' 등에 대해 여러 차례 언급하고 있고, 이러한 점은 일반인들에게 니체의 이미지로 각인되어 왔다. 그러나 14년이 지난 뒤, 니체는 「자기비판의 시도」라는 글에서 스스로 『비극의 탄생』을 '불가능'하고 '장황'한 책이라며 비난하고, 『비극의 탄생』에서 개진했던 가장 유명한 주장 두 가지를 철회한다. 하나는 비극이 실존의 두려움을 떨쳐 주는 "새로운 형이상학적 위안의 예술"을 우리에게 가져다준다는 것이고, 다른 하나는 작곡가 리하르트 바그너(1813~1888)로 인격화된 근대 독일 정신이 그리스적 탁월함의 정점과 그 실현을 표상한다는 것이다.

『비극의 탄생』의 구성 방식은 니체의 지적 성향이 지닌 중요한 면모를 뚜렷하게 보여 준다. 처음 가졌던 통찰과 생각들이 점차 철저히 일관된 세계관으로 발전해 나가는 양상을 두고 '체계적'이라고 한다면, 니체의 철학은 '체계적'이지 않다. 그 대신, 니체의 글은 자신의 주요 주장들이 특정한 삶의 형식에 내재된 창조적 능력을 확장시킬 수 있는 힘이 되도록 그 주장들을 끊임없이 점검하고 수정하는 격론의 형식을 취한다. 그렇기 때문에 니체의 작업을 이해하려면, 철학 문헌에서 일관성을 찾으려는 전통적인 관심 대신, 그의 논변 속 특정한 단계마다 하나의 텍스트나 입장을 가능하고 필연적인 것으로 만드는 게 무엇인지 일련의 의문들을 가져야 한다. 가령 다음과 같은 의문들 말이다. 근대성에 대해 그토록 논쟁적인 태도를 견지하고 있는 철학자가 그러한 쟁점을 그리스 비극에 관한 논의로써 전달하려는 이유가 무엇인가? 이를 바탕으로 그가 말할 수 있었던 역사와 문화적 가치에 관한 언명들에는 어떤 것들이 있는가? 자신의 논의에 우선적으로 가치를 부여하고자 니체가 고대 그리스 문화에서 의미심장한 것으로서 찾아내는 것은 무엇인가?

첫 번째 질문부터 말해 보자면, 니체가 비극에 관심을 가진 이유는 문화의 강함과 약함에 대한 통찰을 가져다주는 예술 형식으로서 비극이 가장 훌륭한 사례가 되기 때문이다. 니체는 비극에 대한 체험이 문화로 하여금 제 가치를 재고하거나 재평가하도록 이끈다고 주장하며, 훗날 "『비극의 탄생』은 모든 가치에 대한 나의 첫 번째 전도였다."(1990b : 121/15 ; 203)라고 언급한다. 비극적인 예술은 인간 경험의 심연과 공포에 대한 심원한 통찰력을 전해 주기 때문에 그러한 전도를 요구한다는 것이다. 이는 생명력 넘치고 스스로를 확장해 가는 존재로 발전할 수 있는 인류의 잠재력이 근원적으로 고통과 공포를 견디는 능력과 연결되어 있다는 것을 가르쳐 줌으로써 이루어진다.

니체에 따르면, 그리스인들이 비극적인 예술을 발전시킬 수 있었던 것은 계속되는 창조와 파괴의 순환으로서 삶을 상상하는 능력이 그들에게 있었기 때문이다. 이 같은 상상력은 강함을 요구했는데, 그 이유는 그것이 단지 가장 고양되고 '문명화된' 삶의 표현만을 찬양하는 데서 벗어나 폭력, 투쟁, 정복 등을 망라하는 삶 전부를 긍정했다는 데 있다. 니체는 비극적인 예술의 중요성을 그리스인들이 이를 통해 완전히 전前문화적이고 비인간적인 삶의 형식에서 오는 혼돈과 기세를 경험할 수 있었다는 점에서 찾는다. '인간다움'이 의미하는 가장 심원하고 생기 넘치는 모습들임에도 문명화된 존재가 되고자 계속 억압해 왔던 몇 가지 것들, 이를테면 권력과 지배에 대한 갈망, 근원적인 정력精力, 시대에 뒤떨어진 구조들을 혁파하고 새로운 세계관을 창조하려는 욕망 등을 비극이 표현했다는 것이다. 사실 우리는 그리스 비극이 생산되던 시기보다 한참 늦게 그것을 체험하는 것이므로, 이로써 현재 '도덕적'이고 '문명화된' 가치들이라고 생각하는 것들에 의문을 가져 볼 수 있으며, 강력하고 역동적이며 스스로를 확장시키는 삶의 방식을 전개하고자 할 때 반드시 창조해야만 하는 가치의 유형들이란 무엇인지 고려하지 않을 수 없게 된다.

비극, 예술, 문화

특정한 문화가 발전시키고자 힘써야 할 가치들이란 어떤 것인가 하는 철학적 의문은 니체에게 역사적·정치적 차원에서 중요한 문제였다. 『비극의 탄생』은 보불전쟁(1870~1871) 시기에 쓰인 책이다. 니체는 사회주의와 정치적 민족주의가 동시에 고조되면서 벌어지는 이 같은 민족국가들의 충돌이 유럽의 문화적 자신감에 드리워진 위기를 표상한다고 보았다. 5장에서 보게 되겠지만, 이 위기에 대한 니체의 응답은 귀족적인, 또는 '위대한' 정치를 요청하는 것으로 나타났다. 이러한 정치란 평등권에 관한 이념과 민족적 정체성과 관련된 요구들을 거부함으로써, 하나의 문화 안에서 오직 생기 넘치고 강력한 힘들에만 특권을 부여하는 것이다. 니체는 귀족적인 정치가 고대 그리스의 사회, 예술, 문화를 뒷받침하던 추진력이었다고 주장했다.

니체는 또한 근대적 문화와 정치의 불안에서 비롯된 문제에 대한 잠재적인 해답을 그리스적인 삶에서 찾았다. 실존의 가치란 무엇인가? 니체는 가장 아름답고 세련된 존재였던 그리스인들이 어째서 특이하게도 비극적인 예술을 발전시켰는지 물었다. 니체가 보기에, 여기에는 아무런 모순도 없다. 그는 비극에 담긴 극도의 염세주의pessi-mism를 받아들이는 능력이 그리스 문화의 정수를 창출한 재능이었음을 암시한다.

> 강함의 염세주의는 있는가? 행복과 넘쳐 나는 건강함 그리고 삶의 풍요에서 유래하는 실존의 가혹함, 두려움, 사악함과 문제점들에 대한 지적인 편향은 있는가? 혹시 지나친 풍요 자체에 대한 고통은 없는가? 자신의

힘을 견주어 볼 수 있는 상대인 적敵, 즉 가치 있는 적으로서 무서운 것을 갈망하는 몹시 날카로운 눈초리의 실험적 용기는?(1993 : 3-4/2 ; 10)

니체는 그리스 문화사를 근본적으로 재규정함으로써 한편으로는 예술과 비극을, 다른 한편으로는 철학과 과학을 구별한다. 우리가 물려받은 그리스인들의 유산 가운데 특히 부담스러운 것이 철학과 과학 분야에서 거둔 그들의 영광스러운 성과들이라는 점은 더 이상 새로울 것이 없는 이야기라고 니체는 주장한다.

그리스적 사유가 무엇인지 이해하고 싶다면, 소크라테스(기원전 470~399)의 도덕철학, 새로운 우주론을 내놓은 플라톤(기원전 427~347)의 『티마이오스*Timaios*』, 과학적 방법론을 재정립한 아리스토텔레스(기원전 384~322)의 『분석론 후서*Posterior Analytics*』, 피타고라스(기원전 약 560~480)가 일으킨 수학의 일대 혁신 등을 떠올려 보면 된다. 이와 같은 지적知的 사건들은 서구 사상사에 근원적인 단절을 가져왔고, 그 결과 이성과 도덕 그리고 논리에 관한 새로운 개념들이 핵심적인 지적 탐구 대상이 되었다. 그러나 니체는 신격화가 아닌, 바로 이러한 지적인 성취들이야말로 고대 그리스 문화의 쇠퇴를 표상한다고 주장한다. "실존의 밑바탕에 놓여 있는 모든 무서운 것, 악한 것, 불가사의한 것, 파괴적인 것, 운명적인 것의 표상"(1993 : 6/2 ; 14-15)을 물리치기 위함이 아니라면, 도덕, 이성, 논리에 관한 추상적이고 관념적인 개념들의 우월성을 확립하려는 이유가 대체 무엇이겠는가?

비인간적이고 파괴적인 힘들을 경험하는 가운데 이처럼 '이성'과 '도덕'을 분리해 낸다는 것은 총체적인 삶의 경제에서 헬레니즘적 사유를 잘라 내는 것이다. 게다가 그리스인들에게서 전달되어 우리의 근대적인 도덕관념들과 문화적 가치의 기반을 형성하는 것 또한 이와 같이 약화되고 제한된 삶의 개념, 곧 합리적이고 도덕적인 규범들로 정의되는 삶의 개념이다. 오늘날 우리는 그리스의 비극적 정신에 의해 지속되던 근원적인 삶의 동력을 경험하고 있는 것이 아니라, (민주주의, 평등주의, 도덕적 덕목 같은) 삶에 관한 개념들을 지니고 있다. 니체는 그동안 인류가 그다지 '도덕적'이었던 적도, '건전'했던 적도 없었지만, 마찬가지로 그렇게 신경질적이었던 적도 없었다며 비통해 한다. 그렇다면 우리는 민주주의적 취향의 모든 '근대적 개념들'과 편견에 대항하여, "낙천주의의 승리, 우세해진 합리성, 실천적이고 이론적인 공리주의, 그리고 공리주의와 함께 동시에 나타난 민주주의 자체가 어쩌면—약화되는 힘, 다가오는 노쇠, 생리적 피로의 징후인 것은 아닌가?"(1993 : 7/2 ; 16)라고 결론내릴 수 있지 않을까?

이처럼 우울한 역사에 대한 응답으로서, 니체는 우리가 존재와 가치의 관계를 인식하는 방식을 본질적인 차원에서 변화시키고자 한다. 니체에 따르면, 근대 문화의 주요 문제들 가운데 하나는 특정한 도덕적 규범들에 순응하는 능력에 따라 삶의 형식이 판단된다는 점이다. 이러한 규범적 도덕 기준들은 자비와 인내를 향한 종교적 호소들, 또는 평등권과 사회민주주의를 지향하는 정치적 요구들로서 구현될 수 있을 것이다. 이와 같은 모든 규범들이 공유하는 것은 인간의 삶에 의미를 부여하고 정당화하는 일련의 공통되고 보편적인 가치들에 대한 인식이다. 그러나 니체는 우리가 삶을 도덕의 시각에서 판단할 것이 아니라, 도덕의 가치를 "삶의 광학[관점]perspective"

(1993 : 7/2 ; 16)에서 결정하지 않으면 안 된다고 선언한다. 삶의 관점에 대한 강조야말로 니체가 오랫동안 그리스의 비극적 예술에 매혹되어 있었던 이유를 설명해 주는 대목이다.

니체는 도덕적 관점을 끌어들이지 않고도 무수한 삶의 원동력에 자신을 개방하는 능력에서 그리스 비극의 탁월한 면모를 찾을 수 있다고 주장한다. 니체적인 의미의 비극이란 도덕과 무관하게 삶을 바라보는 시각을 확보할 수 있도록 기반을 형성하는 것이다. 그런데 그리스 비극은 노골적인 도덕적 가치 평가 앞에 삶이 굴복했기 때문에 몰락했다. 『비극의 탄생』에서 말하는 도덕은 삶에 대한 퇴폐적인 해석의 산물로서, 이런 해석은 그리스 비극 문화의 파괴를 함께 불러왔다. 이처럼 그리스인들이 비인간적이고 파괴적인 삶의 힘을 긍정할 수 있는 역량을 더 이상 갖지 못하게 되자, 비극 문화는 종언을 고했다. 대신, 그들은 삶을 초월한 추상적 개념들을 여럿 만들어 내어 삶의 무규칙적인 동력을 제어하려고 했다. 니체는 그러한 개념들 가운데 가장 해로운 것이 도덕이었다고 주장한다.

그리스 비극의 소멸은 삶에 대한 관념('도덕적인 삶')이 등장하는 것과 더불어 시작되는데, 그와 같은 관념은 도리어 삶에 반하는 것이다. 니체는 "세계의 실존은 오로지 미적 현상으로만 정당화된다"(1993 : 8/2 ; 16)고 주장함으로써 고대 그리스인들과 맥을 같이한다. 사실 모든 예술에 해당되는 것이지만, 비극적 예술의 힘은 심오한 '반도덕적 경향'을 표현하는 데 있다는 것이다. 이러한 성향은 '도덕'이나 '진리' 같은 개념상의 허구에 삶을 예속시키는 것을 거부하며, 한편으로 이성과 진리의 구분, 다른 한편으로 예술과 허위의 구분을 승인하는 것

역시 거부한다. 대신, 니체가 바라보는 그리스의 비극적 예술은 "가상, 예술, 기만, 광학, 관점적인 것과 오류의 필연성에 토대를"(1993 : 8/2 ; 18) 두는 실존에 대한 시각을 긍정함으로써, 삶에 적대적인 모든 가치들에 도전한다. 가장 고귀한 삶의 양식은 보편적인 도덕규범에 복종하는 것이 아니다. 니체가 『즐거운 학문』에서 쓴 바와 같이, 오히려 그것은 우리의 본성이 드러내는 모든 강함과 약함을 조망하고, 그러고 나서 우리의 모습 하나하나가 성격에 대한 하나의 강력한 표현으로 통합될 때까지 그러한 모든 것을 "예술적 계획"으로 주조해 냄으로써, 우리의 성격에 미적 형상을 부여하는 것이다.(1974 : 232/12 ; 266) 이때 예술은 삶이 생성되는 다양한 방식들을 드러냄으로써, 가장 고양된 실존의 원리로 전환된다. 예술은 적극적으로 가치들을 창조하는 경험에 합목적적인 형상을 부여한다.

비극을 바라보는 니체 특유의 시각에 암시되고 있는 삶의 '전도'에 대해서는 가장 유명한 그리스 비극 가운데 한 편인 소포클레스(기원전 496~약 413)의 『오이디푸스 왕*Oedipus Rex*』을 예로 들어 설명할 수 있을 것이다. 『오이디푸스 왕』은 테베의 왕 오이디푸스의 비극적 몰락을 다룬 이야기이다. 연극의 앞부분에서 테베는 혼란에 빠져있다. 추수에 실패하고, 신들은 도시를 버렸다. 절망에 빠진 오이디푸스는 아내의 남자 형제인 크레온에게 아폴론 신의 신탁을 받아 오라고 부탁하고, 테베가 겪고 있는 재난의 이유를 찾아내고자 노력한다. 돌아온 크레온은 테베가 불행에 휩싸인 까닭은 전임 국왕인 라이오스(그의 아내 이오카스테는 이후 오이디푸스와 결혼했다.)를 살해한 범인들을 벌하지 않았기 때문이라는 신탁을 전한다. 오이디푸스는 즉시 사악한 자를 색출하고 추방하여 테베에 내려진 재앙을 몰아내겠다고 선언한다. 그리고 살인자가 자신의 왕궁에 숨어 있는 것으로 밝혀지면 자신도 이 같은 무시무시한 처벌을 받겠다고 단언한다. 이 순간부터 오이디푸스의 운명은 무섭도록 빠르게 명백해져 간다. 먼저, 오이디푸스는 눈먼 예언자 테이레시아스에게서 그가 찾고자 하는 사람이 라이오스의 살인자일 뿐 아니라 라이오스의 아들이기도 하며, 그 사람은 자신의 어머니와 결혼하게 될 것이라는 말을 듣는다. 그러고 나서 오이디푸스는 최악의 이야기와 접한다. 오이디푸스가 찾는 사람이 다름 아닌 오이디푸스 자신이라는 것이다! 분노에 사로잡힌 오이디푸스는 자신이 코린토스의 왕 폴뤼보스의 아들로 태어났으며 폴뤼보스는 얼마 전 수명을 다해 자연스럽게 사망했기 때문에 이 사건과 관련된 사실들은 자신과 무관하다고 주장하지만, 그의 비극적인 숙명을 피할 수는 없다. 왜냐하면 오이디푸스가 실제로는 라이오스의 아들이며, 라이오스가 자신을 죽일 운명을 타고난 아들을 언덕에 버렸다는 사실이 차츰 밝혀지기 때문이다. 친절한 목동에게 구조되어 코린토스로 간 오이디푸스는 그곳의 왕실에서 성장하게 된다. 나머지는 섬뜩하리만치 예측 가능하다. 어느 외딴 갈림길에서 라이오스를 만나 무례를 당한 오이디푸스는 자신의 아버지인 그를 때려죽인다. 이러한 공포는 오이디푸스가 자신의 어머니인 이오카스테와 결혼하는 것에서 극대화되고, 결국 예언은 실현된다. 오이디푸스의 정체가 끔찍하게 폭로되자, 이오카스테는 목을 매고, 오이디푸스는 스스로 눈을 찌른다. 연극은 잦아들지 않는 침통한 분위기 속에 인간 실존의 취약함과 운명의 무자비함을 읊조리며 끝을 맺는다.

오이디푸스의 파멸은 인간의 야망으로 신이 정한 경계를 침범한 데 따른 결과이며, 이는 우리에게 무시무시한 도덕적 교훈을 전달한다는 것이 『오이디푸스 왕』에 대한 전통적인 해석이다. 『오이디푸스 왕』은 우리 삶의 양상이 신이 명한 숙명 또는 '운명'에 따라 결정되며 우리는 이를 바꿀 수 없다는 음울한 인식을 보여 준다. 이러한 견해 가운데 가장 유명한 것이 아리스토텔레스의 비극 해석인데, 아리스토텔레스에 따르면 비극은 "주인공이 윤리적 세계관을 위해 희생하는 모습"(1993 : 107/2 ; 163)을 통해 연민과 공포를 불러일으킴으로써, 삶의 파괴적 힘에 대한 인류의 유혹을 정화하는 형식이다.

한편 근대 이후 오이디푸스의 비극은 지그문트 프로이트Sigmund Freud(1856~1939)의 정신분석학 이론에 힘입어 개인의 '콤플렉스'로 변모하여 등장했고, 부르주아 가족드라마로 다시 씌어졌다. 이와 관련하여 프로이트는 모든 소년들이 자신을 어머니의 연인이라고 상상하며, 그 결과 아버지라는 경쟁자를 살해하려는 적의를 품는다고 주장했다. 그러나 아버지의 존재감은 밀려드는 폭력과 거세의 위협으로 점점 커져만 간다. 따라서 소년은 어머니를 향한 오이디푸스적 욕망을 억누르고, 자신을 아버지의 역할과 동일시하며, 미래의 노동자이자 가장家長으로서의 책임들을 받아들이는 법을 배우게 된다. 여기서 '운명'은 두 가지 독법에서 모두 도덕적인 의미를 띠게 된다. 운명은 순종해야 할 질서 또는 우리 스스로 감수해야 하는 구조이다. 그러나 니체에게 운명이란 무자비하고 무의미하며 비인간적이고 턱없이 막강한 것이다. 비인간적으로 광포한 운명의 힘은 오이디푸스의 비극을 지배하고, 그 안에서 숙명은 도덕과 가족 질서를 철저하게 파괴한다.

니체는 비극을 단지 성격들의 상호 작용으로 설명하는 도덕적인 독법에 분명히 반대하며 그리스 예술 작품들을 읽어 나간다. 대신 그는 비극이 '도덕적 개인'이라는 허구를 훌쩍 뛰어넘는 영역으로 우리를 데려가는 가장 강력한 충동들과 정념들 사이의 격렬한 대면을 상연한다고 주장한다. 비극은 사회적 권력과 벌이는 영웅의 투쟁으로도, 개인의 오이디푸스 콤플렉스로도 완전히 이해될 수 없다. 니체가 볼 때, 오이디푸스의 비극은 '인식'과 '도덕'의 가치에 관한 선입견들을 산산조각 내는 비인간적이고 본래적인 힘들을 우리에게 일깨운다. 니체는 오이디푸스가 자연의 가장 성스러운 비밀들을 꿰뚫어 볼 수 있는 운명적인 통찰력을 자신의 경험 속에서 얻는다고 주장한다. 스핑크스가 낸 수수께끼를 풀고 이로써 테베를 멸망에서 구해 낸 오이디푸스는 "예언적이고 마법적인 힘"을 얻게 되는데, 그가 획득한 힘은 인류와 자연의 분리, 그리고 신들의 비인간적인 세계와 맞서 이겨낼 수 있는 힘이다. 그러나 오이디푸스가 운명이 인류에 드리우는 "현재와 미래의 마력"을 깨뜨리고 스핑크스에 승리를 거두었다는 점에서, 그가 얻은 지혜는 또한 "자연에 역행하는 엄청난 일"을 표상하기도 한다. 이 마력을 깨뜨리는 것은 "개별화의 엄격한 법칙", 곧 모든 인간 존재가 자연의 무질서한 흐름에서 벗어나 자율적이고 도덕적인 삶의 형식으로서 스스로를 구성할 수 있도록 하는 법칙을 파괴하는 것이다.(1993 : 47/2 ; 78-79)

스핑크스를 극복한 뒤, 오이디푸스는 삶을 냉혹한 운명의 법칙에 따라 '우리'에게 일어나는 어떤 것으로 이해하기를 거부한다. 오히려 오이디푸스는 모든 외부의 법과 금지를 능가하는 자신의 지배적 의지를 긍정함으로써, 삶의 동력으로 무장한 존재가 된다. 그러므로 오이디푸스는 도덕법칙에 도전하는 인간 이상의 존재로 거듭난다. 이는 니체가 보기에 오이디푸스 이야기가 갖는 비극적인 역설이다. 오이디푸스는 자신의 도덕적 개별성이 무의미해지는 순간에만 삶의 최고 동력을 경험할 수 있기 때문이다. 오이디푸스라는 도덕적 존재의 비극적 소멸은 자연을 거스르는 두 가지 끔찍한 범죄, 곧 근친상간과 존속살해로 나타나고, 이로 말미암아 자기 도덕 세계의 파멸을 겪은 오이디푸스는 추방되어 유형에 처해진다.

그런 점에서 『오이디푸스 왕』은 '인간'에 대한 도덕적 가치 평가를 넘어서고 위협하는 비인간적인 삶의 동력에 관한 전망을 보여 준다. 그러한 전망이 낳은 조화, 곧 가라앉고 억제된 자연의 힘과 인류 사이의 신화적인 조화를 두고 니체는 비극의 디오니소스적 기능이라고 설명한다. 그러나 무無도덕적이고amoral 비인간적인 자연적 존재가 지닌 힘을 대하는 이 같은 전망에는 인류를 압도하고 그 실존을 사소하고 하찮게 만들 수 있는 가능성이 내재되어 있다. 니체가 생각한 그리스 비극의 탁월함은 이러한 근원적인 원기를 인간의 용어로써 재현한 미적 형식, 이를테면 비극의 서사, 인물, 이미지 등을 통해 근원적이면서 도덕 발생 이전에 존재했던 자연과의 유대에 관한 기억을 간직한 데 있었다. 이것이 니체가 말하는 비극적 예술의 '마법적'이고 아폴론적인 기능이다. 이 기능은 우리가 실존에 대한 도덕적 해석을 넘어설 수 있도록 무도덕적인 자연의 힘들을 미적으로 구조화하고 재생산한다.

오이디푸스와 스핑크스
19세기 프랑스의 상징주의 화가 구스타브 모로의 1864년작.
니체가 보기에, 오이디푸스는 스핑크스가 낸 수수께끼를 풀고 테베를 구해 냄으로써 자연의 가장 성스러운 비밀들을 꿰뚫어 볼 수 있는 운명적인 통찰력을 얻는다. 오이디푸스가 획득한 "예언적이고 마법적인 힘"은 인류와 자연의 분리, 그리고 신들의 비인간적인 세계와 맞서 이겨 낼 수 있는 힘이다. 니체는 『오이디푸스 왕』이 '인간'에 대한 도덕적 가치 평가를 넘어서고 위협하는 비인간적인 삶의 동력에 관한 전망을 보여 준다고 보았다.

> 소포클레스는 그리스 연극의 가장 비극적인 인물, 불행한 오이디푸스를 고귀한 인간으로 이해했다. 지혜로움에도 불구하고 오류를 저지르고 비참한 처지에 처할 운명을 타고난 인물, 그러나 그는 가혹한 수난을 거치고 난 후 드디어 복된 마력을 자기 주변에 발휘하게 되고, 이 마력은 그의 사후에도 지속적으로 영향을 미친다. 이 생각이 깊은 시인은, 고귀한 인간은 죄를 범하지 않는다고 우리에게 말하고 싶은 것이다. 그의 행동으로 인해 모든 법률, 모든 자연적인 행위, 즉 인륜적 세계가 멸망한다 해도, 바로 이 행동을 통해 무너진 세상의 폐허 위에 새로운 세상을 세우는 영향력의 좀 더 높은 마법적 원이 그어진다.(1993 : 46/2 ; 77)

아폴론과 디오니소스

『비극의 탄생』은 아폴론적인 것과 디오니소스적인 것이라는 두 가지 중요한 개념들을 소개한다. 니체는 "예술의 발전이 아폴론적인 것과 디오니소스적인 것의 이중성과 결합되어 있다"(1993 : 14/2 ; 29)고 주장하며 이야기를 시작한다.

아폴론은 그리스 정신에 깃든 질서, 명석함, 균형, 형식의 조화를 표상한다. 아폴론적인 힘은 그리스의 조각과 시각예술에서 구현된 이상적인 인물의 모습과 맞닿아 있다. 그러나 이는 자아를 예술 작품으로 간주하고 강인하면서도 아름답게 인격을 형성하고자 하는 고전적인 욕망으로 나타나기도 한다. 그래서 아폴론은 개별화의 원리principium individuationis(1993 : 16/2 ; 32-33)에 대한 신적인 상, 다시 말해 다수에 속하지 않고 초연히 존재하는 아름다운 인물을 표상한다고 할 수 있다. 반대로 디오니소스는 모든 형식적 구조의 완결성을 위협하는 무질서하고 도취적인 원기의 상태를 표상한다. 디오니소스 숭배는 성애, 무의식적 욕망, 자연의 힘이 지닌 무도덕성 등을 찬양하는 것으로, 자율적 개인의 세련된 '개별화'를 파괴하고, 우리를 자연의 "가장 내밀한 핵심"(1993 : 76/2 ; 122)과 재결합시키고자 한다. 그리고 디오니소스적인 것은 근원적인 힘과 음악에 담긴 최면적 리듬에서 미적인 표현을 찾아내는데, 이러한 음악은 듣는 이를 "완전한 자기 망각"(1993 : 17/2 ; 33)에 빠져들게 한다.

니체에 따르면, 아폴론적인 예술은 형식적이면서도 윤리적인 성격을 띤다. 질서와 명석함이라는 형식적 특징들이 윤리적 차원의 문제이기도 한 이유는, 이것들을 바탕으로 우리가 불특정한 진실을 통일된 이야기로서 구성할 수 있고, 우리 경험의 본질을 성찰할 수 있기 때문이다. 아폴론적 예술의 윤리적 측면은 꿈의 생리학적 상태에서 그 형식의 기원을 찾는 니체를 참고할 때 명백해진다. 니체는 아폴론적인 것이 꿈이라는 "아름다운 가상"에서 시작된다고 주장하는데, 이는 꿈이 우리에게 "형상을 직접적으로 이해하"는 것의 즐거움을 선사하기 때문이다.(1993 : 15/2 ; 30) 이 같은 미적 조화의 체험은 모든 시각예술의 전제 조건이다. 아폴론적 예술은 일련의 불특정한 충동들을 뚜렷한 이미지와 진술들로 조직 가능한 시사적 형식을 제공한다는 점에서 꿈과 마찬가지로 하나의 '가상'이다. 이후 니체는 꿈을 "가상의 가상"(1993 : 25/2 ; 45)이라고 서술한다. 니체가 그렇게 말하는 까닭은 독일의 철학자 아르투어 쇼펜하우어Arthur Schopenhauer(1788~1860)의 견해를 따른 것으로서, 일상의 삶을 구성하는 습관과도 같은 개념들(시간, 공간, 인과성, 동일성 등)을 본질상 무질서한 경험에 부과하는 가상이나 서사적 허구로 간주하기 때문이다. 우리가 '진짜' 삶이라고 여기는 것은 이러한 유형의 서사적 가상이 생산한 것이기 때문에, 실재 다음으로 실재에 관한 강력한 판본을 제시하는 꿈과 시각예술이 '가상의 가상'을 선보이는 것은 당연하다. 니체는 형상 없는 자연을 뚜렷한 이미지들로 응집해 내는 아폴론적 예술의 능력을 일관되게 찬양하는데, 경험이라는 것을 우리가 직접 상상해 봄으로써 기존의 가치들에 의문을 제기하고 이것들을 변모시키는 법을 배우게 된다는 것이다. 아폴론적 예술은 삶의 "더 높은 진리"란 새로운 가치와 실존의 양식을 적극적으로 창조하는 데 있음을 우리에게 보여 준다. 실제로, 이는 "삶을 가능하게 하고 살 만한 가치가 있는 것으로 만들어 주는" 아폴론적 예술로써 가능하다.(1993 : 16/2 ; 32)

그러나 『비극의 탄생』에서 윤리적 특권이 아폴론적인 것에 주어져 있음에도, 니체는 그것이 디오니소스적인 원기로 보완되어야 한다고 주장한다. 니체는 자연의 성격이 지닌 무도덕성이 창조적이고 파괴적인 힘임을, 다시 말해 자연이 파괴를 즐기기도 한다는 점에서 변화의 강력한 동인임을 드러냄으로써, 인류가 지닌 자연적 존재라는 성격에 디오니소스적인 것이 가능한 한 가장 심오한 통찰력을 불어넣는다는 자신의 믿음을 의심치 않는다. 디오니소스적 원기가 가진 형상 변화의 힘이 더해지지 않는다면, 아폴론적인 것은 말라비틀어진 형상 속에서 생기를 잃어버릴 위험에 처하게 된다. 그러므로 아폴론적인 것과 디오니소스적인 것은 서로의 관계를 공동 규정하며 존재해야 한다. 그러나 니체는 디오니소스적인 "도취의 소나기"가 궁극적으로는 인류가 고유의 가치들을 성찰하며 발달시켜 온 모든 문화적 형식을 파괴한다는 사실 역시 의식하고 있다. 디오니소스적 음악과 제식의 도취적 상태는 "심지어 개인을 파괴하려고 하고 또 신비주의적 일체감을 통해 구제하려고까지 한다."(1993 : 18/2 ; 35) 그렇기 때문에 아폴론적인 미적 형식들이 디오니소스적 원기를 조직할 필요가 있다. 이러한 이유에서 니체는 아폴론적인 예술을 형식의 제한으로서 표상한다. 형식의 제한은 인간의 "광폭한 격정"이 "병리적으로 작용하지 않도록 …… 한계 설정"을 할 수 있게끔 한다.(1993 : 16/2 ; 32) 아폴론적 예술이 수행하는 형식의 제한을 통해, 인간은 스스로를 자연에서 분리해 내어 자율적 개인으로서 구성한다. 이것이 바로 인간이 사회적·문화적 구조들을 발전시켜 자신의 실존을 규정하도록 하는 개별화의 원리이다.(1993 : 17/2 ; 32-33)

훗날 니체가 『차라투스트라는 이렇게 말했다*Also sprach Zarathustra*』(1885년에 완결)와 『이 사람을 보라*Ecce homo*』(1888년에 씌어져 사후인 1908년에 출간) 등의 저작들에서 디오니소스를 찬양했다는 것을 잘 아는 독자들이라면, 『비극의 탄생』에서 니체가 아폴론적인 것을 디오니소스적인 것보다 높게 평가한 사실에서 고개를 갸웃거릴 법도 하다. 그러나 니체가 이러한 용어들을 사용하면서 일관되지 못하거나 자기모순에 빠져 있는 것은 아니다. 그보다는, '아폴론적'과 '디오니소스적'이라는 말들이 새롭고 다른 의미를 얻게 되는 것이다. 나중에 사용되는 디오니소스적이라는 말의 의미에는 아폴론적인 원리가 함께 들어 있다. 니체의 후기 저작들에서 '디오니소스적'이라는 말이

뜻하는 바는 세련된 미적 총체성으로서 상정된 자발적이고 강력한 자아로 모든 충동과 정념들을 통합해 낸다는 것이다. 디오니소스적 개인은 삶을 판단하는 데 삶 너머의 초월적 관념들에 의지할 필요가 없는 엄청난 삶의 동력을 조화롭고 제어된 표현으로써 재현한다. 이 같은 이유로, 니체의 주저들에 나타나는 주요한 적대는 아폴론과 디오니소스 사이가 아니라, 디오니소스와 그리스도 사이에 존재한다. 이때 그리스도는 절대적이고 영원한 도덕법칙들로 삶을 해석하는 인물이다.

니체는 그리스인들에게서 뻗어 나간 서구의 예술과 문화가 아폴론적인 것과 디오니소스적인 것 사이의 "투쟁"과 "커다란 대립" 속에서 생산되었다고 주장한다.(1993 : 14/2 ; 29) 팽팽한 균형을 이루는 두 힘들 사이의 격렬한 투쟁은 한때 그리스인들의 세계를 분열시킬 위험을 초래하였다. 그리스인들이 힘을 집중하고 증대시킬 수 있을 만한 단일한 미적 형식을 산출하여 그들의 결속을 강력히 이끌게 되는 "그리스적 '의지'의 형이상학적 기적"(1993 : 14/2 ; 29)이 나타날 때까지는 말이다. 이 미적 형식이 바로 그리스 비극이었다. 비극의 기원에 대해 더욱 상세하게 살펴보기 전에, 우리는 니체가 아폴론적인 것과 디오니소스적인 것 사이의 역동적인 긴장 관계 속에서 그리스 문화의 흥망성쇠를 설명할 수 있는 모형을 발견했다는 점에 주목해야 한다. 이 모형을 바탕으로 니체는 18세기 독일인들이 그리스 문화에 나타난 미적 형식과 민족적 특질의 접목을 예찬하던 것에 함축되어 있는 가정과 직접 대결할 수 있게 된다. 니체는 "믿기 어려울 정도로 단호하고 확실한 그들〔그리스인들〕의 눈의 조형 능력과 그들의 밝고 솔직한 색채 감각을 생각한다면 후대에 태어난 모든 사람들이 부끄러워해야 할 일이지만, 사람들은 …… 선과 윤곽, 색채와 배열의 논리적 인과성, 즉 그들의 최고의 부조浮彫와 유사한 장면의 연속성을 전제하지 않을 수 없을 것"(1993 : 19/2 ; 36)이라고 암시한다. 그러나 니체는 예술의 아폴론적 성향에 대한 이 같은 신격화를 그리스적 특질의 '자연스러운' 표현으로 이해하는 것은 잘못되었다고 덧붙인다. 그보다, 그리스 예술의 개별화된 형식은 특히 고대 세계를 휩쓸어 버린 디오니소스적 제식의 "위험한 힘" 앞에서 그리스를 보호하려는 데서 발달되었다는 것이다. 니체는 "위엄 있게 거부하는 아폴론의 태도를 영원히 표현하는 예술이 바로 도리스 예술"(1993 : 19/2 ; 37)이라고 주장한다. 따라서 아폴론적 예술은 문화적 가치들의 표현을 가능케 하는 동시에 문화적 질서를 확립한다. 애드킨스A. W. H. Adkins나 라이코스Kimon Lycos 같은 20세기의 사상사 연구자들은 그리스 문화가 지역적(대부분 부족적) 공동체에서 도시국가로 이동해 가는 과정에서 어떻게 도덕 질서의 형식들을 규정해 왔는지 밝힌 바 있다. 그런데 니체는 여기에서 정치적·역사적 발전과 문화적 발전 사이의 보편적인 연관관계를 발견한다. 그리스의 사례는 이미 확립되어 의문에 부쳐지지 않는 견고한 도덕 없이도 살아가는 것이 가능하다는 것을 잘 보여 준다. 가치를 창조하는 능력에서 그리스인들은 좋은 본보기가 된다는 것이다.

문화적 발전에 대한 역동적인 독법으로써 니체가 시사하는 바는, 서로 다른 역사적 시대들이 단순히 다른 한쪽을 따라가며 순조롭고 자연스럽게 진보하진 않는다는 것이다. 삶은 필연적으로 파괴와 갱신을 야기하며, 그 가운데 세력 갈등이 있기 마련이다. 이러한 관점에서 보면 아폴론과 디오니소스 사이에서 양쪽을 미적으로 조정하는 과정은 계속 이어지게 될 텐데, 왜냐하면 디오니소스적 원기는 어떠한 문화든지 위기로 몰고 갈 만한 힘을 갖고 있기 때문이다. 니체는 질서와 무질서 사이의 이러한 투쟁이 낳은 두 가지 결과를 확인한다. 그리스 종교의 발달과 그리스 신들의 발명이 그것이다.

열광적이고 종교적인 디오니소스 제식의 전복적 힘이 마침내 도시에 침투하여 그리스의 시민 질서에 도전장을 내밀었을 때, 그리스인들은 디오니소스적 힘을 조화롭게 조직해 낼 수 있는 새로운 미적 형식을 발달시키는 것으로 응수했다. 이 새로운 형식은 그리스 종교의 수정판이었다. 이때부터 그리스의 종교는 디오니소스적 원기에 질서를 부여하는 제식적인 실천 속에서 스스로를 정립해 나갔으며, 환희와 고통의 무도덕적인 결합을 속죄의 차원에서 이해하는 법을 제시했는데, 이 과정에서 사회질서를 전복시킬 위험이 있다는 이유로 계획적으로 배척된 한 가지 요소가 있었다. 바로 음악이다. 음악이 특별히 위험한 까닭은 "마음을 흔드는 음조의 힘, 멜로디의 통일적인 흐름, 그리고 절대로 비교할 수 없는 화음의 세계"(1993 : 20-21/2 ; 39)가 신체(눈, 손발, 입 등등)의 모든 힘들을 완전히 자유롭게 하고, 이렇게 신체를 쾌락과 고통의 장소로 분해시킴으로써 스스로를 자율적이고 개별화된 사회적 존재로 지각하는 우리의 감각을 파괴하기 때문이라는 것이다. 니체의 주장에 따르면, 자율적 자아가 일련의 감각적 힘과 욕구들로 분해된다는 위협은 올림포스 신들이 창작되면서 잦아들었다. 이처럼 새로운 신들을 창작한 것은 아폴론적인 그리스 예술의 위대한 업적 가운데 하나였는데, 이는 제어하기 어려운 디오니소스적 힘들을 그리스 종교가 강조하기 시작한 주장, 곧 일치된 문화적 정체성에 대한 주장으로 철저히 재구성한 것이었기 때문이다. 신들은 "예술가적 중간 세계"(1993 : 22/2 ; 40), 곧 도취적이고 무도덕적인 디오니소스적 삶이 개별화된 상들로 구체화되고 포섭되는 세계를 재현한다는 점에서 그리스인들에게는 없어서는 안 될 존재였다. "모든 것은 그것의 선악에 상관없이 신격화되어 있"(1993 : 23/2 ; 40)는 존재 양식이 신들에 의해 드러난 것이다. 그리스인들은 실존이 처한 공포와 전율 앞에서 날카로운 통찰력을 발휘했다. 그들은 이러한 인식과 더불어 스스로 창조한 신들을 본보기로 삼아 살아가야만 했는데, 이 신들은 가장 깊은 고통을 삶의 창조적 가능성들에 대한 긍정과 기쁨으로 전환시켜 주었다. 니체는 "〔살기 위하여〕 그리스인들은 이 신들을 아주 깊은 필연성으로 창조해야만 했다"(1993 : 23/2 ; 42)라고 결론짓는다.

비극의 기원

아폴론적 예술에 내재된 회복의 기능과 자율적 자아가 나타날 수 있도록 그리스인들은 자기 파괴라는 디오니소스적 경험을 줄곧 불러들여야 했다는 것이 니체가 문화사 개념을 역동적으로 사유하면서 상정하고 있는 기본적인 전제이다. 우리가 비극적 예술에서 얻는 역설적인 쾌감은 엄청난 야망(신에게 도전하거나 왕위를 찬탈하려는 개인들의 오만hubris 등)을 단념하고 사회적 한도를 적당히 준수한다는 도덕적 결단에서 오는 것이 아니다. 그 쾌감은 완성된 아폴론적 형식 속에 우리를 위해 보존되어 있는 디오니소스적 삶의 힘에 대한 기억에서 온다. 그리스 문화의 번영에 관한 이야기를 들여다보면 "디오니소스적인 것과 아폴론적인 것이 항상 서로 뒤이어 새롭게 태어나면서, 그리고 상호 강화시켜 나가면서 어떻게 그리스의 본질을 지배해"(1993 : 27/2 ; 48) 왔는지 알 수 있다. 비극적 예술의 발달은 이와 같은 서사의 구성에 중요하게 작용했는데, 그 이유는 비극적 예술이 두 세계 사이의 가교가 되었기 때문이다.

니체는 음악과 서정시에 담긴 디오니소스적 힘에서 비극적 예술의 기원을 감지한다. 니체에 따르면, 서정시는 개인주의에 관한 어떠한 근대적 개념보다도 먼저, 그리고 그 이상의 것으로서 존재했던 음악적 동력이었다. 서정적 음악가는 근원적인 모순 및 세계에 대한 고통과 하나가 된다. 그 자신은 "단지 근원적 고통과 이의 반향 자체일 뿐이다".(1993 : 30/2 ; 52) 그의 정체성은 존재의 "진정한 심연"에서 출현하고, 그의 서정적 이미지들은 단지 그를 통해 말하는 세계가 표현된 것일 뿐이다. 니체는 예술가란 미적 창조의 토대나 기원이 아니라 매개자여서, 삶의 근원적 동력이 그 안에서 자신의 가장 강력하고 일관된 표현을 찾아낸다고 주장한다. "그러나 그 주체가 예술가인 한, 그는 이미 자신의 개인적 의지로부터 해방되었고, 말하자면 매개자가 되었는데, 그것을 통해서 진정으로 존재하는 하나의 주체는 가상 속에서의 자신의 구원을 축하한다."(1993 : 32/2 ; 55)는 것이다.

예술은 디오니소스의 근원적 힘이 매개된 것이고 개별 예술가의 자기 반영에서 유래하는 것이 아니기 때문에, 우리는 예술이 도덕적·인도주의적 기능을 담보한다고 주장할 수 없다. 예술의 가치는 우리가 부과할지 모르는 어떠한 도덕적·이데올로기적 해석보다도 앞서 존재하는 창조적인 삶의 동력을 우리가 경험할 수 있도록 하는 데 있다. 예술은 선과 악 저편에 존재하는 힘이며, '정당화'란 삶이 무엇이 될 수 있을지에 대한 새로운 선견을 발견하는 것임을 우리에게 가르쳐 준다.

음악과 가상

니체가 예술가를 두고 '삶'이 말하도록 하는 특권적 매개자라고 묘사하는 것을 보면, 그의 초기 철학에서 음악이 중심적인 역할을 차지하는 이유를 알 수 있다. 음악은 그저 "근원적 일자一者"를 표현하는 데 그치는 것이 아니기 때문이다. 음악은 존재인 동시에 미적 형식으로 존재를 상징화한 것이기도 하다. 말하자면, 음악이 디오니소스적 생명력을 드러내면서 또한 존재의 어떤 유형을 표상하기도 한다는 사실은 음악 스스로 아폴론적 상징 형식이 될 수 있는 가능성을 잘 보여 준다. 그렇기 때문에 니체가 음악의 "세계 상징"이라고 부르는 것은 "모든 현상의 위와 앞에" 존재하고 언어로는 온전하게 표현될 수 없지만, 다른 한편으로는 형식들이 발생되는 상징적 서사 유형을 나타내기도 한다.(1993 : 35/2 ; 60)

이처럼 자신을 끊임없이 아폴론적 이미지로 만들어 내는 디오니소스적 힘으로서 음악이 갖는 이중적 기능은 니체의 비극 이론에서 매우 중요한 부분이며, "비극은 비극적 합창에서 발생했으며, 비극은 근원적으로 합창일 뿐이고 합창 이외의 아무것도 아니"(1993 : 36/2 ; 61)라는 그의 유명한 주장이 나올 수 있는 근거가 된다.

비극적 '합창'은 비극의 모태가 된 합창곡을 뜻한다. 합창은 원래 약 50명 정도가 부르는 찬가였으나, 위대한 비극 작품들이 등장한 기원전 5세기경에는 15명 내외의 배우들이 부르는 정도로 줄어들었다. 합창의 극적 역할은 역사적으로 변화해 왔다. 합창은 때때로 목소리의 가락으로써 시간의 경과를 알렸고, 어떤 때는 인간과 신의 관계에 대한 탐구를 노래했다. 합창은 비극 주인공의 정서를 용인하거나 반대로 이에 도전하는 식으로 종종 극적 행동과 대위법을 이루는 리듬을 선사하기도 했다. 합창에 대한 니체의 독법은 합창을 "민중", "이상적인 관객", 또는 가장 나쁘게는 "민주적 아테네 시민들의 굳건한 도덕법칙" 등의 견해를 재현한 것으로 간주했던 학자들의 설명과는 의견을 달리한다.(1993 : 36/2 ; 61-62)

합창은 소규모의 형식임에도 디오니소스적 삶의 압도적인 힘을 하나의 형식으로 옮겨 담는 완전한 비극의 원동력을 재현해 내는데, 이 형식 덕분에 우리는 온전한 개별적 감각으로 그러한 힘을 살려 낼 수 있게 된다. 이 과정은 디오니소스의 끝 모를 힘에 대한 상징적 장면, 그리고 서사적 형식이 낳은 '중간 세계'에서 이루어지는 디오니소스와 근원적 존재의 통합을 드러냄으로써 행해진다. 극적 서사가 생성하는 합창은 관객들에게 중요한 기능을 수행한다. 인류는 디오니소스적 상태에서 혼돈 및 실존의 무의미를 흘끗 들여다보고 두려움에 사로잡힌다. 이러한 비인간적 장면을 합창이 "더불어 살 수 있는"(1993 : 40/2 ; 67) 이미지와 관념들로 변모시킴에 따라, 우리는 다시 한 번 삶을 사유하며 디오니소스적 원기를 불러일으킬 수 있다.

디오니소스적 원기에 대해 동시에 일어나는 재현과 소멸은 "모든 문명의 배후에서 부단히 살아 있"(1993 : 39/2 ; 66)는 디오니소스적 자연 존재인 염소 모양의 여러 사티로스들satyrs이 맡게 되는데, 이를 가능케 하는 것은 비극적 합창과 그리스 관객들 사이의 특별한 관계다. 가장 기본적인 형식에 대해 살펴보자면, 비극적 합창은 그것 자체에 대한 청중의 감각을 마비시키고, "자연의 심장부로 되돌아가는 강력한 통일 감정"을 환기시킴으로써, 한쪽 구성원을 다른 쪽에서 분리하는 식으로 국가와 사회가 야기하는 간극을 청중이 상상적으로 극복할 수 있게 해 준다. 이는 모든 비극이 전해 주는 형이상학적 위안이다. 그 위안이란 사회적·정치적인 삶에 어떤 우연적 결과가 초래되는지 간에, 디오니소스적 힘으로서의 삶이 궁극적으로 "파괴할 수 없을 정도로 강력하고 즐거움에 가득 차 있다는" 것이라는 데 대한 감각이다.(1993 : 39/2 ; 66) 비극은 각 개인에게 삶의 영역을 확장시키고 자신의 처지를 극복할 의지를 전해 주는 삶의 힘에 관한 진리를 드러낸다. 니체는 인간이 비극을 체험하면서 "예술에 의해 구원되며", 삶은 "예술을 통해 스스로를 구원"한다고 결론짓는다.

그러나 비극은 아폴론적으로 매개된 디오니소스적 힘을 재현하기 때문에, 인간에게는 그와 같은 형이상학적 위안만을 줄 수 있을 뿐이다. 고유하게 경험된 디오니소스적 상태의 '황홀'은 인간이 세속적 일상에 휘둘리며 더 이상 사회에서 제 구실을 할 수 없다고 하는 근원적인 "사물의 본질"(1993 : 39/2 ; 66)을 볼 수 있도록, 인간에게 아주 심원한 통찰력을 빌려준다. 디오니소스적 인식은 행위를 약하게 하는 데, 이는 행위가 "환영의 베일"을 요구하기 때문이다. 이 환영은 "근본적으로 청중과 합창단 사이의 대립이 없"는 상황, 곧 "모든 것이 춤추고 노래하는 사티로스의 사람들로 이루어지거나 혹은 이 사티로스에 의해 대변되는 사람들로 구성된 거대하고 숭고한 합창단"인 상황에서 공연되는 그리스 비극의 공간적 배치에서 생산된다.(1993 : 41/2 ; 70)

합창단과 청중 사이에 어떤 확고한 구분도 없었기 때문에, 청중은 열광적 상태와는 일정한 비판적 거리를 유지하면서도 자신을 디오니소스적 대중 속에 상상적으로 투사할 수 있게 되었다. 그 결과, 공연자들은 공연의 안과 밖에 모두 존재했다. 관람하는 사람과 관람의 대상이 되는 사람 역시 마찬가지였으며, 이러한 이중적 위치는 "디오니소스적 인간의 자기 반영"(1993 : 42/2 ; 70)을 창조했다. 그러므로 사티로스 합창단은 자동적으로, 동시에 자의식에 따라 움직이게 된다. 니체는 이러한 이중적 운동 속에서 그리스의 연극이 시작된다고 주장한다. 자신이 다른 사람으로 변하여 마치 그 사람인 양 행동한다고 생각하는 것이다. 디오니소스적 여흥을 즐기는 사람은 자신을 사티로스라고 상상한다. 그가 황홀히 쳐다보는 디오니소스는 사티로스로서의 디오니소스이다. 그리고 연극은 "자기 밖에서" 생성된, "자신의 현 상태의 아폴론적 완성"을 구성하는 삶에 대한 자신의 새로운 전망 속에서 완결된다.(1993 : 43/2 ; 73) 이러한 관점을 바탕으로 니체는 그리스 비극을 "아폴론적 형상의 세계 속에 스스로를 늘 새롭게 표출시키는 디오니소스적 합창"으로, 그리고 연극을 "디오니소스적 인식과 효과가 아폴론적으로 구체화된 것"으로 각각 특징짓는

다.(1993 : 43-44/2 ; 73)

그렇기 때문에 비극적 합창은 "세계의 유일한 근거"(1993 : 25/2 ; 46)가 되는 영원하고 근원적인 고통이라는 디오니소스적 조건을 강렬한 통찰로서 드러낸다. 그러나 합창은 또한 그러한 인식이 삶의 기초로서 회복되고 변형될 수 있도록 하는 이미지와 서사를 전달한다. 니체는 『비극의 탄생』을 마무리하면서 디오니소스적 힘과 아폴론적 형식의 상호 의존성을 강조한다.

> 음악과 비극적 신화는 똑같은 방식으로 한 민족의 디오니소스적 능력의 표현이며, 서로 분리될 수 없다. 양자는 아폴론적인 것의 저편에 놓여 있는 예술 영역에서 유래한다. 양자는 하나의 영역을 미화하는데, 이 영역이 지닌 쾌락의 화음 속에서는 불협화음과 마찬가지로 공포의 세계상이 매력적으로 울려 퍼진다. 양자는 자신의 강력한 마술을 믿으면서 불쾌의 가시를 가지고 유희한다. 양자는 이러한 유희를 통해 '가장 나쁜 세계'의 실존조차도 정당화한다. 여기서 디오니소스적인 것이, 아폴론적인 것과 견주어 볼 때, 현상의 세계 전체를 소생케 하는 영원하고 근원적인 예술의 힘으로 나타난다. 이 현상 세계의 한가운데에는 소생한 개체화의 세계를 삶 속에 붙잡아 두기 위하여 새로운 미화의 가상이 필요하게 된다. 우리가 불협화음의 인간화를 생각할 수 있나면—그리고 만약 그렇지 않다면 인간이란 도대체 무엇이겠는가?—이 불협화음은 살 수 있기 위하여 훌륭한 환상을 필요로 할 것이다. 이 환상은 불협화음이 가진 고유한 본질을 아름다움의 베일로 은폐한다. 이것이 아폴론의 진정한 예술 의도이다. 우리는 매 순간 실존 일반을 살 만한 가치가 있는 것으로 만들고 그

"비극은 근원적으로 합창일 뿐이다."
그리스 비극에 등장하는 코러스. 『비극의 탄생』에서 니체는 음악의 이중적 기능, 그중에서도 '합창'에 주목한다. 비극적 '합창'은 비극의 모태가 된 합창곡을 뜻한다. 합창의 극적 역할은 역사적으로 변화해 왔다. 합창은 때로 목소리의 가락으로 시간의 경과를 알렸고, 어떤 때는 인간과 신의 관계에 대한 탐구를 노래했다. 합창에 대한 니체의 독법은 기존 학자들의 견해와 다르다. 니체에 따르면, 합창은 디오니소스적 삶의 압도적인 힘을 하나의 형식으로 옮겨 담는 완전한 비극의 원동력을 재현해 내었고, 그 덕분에 청중은 온전한 개별적 감각으로 그러한 힘을 살려 낼 수 있었다.

다음 순간을 체험해 보고 싶게 만드는 아름다운 가상의 저 수많은 환영들을 아폴론이라는 이름으로 포괄한다.(1993 : 117/2 ; 177-178)

비극의 죽음

그리스 비극에 담긴 통찰의 미적·윤리적 힘은 아폴론적인 미적 세계와 개별화된 형식, 그리고 디오니소스적 "토대substratum" 사이의 "상호 필연성"으로 만들어진다.(1993 : 25/2 ; 46) 마찬가지로 그리스 비극의 몰락 역시 아폴론과 디오니소스의 분리에서 비롯되었다. 니체는 이러한 몰락 과정을 에우리피데스, 소크라테스, 소포클레스의 세 단계로 파악한다. 이 가운데 니체가 전적으로 비난하는 인물은 없는데, 삶에 대한 모든 부정은 그것이 억압하는 원기의 흔적을 간직하고 있기 때문이다. 그러나 소포클레스 비극으로 넘어오는 과정에서 니체는 낡은 가치들에 대한 종속이라는 근대적 현상과 무관하지 않은 양상, 곧 나약함과 도덕에 이끌리는 양상을 확인한다.

극작가 에우리피데스(기원전 484~406)는 『비극의 탄생』이 겨냥하는 주요 표적 가운데 한 사람인데, 니체가 그를 문제 삼는 이유는 그리스 연극에서 그가 감행한 잇따른 형식적 변화들에 몹시 해로운 정치적 영향력이 실려 있었기 때문이다. 에우리피데스의 진정한 죄목은 무대 위의 관객, 곧 무대에 올라와 "일상생활 속의 인간"을 재현하는 관객과도 같은 개별화된 형상 하나에만 의존할 뿐인 나약해진 비극적 장면에 디오니소스 신화를 종속시킴으로써, "디오니소스를 떠났"다는 데 있다.(1993 : 55/2 ; 90, 88) 니체는 에우리피데스의 이 같은 맥 빠진 비극 해석으로 말미암아 결국 "새로운 아티케 희극"이라고 알려진 새로운 양식이 나타났다고 주장하는데, 이 양식은 사회적 사실주의와 도덕적 논평이 결합된 것이었다. 비극으로써 형이상학적 또는 비인간적 위안을 전해 주는 대신, 에우리피데스는 일반 시민들의 삶과 열망을 부르주아의 일상적 자기 발전에 대한 도덕적 호소와 나란히 보여 주었다. 비극은 더 이상 힘과 충동의 경쟁을 묘사하지 않는다. 이제 비극의 상호 대립적 원기는 무대 위 관객의 관점에서 조직되며, 이들의 유머와 편견들이 '일상생활 속의 인간'에 대한 정형화된 형상으로서 무대에서 재현되게 된 것이다. 비극의 세계는 거꾸로 뒤집혔다. 니체는 이제 우리가 평범하고 나약한 것들이 재현하고 판단하는 삶을 목격한다며 불평한다. 에우리피데스 비극과 '새로운 희극'에 등장하는 보통 사람은 이상적인 과거와 미래에 대해 관심을 잃은 상태다. 그런 인물은 "지나간 것이나 미래에 올 것을 현재 있는 것보다 높이 평가하지 않는"다.(1993 : 56/2 ; 92) 에우리피데스가 했던 것, 곧 "저 근원적이고 전능한 디오니소스적 요소를 비극에서 분리해, 순수한 형태로 비非디오니소스적 예술, 관습과 세계관 위에 새롭게 세우는 것"(1993 : 59/2 ; 96)은 합창의 비밀들에 깃든 불가해한 깊이보다 사회적 사실주의와 논평을 더욱 우선시한다. 설령 말년의 에우리피데스가 디오니소스를 무대에서 몰아낸 것을 후회했다 할지라도, 합리주의와 도덕적 비판의 승리는 비극의 엄청난 적대자 가운데 한 사람이 출현하면서 이미 달성되었다. 바로 소크라테스이다.

그리스 비극의 흥망사에서 결정적인 갈등은 디오니소스 신화와 소크라테스 철학의 대립에서 빚어진다. "그리스 비극의 예술 작품은 이 대립으로 인해 멸망했다."(1993 : 60/2 ; 98) 니체가 보기에, 에우리피데스 비극이 가진 문제의 핵심에는 이중적 측면이 있었다. 에우리피데스 비극은 아폴론적 예술의 질서정연한 형식보다는, "차가운 역설적 사상[들]" 사이의 갈등에서 비극의 역동성을 찾았다. 그리고 청중들로 하여금 모든 사회구조의 이면에 살아 있는 디오니소스의 도취적 상태를 상기시키기보다는, 단지 그들에게서 감정적 반응만을 이끌어내는 것처럼 보였다. 결국 에우리피데스 비극은 아폴론적 비극 효과와 디오니소스적 비극 효과 가운데 어느 한쪽도 낼 수 없는 형식이 되었다. 에우리피데스 비극에서 "서사시의 아폴론적 효과를 낸다는 것은 불가능하다. 그러나 다른 한편 그것은 전력을 다하여 디오니소스적 요소들과 결별했고, 그래서 효과를 얻기 위해서는 새로운 감동 수단이 필요했다. 이 새로운 감동 수단은 두 개의 유일한 예술 충동, 즉 아폴론적 충동과 디오니소스적 충동의 범위에는 속할 수 없었다."(1993 : 61/2 ; 99-100)

이러한 감동 수단은 소크라테스의 가르침 아래 출현했다. 소크라테스 철학은 대화 또는 '변증법'의 형식을 발달시켰는데, 이는 도덕적·정치적·미적 가치와 관련하여 서로 경쟁하는 정의들을 보편적 진리를 탐구하는 과정 속에서 검증하는 형식이었다. 소크라테스가 등장함에 따라, 자각은 신화를 대신하여 그리스 문화의 배후에 작용하는 창조 원리가 되었다. 이제 철학은 예술을 무력화시키면서, 변증법이라는 전진적 논리 전개에 따라 예술을 점차 재구성한다. 니체는 우리가 소크라테스 철학의 "낙천주의의 세 가지 근본 형식", 곧 "미덕은 지식이다. 죄는 무지에서 저질러진다. 미덕을 갖춘 자는 행복한 자다"라는 형식에서 "비극의 죽음"을 발견하게 된다고 역설한다.(1993 : 69/2 ; 111) 그 형식의 지침은 더 이상 "현상의 소용돌이 밑에서 파괴할 수 없는 영원한 삶이 계속 흐른다"(1993 : 75/2 ; 134)는 형이상학적 위안이 아닌, 오히려 아름다움보다 명료함이 비극적 통찰의 본질을 정의하는 미학적 소크라테스주의이다.

그리스 비극 예술의 쇠락을 이어 간 인물은 소포클레스라는 극작가였다. 쇠락은 비극의 합창에 가해진 소포클레스의 공격에서 명백해졌다. 사람들이 오직 "합창단을 비극과 비극적인 것 자체의 원인으로 생각"(1993 : 70/2 ; 112)해 왔음에도, 소포클레스에게는 합창이 없어도 되는 것으로 비친 듯하다. 합창의 역할은 이제 배우에게만 한정되었다. 그 과정에서 합창의 본질은 파괴되고, 합창을 절멸하는 씨

변증법 변증법은 플라톤의 대화편에서 소크라테스가 참된true 관념 또는 형식에 다다르고자 사용하는 방법론이다. 소크라테스는 대화에 참석한 여러 사람들에게 말할 권리, 진리, 우정, 정의, 아름다움, 사랑 등의 정의에 대해 묻는다. 그러고 나서 다양한 정의들을 탐구하면서 그 가운데 부분적이고 부적절하거나 모순된 부분들을 찾아낸다. 이처럼 모든 일반적인 의견과 주장들을 거부하는 소크라테스의 변증법이 시사하는 바는, 이러한 관념들의 **참된** 의미는 단순한 의견을 넘어서는 수준에서 탐색될 필요가 있다는 것이다. 이때 변증법은 부정negative의 성격을 띠는데, 그 이유는 변증법이란 영리하다고 소문난 수사학자들이 소크라테스에게 내놓은 교묘한 정의들을 **거부**하는 데서, 또는 그런 정의들과는 다른 것이 되는 데서 출발하기 때문이다.

독일의 철학자 게오르그 빌헬름 프리드리히 헤겔(1770~1831)의 변증법 역시 **부정**negation의 형식을 취하고 있다. 이를테면, 우리는 진리를 감각을 동원하여 지각한 것으로서 이해한다. 그러나 동

앗이 뿌려지게 된다. 이후 합창은 더 이상 "음악의 가시적 상징화이며 디오니소스적 도취의 꿈같은 세계"(1993 : 70/2 ; 112-113)가 될 수 없다. 소포클레스 이후의 연극에서는 인물 묘사, 심리 전개, 극적 자연주의가 새로이 부각됨에 따라 비판적 이성의 결정적인 역할이 강조되는 반면에, 합창 기능은 여러 단역들의 몫으로 돌아간다. 니체는 이러한 비극적 예술의 재구성이 고귀한 가치들에 대한 민주주의의 역전 및 계몽된 '인간'의 의기양양한 진보를 향한 얄팍한 믿음과 더불어 급속히 성장하는 소크라테스적·'알렉산드리아적' 문화를 미학적 측면에서 보완하는 것이었다고 주장한다.

그리스 비극의 죽음과 관련하여, 니체는 '이론적' 인간이라 불리는 새로운 삶의 형식의 고양에 대해 논의하는 것으로 이야기를 정리한

일성을 잃지 않거나 항상 확실한 것을 '진리'라고 이해하기도 한다. 두 가지 의미 모두 진리 개념에 필요한 것 같은데, 양쪽의 의미는 서로 모순된다. 헤겔에 따르면, 모든 철학 개념들은 이러한 모순, 곧 부정적이거나 변증법적인 형식을 지니고 있다고 강조한다. 개념들의 모순이나 부정으로써 헤겔은 **삶**이 직접적이지 않음을 증명하고 싶어 한다. 순수한 존재, 모순 없는 존재, 긍정적인 존재 같은 것은 없다. 모든 삶은 자기모순이나 부정을 수반하는 변증법적인 것이다. 니체는 이처럼 부정적이거나 변증법적으로 삶에 접근하는 견해, 곧 개념들 및 우리가 세계를 사유하고 진리에 도달하는 방식에 초점을 맞추는 견해에 반대한다. 대신 니체는 긍정적인, 또는 반反변증법적인 삶의 투쟁을 역설한다. 이 과정에서 상이한 힘들 사이의 투쟁이 벌어지지만, 여기에 **모순은 존재하지 않는다**. 변증법이 모순에서 대립을 해소하는 상위의 진리로 이동하는 반면, 니체는 타자의 **부정**이 되는 어떠한 항項도 해결책도 없는 갈등과 역동성을 유지시키고자 한다.

다. 소크라테스적 사유는 근본적으로 상이하고 반反비극적인 문화, 곧 신화적 인식이 전혀 인식으로 간주되지 않는 문화의 선봉으로서 제시된다. 소크라테스에게 비극은 "결과 없는 원인, 원인 없는 결과처럼 철저하게 비합리적인 것"(1993 : 67/2 ; 108)이었다. 비극은 유용하지 않지만 마음에 드는 것이다. 이러한 관점에서 본다면, 심미적인 것은 철학적 · 과학적 탐구와 같은 뜻인 철저한 도덕적 인식에서 벗어난 하나의 유희로서 이해된다. 이제 문화적 인간의 고유한 임무는 개념, 논증, 결론을 동원하여 인식의 보편적 형식을 규정하는 것이 되었다. 그 결과, 소크라테스는 "태양계 전체의 법칙을 세울 수 있는 전망"을 가져다주며, 전 지구를 뒤덮는 "사상의 공동 그물망" 구축을 유산으로 남겼다는 점에서 세계사의 '전환점'이 된다.(1993 : 73/2 ; 117)

이론적 인간

근대의 이론적 인간에 대한 초상을 그리며 니체는 자신이 쓴 비극적 예술의 역사에 우울한 결론을 내린다. 그러나 니체는 탁월한 반전을 거쳐, 소크라테스를 역설적이게도 비극에 반하는 가르침으로 비극적 인식을 향한 욕망을 부활시킨 양가적인 인물로 제시한다. 소크라테스의 입장이 처한 아이러니는, 합리적 인식이 현상적 세계 전체를 아우르고 설명할 수 있으리라는 그 자신의 믿음이 과학적 사유의 한계를 의도적으로 모호하게 하는 관대한 신화라는 데 있다. 실존의 신비를 완전히 설명하는 데 과학이 실패할 수밖에 없다는 사실은 이러한 아이러니를 심화시킬 뿐인데, 이때 이론적 인간은 합리주의가 체계적으로 억압해 온 바로 그 힘들, 곧 예술과 종교에 다시 한 번 호소하지 않을 수 없기 때문이다. 『비극의 탄생』 초판은 "채워지지 않는 낙천주의적 인식욕"이 스스로 비극적 체념과 부활된 예술을 향한 요구로 변모하는 이 지점에서 마무리된다.

> 그러나 이제 학문은 자신의 강력한 환상에 자극받아 쉴 틈 없이 자신의 경계에까지 이른다. 이 경계에서 논리학의 본질 속에 감추어진 학문의 낙천주의는 실패하고 만다. 왜냐하면 학문의 원주 위에는 무수한 점들이 있고, 이 원을 완전히 측정할 수 있는 길은 전혀 보이지 않는데도 재능 있는 귀한 인간은 생애의 중반에도 이르기 전에 어쩔 수 없이 이런 원주의 한계점에 이르게 되고, 거기서 그는 해명할 수 없는 것을 응시하게 되기 때문이다. 그가 여기서 논리가 이 한계점에서 빙빙 돌다가 결국 제 꼬리를 무는 것을 보고 몸서리칠 때, 인식의 새로운 형태, 비극적 인식이 터져 나온다. 비극적 인식은 단지 참고 견디기 위해 예술이라는 보호막과 치료제를 필요로 하게 된다.(1993 : 74-75/2 ; 119)

하지만 이와 같은 새로운 인식의 형식은 어떤 형식으로서 언제쯤 나타날 것인가? 『비극의 탄생』의 개정 증보판에서 니체는 요한 제바스티안 바흐(1685~1750)와 루트비히 판 베토벤(1770~1827)에서 바그너로 발전해 온 독일 음악으로 대표되는 "우리의 현재 세상에서 …… 디오니소스적 정신이 서서히 깨어나고 있음"(1993 : 94/2 ; 146)이 드러나는 가운데, 근대성 내부에 비극적 인식의 새로운 형식이 태어나고 있음을 암시했다. 이때 독일 음악은 계몽기 합리주의라는 불모의 유산에 빠져든 근대성에 대한 근대적인 해독제가 된다.

니체가 그리스 문화와 근대 독일 음악 사이의 관계를 분석하는 대목은 바그너에 보내는 찬사로 유명하지만, 그보다도 과거를 전략적으로 이용하여 현재에 가능한 삶의 형식을 창출하려는 사례로서, 그리고 근대성의 불안을 짚어 내는 진단으로서 더욱 포괄적인 중요성을 갖는다. 니체는 단순히 골동품 애호가처럼 고전 전통에 관심을 가졌던 것이 아니다. 그리스 문화는 우리가 지금 살아가는 데 따라야 할 삶의 방식에 대해 개념상의 본보기를 제시해 주기 때문에 가치가 있다는 것이다. 니체는 "저 변화와 투쟁의 모습이 고전적, 교훈적인 형식으로 새겨져 있는 그리스의 모범은 여러 실존 형식들의 경계선에서 있는 우리에게 무한한 가치를 지니고 있기 때문"(1993 : 95/2 ; 148)이라고 설명한다. 그리스 문화의 몰락이 우리에게 가르쳐 주는 것은 "신화가 없으면 모든 문화는 건강하고 창조적인 자연의 힘을 상실한다"(1993 : 109/2 ; 167)는 것이다. 니체가 보기에 이는 중대한 교훈인데, 왜냐하면 근대 문화는 신화적 차원을 상실했으며 신화 없이 인류는 문화적 질서와 통일성에 대한 감각을 가질 수 없기 때문이다.

> 이제 신화를 잃은 인간은 영원히 굶주린 채 모든 과거들 사이에 서서, 설령 가장 멀리 떨어진 고대에서 뿌리를 캐야 하더라도 어쩔 수 없이 땅을 파헤치고 뒤져서 뿌리를 찾는다. 충족되지 못한 현대 문화의 강렬한 역사적 욕구, 무수한 이질 문화의 수집벽, 불타는 인식욕이 신화의 상실, 신화적 교양과 신화적 모태의 상실을 지시하지 않는다면 무엇을 지시하겠는가?(1993 : 110/2 ; 167-168)

근대 문화에서 예술이 갖는 결정적 역할은 "삶의 진정한, 즉 형이상학적 의미"(1993 : 111/2 ; 170)를 재발견하는 과정에서 경험에 형식을 부여하는 신화적 구조들을 창안해 냄으로써 그리스인들의 전형을 재생하는 데 있다. 이러한 미학적 기능은 아폴론과 디오니소스의 이원성으로 되돌아가는 작품, 이를테면 새뮤얼 테일러 콜리지Samuel Taylor Coleridge의 「쿠블라 칸Kubla Khan」(1797)과 같은 시 작품에서 구현된다. 「쿠블라 칸」은 쿠블라가 혼돈에 질서를 부여하는 장면으로 시작된다.〔시 번역은 강엽 편역, 『낭만주의 영시선』, 신아사, 2002, 90~91쪽을 따랐다.〕

> 상도Xanadu에 쿠블라 칸은
> 웅장한 환락궁을 지으라고 명령했다.
> 그곳엔 신성한 강 앨프가 흘렀다,
> 인간이 측량 못할 지하 동굴을 통해서
> 태양 빛 받지 않는 바다까지.(Coleridge 1963 : 167)

"비옥한 땅"이었던 곳은 이제 "성벽과 탑"으로 "둘러싸였다". 따라서 미지의 "측량 못할" 자연의 공간에 형식과 동일성이 갖춰진다. 형식과 무형식의 이 같은 분리는 인간 문화의 가치를 만들어 내는 데 도움이 된다. 궁은 노고나 투쟁의 장소가 아니라, "웅장한" 그리고 "환락"의 장소가 된다. 그러나 세련된 아폴론적 형식이 디오니소스적 실존의 근원적 힘과 분리됨에 따라, 무의미하고 공허한 구조 속에서 생기가 사라질 위험이 초래된다. 「쿠블라 칸」의 두 번째 연은 자연의 "신비로운 곳"에 깃든 근원적이고 전-문화적인 힘이 인간이 만든 구조 속으로 봉인되는 것에 저항하며 이어지고 있음을 묘사한다.

그러나 오! 저 깊은 신비로운 구멍을 보라!
백향목 숲을 가로질러 푸른 언덕 아래로 경사졌네.
신비로운 곳이로다! 성스럽고 요술에 걸린 것처럼.
마치 이지러지는 달 아래에서 악마 애인 그리워
흐느끼는 여인이 자주 찾아오는 곳처럼!
그리고 이 구멍으로부터 끊임없는 소용돌이가 쳐서
마치 대지가 숨 가쁘게 헐떡이며 숨 쉬듯이
거대한 샘물이 매 순간 솟아올랐다.
그 빠르고 간헐적인 분출 사이에
거대한 암석 파편이 튕기는 우박처럼 튀었다,
혹은 타작꾼의 도리깨 아래 껍질 붙은 곡식처럼.
그리고 이 춤추는 바윗돌 사이에 끊임없이
그것은 매 순간 신성한 강물을 던져 올렸다.

"거대한 샘물"이 대지에서 솟아올라 "거대한 암석 파편"을 흩뜨리며 인간의 문화와 기예가 낳은 원대한 구상을 위태롭게 한다. 그러나 니체는 디오니소스적 원기가 아폴론적 형식으로 매개되지 않는다면 단지 무형식의 혼돈으로 남을 뿐이라고 지적한다. 예술의 역할은 자연의 근원적이고 무도덕적인 힘에 대한 기억을 보존하면서 그러한 원기를 구조화하는 것이다. 「쿠블라 칸」에서 아폴론적인 것으로 매개된 디오니소스적인 것은 신성한 강의 "혼합된 가락"으로 상징화되어 나타난다. 신성한 강은 전-문화적 원기가 인류와 자연 세계의 힘을 다시 연결하는 하나의 형식으로서 미학적으로 전환되는 양상을 표상한다. 신성한 강은 자연의 비인간적인 힘을 담아내고 활용할 구조의 필요성을 쿠블라에게 "미로의 동작"으로써 일깨운다. 이어지는 행들에서 환락궁은 자연에 올리는 제식 순서에 대한 미적 반영물로 변모하는데, 쿠블라의 환락궁이 물 위에 그림자로서 나타나는 것은 이러한 이유에서이다.

> 5마일을 미로의 동작으로 굽이치며
> 숲과 골짜기를 통해 신성한 강은 흘렀다.
> 그리하여 인간이 측량 못할 동굴에 이르러
> 법석 떨며 생명 없는 대양으로부터 가라앉았다.
> 그리고 이 법석 속에서 쿠블라는 멀리서 들었다
> 전쟁을 예언하는 조상의 목소리를!
> 환락궁의 그림자가
> 물결의 중간에 떠 있었다.
> 그곳에 샘과 동굴로부터
> 혼합된 가락이 들렸다.
> 그것은 묘하게 고안된 기적이었다.
> 얼음동굴이 딸린 양지바른 환락궁!

『비극의 탄생』의 초판이 발행된 지 14년이 지난 1886년, 니체는 '자기비판의 시도'라는 제목의 새로운 서문을 붙여 『비극의 탄생』을 재출간한다. 이 새로운 서문은 『비극의 탄생』의 핵심 주제와 관련하여 이전과 매우 달라진 니체의 견해를 담고 있다. 여기서 니체는 "실존의 밑바탕에 놓여 있는 모든 무서운 것, 악한 것, 불가사의한 것, 파괴적인 것, 운명적인 것의 표상"을 향한 그리스인들의 갈망은 삶의 충만함을 경험하려는 심원한 욕망에서 솟아오른 것이라는 자신의 주요 논의를 다시 언급하고, 과학적 개념과 정치적 민주주의에서 엿보이는 낙천주의에 대해서는 약화되는 힘과 심리적 피로의 징후라고 말한다.(1993 : 6-7/2 ; 14-16) 그러나 니체는 이상적인 미적 질서에 선행하는 것인 동시에 그것의 묘사이기도 한 '자연'에 대한 이전의 낭만적인 믿음에 반감을 품게 되었다. 「자기비판의 시도」는 『비극의 탄생』을 "교만하고 열광적인 책"(1993 : 5/2 ; 13)이라고 단정하며 비난하고 있다는 점에서 주목할 만하다. 니체가 이렇게 공격을 감행한 이유는 일상적 삶의 현상적 세계와 외관의 배후에 존재하는 영원하고 속죄적인 가치의 영역 사이의 구별을 스스로 더 이상 믿지 않게 되었기 때문이다. 이제 삶이란 것은 "가상, 예술, 기만, 광학, 관점적인 것과 오류의 필연성에 토대를 두고"(1993 : 8/2 ; 18) 있는 것으로 여겨진다. 우리는 '형이상학적 위안'에 대한 모든 믿음을 포기하고 경험의 힘과 풍만함 속에서 기쁨을 누려야 한다는 것이다. 이러한 목표를 달성하려면 표상, 관점, 가치 사이의 관계를 탐구할 수 있는 새로운 언어가 또한 필요하다. 니체는 은유를 연구하며 이와 같은 새로운 언어를 모색하기 시작하였는데, 이는 우리가 다음 장에서 살펴보게 될 문제이다.

그리스 비극을 일으킨 디오니소스적 힘

니체는 삶에 대한 비도덕적 해석이라는 측면에서 비극을 읽으며 그리스 예술을 급진적으로 재해석한다. 그에 따르면, 그리스 비극은 하나의 개념이나 형이상학적 관념에서 유래하지 않았다. 그리스 비극은 디오니소스적인, 곧 근원적이고 창조적인 힘으로 그리스 문화를 재편성한 물질적 동력들 사이의 대결을 무대화한 것이었다. 그리스 문화의 승리는 일련의 아폴론적 형식들을 찾아내어 디오니소스적 원기의 파괴적 힘을 매개한 데 있었다. 그리스 문화의 몰락은 아폴론과 디오니소스의 분리, 그리고 소크라테스 철학의 형식을 띤 아폴론적인 개념적 이성의 고양과 더불어 나타난다. 이제 진리, 도덕, 이성 등의 개념은 삶 너머로 상승하여 삶을 규제하고 판단한다. 이처럼 인류가 디오니소스의 창조적 힘에서 이탈됨에 따라 삶의 다양한 동력이 개념들로써 제한되었고, 이러한 제한은 근대적 실존에 계속 따라다니고 있다.

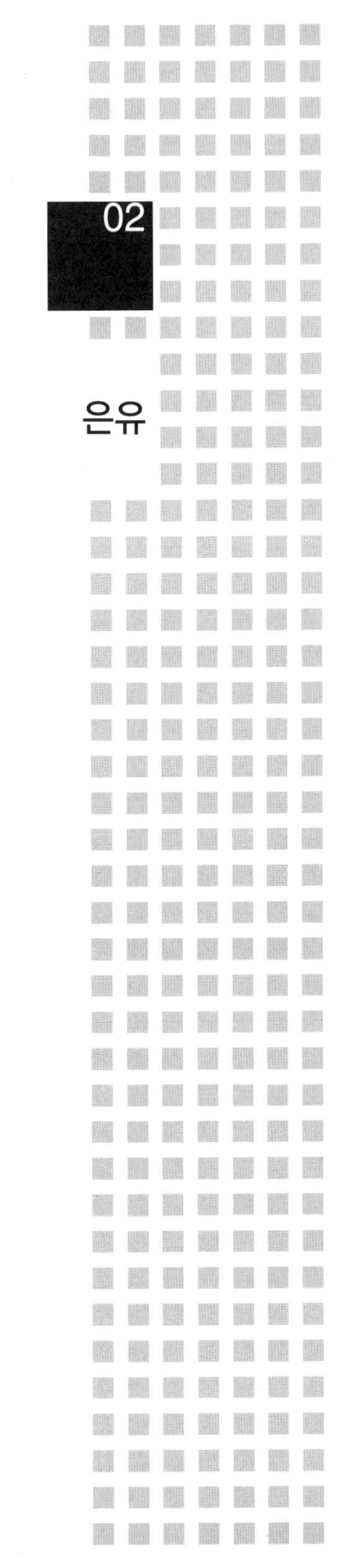

02

은유

이 장에서 우리는 진리의 기원과 구성에 대한 니체의 분석을 들여다보게 될 것이다. 많은 사람들에게는 진리에 '기원'과 '구성'이 있을 수 있다는 암시가 당혹스러울 수도 있다. 요컨대, 일반적으로 우리는 '진리'가 영원불변한 판단 기준을 표상한다고 가정하며, 이를 바탕으로 사유와 경험 사이의 적절한 관계를 정립한다. 더욱이 철학의 타당성은 대체로 **가치**(문화가 스스로를 규정하고자 사용하는 개념들을 기술하고, 상이한 시공간에 따라 달라진다.)와 **진리**(사실들 사이에서 보편적이고 객관적인 관계를 수립하는 초월적 개념)의 구별에 의존한다고 생각된다. 니체가 감행한 주요 도전들 가운데 하나는 이 같은 진리와 가치 사이의 구별을 반박한 것이다. 니체는 진리가 인간적 가치들의 우연성이 미치지 못하는 초월적인 영역에 존재하는 것이 아니라고 주장한다. 진리는 심문되어야 할 어떤 역사가 담긴 가치 그 자체라는 것이다.

니체는 진리와 은유의 관계를 다시 설정함으로써, 진리의 역사적 구성에 대한 비판을 심화시킨다. 언뜻 보아서는 이 용어들 사이에는 공통점이 거의 없는 것처럼 생각될지도 모른다. 세계에 관한 사실을 진술하면서 그것이 객관적이고 가치중립적이라는 의미를 나타내고자 할 때, 우리는 습관적으로 '진리'라는 용어를 사용한다. 어떤 것이 사회적·역사적 환경에 따른 변화와 무관하게 세계에 대한 일관되고 변함없는 관점을 제시한다면, 그것은 '참'이라고 불린다. 수학이나 자연과학에서 '진리들'이라고 말하는 경우는 이와 같은 의미에서이다. 그러나 은유는 매우 다른 유형의 통찰력을 가져다주는 듯하다. 셰익스피어가 『베니스의 상인*The Merchant of Venice*』(1598)에서 "아름다운 달빛이 이 둑에서 잠을 자고 있구나!"라고 쓸 때, 그는 시적 비유('잠자다')를 써서 글자 그대로의, 또는 실제 세계의 경험(대지에 비친 달빛의 지각)을 묘사하려고 한다. 이러한 비유는 은유적인 용법이다. 은유적 용법은 글자 그대로의 말이나 실체를 지각하는 새로운 방식을 표현한다. 달빛은 자기만의 육화된 삶을 살지 않으므로 잠을 자지 않지만, 셰익스피어는 이러한 방식으로 달빛을 의인화함으로써 관객들이 느낄 수 있는 인간적인 편안함과 평온함을 불러일으킨다. 셰익스피어가 생생하고 극적인 이미지들로 우리가 도처에서 발견하는 경험의 진리를 재현하고자 한 것처럼, 은유적 언어는 경험에 대한 '객관적'이고 '실제적인' 묘사와 명백히 관련되어 있지만, 이 같은 재현은 세계 안에 존재하지 않는 세계에 대한 하나의 관점을 창조함으로써 기능한다. 이러한 이유에서 볼 때, 글자 그대로의 용법과 비유적 용법의 관계는 종종 강한 진리의 형식과 약한 진리의 형식 사이의 관계로서 간주된다. 글자 그대로인 것은 객관성 및 사실과 동의어가 되는 데 반해(우리는 달빛을 완전히 경험했다.), 은유적인 것은 주관적 시점에서 본 진리에 대한 비유적 재현으로서 종속적인 위치에 놓인다.

니체의 저작들은 '글자 그대로의' 진리가 '은유적' 진리에 대해 갖는 우위를 가차 없이 허물어뜨린다. 니체에 따르면, 진리는 특정한 사유 형식과 삶의 양식에 권위를 부여하고자 창작되어 온 은유 그 자체이기 때문에, 우리가 은유를 제치고 글자 그대로의 진리 또는 '순수한' 진리에 특권을 부여할 수는 없다. 니체가 거듭 예로 들고 있는 종교적 가르침의 경우, 그것이 전하는 '진리들'은 어떤 공동체가 지향하는 삶의 방식을 치켜세우는 데 이용되도록 인간 경험의 의미에 부여된 실제로 지배적인 관점들이라는 것이다. 동시에 니체는 우리가 세계의 '참된' 구조를 재현하고자 사용하는 개념들, 이를테면 '공간', '시간', '동일성', '인과성', '수數' 같은 개념들 역시 모두 인간의 용어로 세계를 사유할 수 있도록 우리가 세계에 투사시킨 은유들이라고 주장함으로써 논의의 폭을 넓힌다. 이른바 '순수한' 진리는 시적 비유들, 곧 은유라는 기원이 망각되어 온 '개념들'의 상호 교환에서 생겨난다. 니체가 볼 때, '진리'란 우리가 세계를 표상하고자 만들어 온 하나의 비유이자 관점임을 인식한다는 말은 세계의 기능과 목적을 다시 사유해야 한다는 말과 같다. 니체의 철학은 '유일한' 진리에 대한 객관적 모형을 제시하는 것과 무관하다. 니체의 철학은 대신 삶의 다양한 동력을 규제하는 데 사용되는 개념으로서 진리가 갖는 역사와 가치를 고찰한다.

비도덕적 사유

역사 및 진리의 가치에 대한 니체의 비판이 가장 집중적으로 제기되는 글은 이후 상세히 논의하게 될 「비도덕적 의미에서의 진리와 거짓에 관하여Über Wahrheit und Lüge im außermoralischen Sinn」(1873)이다. 그러나 '비도덕적'이라는 용어는 니체 저작들의 맥락을 폭넓게 고려하여 살펴보지 않을 경우 혼란을 주기 쉽다. 『비극의 탄생』 이후 니체는 일정한 추상적·절대적 가치 관념들에 삶과 사유가 순응해야 한다는 독단적 믿음으로 말미암아 고전 문화와 근대 문화 모두 나약해졌다고 일관되게 주장했다. 이와 같은 독단주의의 오류는 진리에 대한 보편적인 관념들에 따라 삶이 재해석되어야 한다고 주장함으로써 그리스의 지적 문화의 몰락을 재촉한 소크라테스에서 시작되었다. 소크라테스의 오류는 '정의', '아름다움', '선'과 같이 초월적이고 영원한 '이데아'의 왕국을 창조하여 모든 삶에 형식을 부과한 플라톤이라는 철학자와 결합되었다.

『선악의 저편*Jenseits von Gut und Böse*』(1886)에서 니체는 "온갖 오류 가운데 가장 …… 위험한 것은 독단론자들이 저지른 오류, 즉 플라톤의 순수 정신과 선 자체의 고안"(1990a : 32/14 ; 10)이라고 말한다. 삶 이전에, 그리고 그 너머에 존재하는 절대적 가치로서의 진리에 대해 플라톤적 의미에서 말한다는 것, 다시 말해 그 자체로는 단지 세계에 대한 하나의 주관적 가치 평가에 불과했던 진리의 이상적 원리에 대해 말한다는 것은 니체가 보기에 그 의미를 잘못 파악하는 것이다. 진리는 삶에 대한 관점들의 다수성 너머에 있는 하나의 이상으로서 존재하지 않는다. 진리는 다양한 관점들에 따라 특정한 삶의 양식에 대해 일관성과 권위를 확립하는 방식으로 생산된다.

서구의 종교적 도덕에 관한 니체의 성찰이 다수 수록되어 있는 『도덕의 계보*Zur Genealogie der Moral*』(1887)의 일부를 살펴보자. 니체에 따르면, 지상의 경험을 구제할 초월적 세계가 도래하리라는 '진리'는 유대인이라는 무력한 계급을 특별히 발명했는데, 이는 유대인들이 박해자들을 극복하는 힘을 얻을 수 있도록 하려는 것이었다. 이상적이고 영원한 진리와는 전혀 무관하게도, 유대-기독교적 도덕은 특정한 경험에 관한 관점, 곧 온순함, 순종성, 관능의 포기, 세속적 야망 등 이전에는 가치 없는 것으로 간주되던 인간적 특징들에 최고의 가치를 부여하는 관점을 확립시켰다.(2000 : 31/14 ; 381-383)

관점의 개조는 새로운 진리의 형식을 **창조한다**. 한때 약하다고 판단되었던 것이 이제는 모든 강함의 지표가 될 수도 있다. 진리의 관점주의적 본질을 부인한다는 것은 가치들이 출현하는 방식을 제대로

플라톤의 이데아 플라톤에 따르면, 오직 이데아만이 참된 존재다. 우리가 경험하는 세계, 곧 감각 가능한 세계는 항상 변화하고 있고, 그렇기 때문에 인식될 수 없다. 우리는 동일한 것으로 남아 있는 것과 영원히 참된 것만을 인식할 수 있을 뿐이다. 이데아는 영원하고 참되며 탈세속적인 형식으로서, 변화하는 감각 가능한 세계에 어느 정도 인식 가능한 형태와 지속성을 부여한다. 플라톤이 보기에 감각 가능한 세계는 참된 존재가 아니다. 그러한 세계는 단지 참된 세계에 대한 복사물이거나 형식상의 닮은꼴에 지나지 않는다. 이를테면 우리가 경험하는 아름다운 것들은 다만 **상대적으로** 아름다울 뿐인데, 왜냐하면 그것들은 아름다움의 이데아와 관계하거나 그 이데아를 닮기 때문이다. 이 세상에서 우리가 공정한 행위라고 이해하는 것들은 오직 영원불변한 정의의 이데아를 닮을 때에만 정의에 대한 특성을 '지닌다'. 그렇다면 플라톤에게 이 세계는 진리와 진정한 존재를 결여한 이차적인 세계인 셈이다. 이데아의 영원한 세계만이 참된 존재이며, 가치 있는 삶은 유동적인 경험이 아닌 이처럼 더 높은 세계의 진리에만 집중한다.

알지 못한다는 것이다. 니체는 "플라톤이 그랬던 것처럼, 정신과 선에 대해 말한다는 것은 확실히 진리를 전복하고 모든 생명의 근본 조건인 관점주의적인 것을 스스로 부인함을 의미했다."(1990a : 32/14 ; 10)라고 설명한다. 기독교가 타락한 인류의 머리 위로 속죄의 도덕률을 드높임으로써 우리 자신의 문화 속에서 재생산하는 것은 삶과 진리 사이에 존재하는 관련성의 이와 같은 치명적인 전복이다. 기독교는 단지 "'대중'을 위한 플라톤주의"일 뿐이라고 니체는 결론짓는다. 기독교는 삶이 스스로를 갱신할 창조적 의지를 잃어버리게 만드는, 삶에 대한 퇴폐적인 재해석이라는 것이다.

진리와 비진리

니체가 자신의 작업에 대해 말하던 가장 인상적인 방식 가운데 하나는 그것을 '미래 철학의 서곡'으로 명명할 때였다. 니체는 사유의 미래를 상상하고자 한다면, 진리에 대한 도덕관념에 따라 삶을 플라톤-그리스도적으로 재해석하는 것 이상으로 사유할 필요가 있다고 주장했다. 니체는 토대를 이루는 도덕적 이상으로서 진리를 바라보는 시각에 잇따라 도전함으로써 이러한 과업을 개시했다.

『선악의 저편』에서 니체는 다음과 같이 묻는다. 진리에 대한 우리의 관념은 어디에서 비롯되는가? 진리는 정말로 세계를 중립적이고 공평무사하게 설명하는가? 진리를 가치에서 구별해 내는 것이 실제로 가능한가? 더욱 근본적으로 묻자면, 우리 안에서 무엇이 다른 어떤 것보다도 진리를 원하는가?

> 우리 안에서 무엇이 도대체 '진리를 향해' 의욕하고 있는 것일까?—사실, 우리는 이러한 의지의 원인을 찾으려는 물음 앞에서 오랫동안 멈추어 서 있었다—그리하여 우리는 마침내 좀 더 근원적인 물음에 직면하여 완전히 발걸음을 멈추게 되었다. 우리는 이 의지가 가지는 가치에 관해 묻게 되었다. 우리는 진리를 원한다고 가정했는데, 왜 오히려 진리가 아닌 것을 원하지 않는가? 왜 불확실성을 원하지 않는가? 왜 심지어 무지를 원하지는 않는가?—진리의 가치 문제가 우리 앞에 다가왔다.—아니, 이 문제 앞에 다가선 것은 우리가 아니었던가?(1990a : 33/14 ; 15)

니체 철학의 대부분은 진리의 가치에 관한 문제들에 해답을 얻으려는 시도로서 설명될 수도 있다. 먼저 니체는 '시간을 초월한' 순수하고 공평무사한 진리를 향한 이상이 가치들의 대립에 관한 철학적 신념에 역사적 기원을 두고 있다고 주장한다.(1990a : 34/14 ; 17)

니체에 따르면 철학적인 또는 '형이상학적인' 사유는 많은 수의 이항 대립을 고안해 냄으로써 작동하는데, 이때 이항 대립의 한쪽에는 진리·진정성·무욕 등의 가치가, 다른 한쪽에는 기만에의 의지·위조·이기심에의 의지 등이 각각 놓이게 된다. '진리'라는 관념은 이 같은 이항 대립에서 후자를 희생하고 전자에 특권을 부여할 때 발생한다. 우리는 보통 '참', '선', '진짜임' 등이 순수하고 기본적인 가치들을 나타내는 반면에 '허위', '악', '위조' 등은 본래의 이상이 이차적인 것으로 타락하였음을 드러낸다고 생각한다. 그러나 니체가 볼 때, 이러한 견해는 우리가 알고 있는 가치들이 고안되는 방식을 혼동하는 것이다. 진리의 토대는 결코 우리가 허위라고 규정하는 것의 반대편에서 세워지지 않으며, 진리와 허위의 구별은 가치 평가 속에서 만들어진다. 철학자들은 하나의 가치 평가를 참된 것이라고 언급함으로써, 판단에 선행하여 대립이 존재한다는 환영을 만들어 낸다. 그러나 진리와 허위의 차이는 판단이 낳은 효과라는 것, 바꾸어 말하자면 단지 여러 견해들 가운데 하나에 지나지 않는다는 것을 인정하기에 철학자들은 너무나 나약하다.

우리는 순수한 진리의 객관성이 부족한 경험의 측면에서 보는 견해를 서술할 때 일상적으로 '허구'라는 용어를 사용한다. 기교, 의미의 가변성, 관점의 조작 등을 연상하면서 말이다. 이러한 대조의 효과로써 공평무사하고 보편적으로 적용될 수 있으며 그 자체로 완벽히 일관된 것이라는 '진리' 관념이 만들어진다. '진리'는 아마도 경험을 대하는 그 어떤 특정한 관점도 초월하여 존재하리라는 가치에 대한 이상적인 기준이 된다. 그렇다면 허구는 진리의 타락이 아니다. 오히려 '순수한' 진리라는 개념이 절대적·초월적 척도에 대한 관념과 삶을 바라보는 도덕적 시각을 찬양하고자 기획된 최고의 허구다. 진리와 허구에 대한 우리의 관념은 공통된 기원에서 비롯된다. 니체가 장난기를 보태 적어 둔 것처럼, 진리, 진정성, 무욕 등의 가치는 외관, 기만에의 의지, 이기심 등과 분리될 수 없고, "바로 겉보기에 대립되는 저 나쁜 사물과 위험할 정도로 유사하고, 또 연관되어 있으며, 단단히 연계되어 있고, 어쩌면 본질적으로 동일한 것일 수 있다는 것도 가능할 것이다." 니체는 허구와 '비진리untruth'가 진리의 구성에 대단히 중요할 뿐 아니라 삶의 진전에 기본이 될 수 있다는 주목할 만한 언급 속에서 이 점에 관한 논의를 심화시킨다.

판단의 오류는 우리에게 아직은 판단에 대한 반론은 아니다. 이렇게 말하면 우리의 새로운 말은 아마 너무 낯설게 들릴 수 있을 것이다. 문제는 그 판단이 생명을 촉진시키고 유지하며, 종種을 보존하고, 심지어 종을 육성할지도 모른다는 것이다. 우리는 원칙적으로 다음과 같이 주장하고 싶어 한다. 즉, 가장 잘못된 판단(선험적 종합 판단이 이러한 잘못된 판단에 속한다.)이 우리에게는 가장 필요 불가결한 것이며, 논리적 허구의 승인 없이는, 순수하게 고안된 절대자, 자기동일자의 세계에 기준해서 현실을 측정하지 않고는, 수數에 의해 세계를 부단히 위조하지 않고는 인간은 살 수 없을 것이다.—잘못된 판단을 포기하는 것은 삶을 포기하는 것이며, 삶을 부정하는 것이리라. 삶의 조건으로 비진리를 용인하는 것, 이것이야말로 위험한 방식으로 습관화된 가치 감정에 저항하는 것을 의미한다. 이 일을 감행하는 철학은 그것만으로도 이미 선과 악의 저편에 서 있게 된다.(1990a : 35-36/14 ; 18-19)

이 대목에는 니체의 핵심적인 논점들 몇 개가 되풀이되고 있다. 니체의 주장 가운데 아마 가장 인상적인 것은 하나의 판단이 잘못된 것일 수 있다 하더라도 여전히 우리에게는 가치가 있다는 단언일 것이다. 니체는 판단에 대한 궁극적인 '진리'란 논리적 정합성이라는 정도의 문제가 아니라, 강력한 삶의 형식이 진화할 수 있도록 만드는 조건들을 확립하는지 아닌지의 문제라고 주장한다. 니체가 '진리에의 의지'라고 명명하는 것은 '순수한' 또는 공평무사한 인식을 향한 호소와 동의어가 아니다. 진리에의 의지는 삶을 확장하고 변모시킬 수 있도록 세계를 조망하는 시선을 창안하려는 충동 속에서 가장 심오하게 드러난다. 그러므로 사유의 목표는 '진리'에 대한 공평무사한 관념에 도달하는 것이 아니라, 잠재력이 실현되고 욕망이 충족되며 창조적 본능이 충분히 표현될 수 있는 삶에 대한 관점을 창조하는 것이다. 니체는 이와 같은 관점이 삶에 대한 의욕적이고 창조적인 재해석을 표상하는 한에서 "잘못된 판단"을 구성한다는 점을 기꺼이 인정한다. 그러나 니체가 "세계를 부단히 위조"하는 일이라 명명하는 것은 진리를 구성하는 데 적대적이라기보다는 오히려 필수적인데, 왜냐하면 그것은 인류가 자신들의 경험에 대한 '진리'를 확립할 수 있도록 하는 "논리적 허구"를 공급하기 때문이다. 우리가 세계에 부과하는 '시간', '공간', '동일성'과 같은 개념상의 허구가 없다면, 삶은 엄밀히 말해 생각될 수 없을 것이다. '사유'는 이렇게 '잘못된' 관점들을 반드시 동원해야만 '경험'의 '의미'를 성찰할 수 있다.

사유가 직면한 문제는 관점들이 진리를 창안하는 데(일반적으로 이것이 개념을 형성하는 데 본질적인 부분이라는 점은 니체가 보여 주게 될 것이다.) 있는 것이 아니라, 우리가 사용하는 진리들이 바로 우리가 창안해 왔던 것들임을 잊는 데 있다. 니체가 볼 때, 진리의 관점주의적 기원이 한번 망각되면 그러한 진리들은 절대적인 독단론적 믿음으로 굳어진다. 니체는 스토아 철학의 자연관을 성찰하면서 이를 관점이 독단으로 굳어 버린 사례로 제시한다.

그대들은 자연에 따라 살기 원하는가? 오 그대 고상한 스토아 철학자들이여, 이것은 말의 기만이 아닌가! 그대들은 자연이란 존재를 생각해 보라. 그것은 한없이 낭비하고, 한없이 냉담하며, 의도와 배려가 없으며,

자비와 공정함도 없고, 풍요로운가 하면 동시에 황량하고 불확실하다. 그대들은 무관심 자체를 힘이라고 생각해 보라. 그대들은 어떻게 이 무관심에 따라 살 수 있을 것인가? 삶—이것은 바로 이러한 자연과 다르게 존재하려는 것이 아닌가? 삶이란 평가하는 것, 선택하는 것, 부당한 것, 제한되어 있는 것, 다르게 존재하고자 함이 아닌가? 만약 '자연에 따라 산다'는 그대들의 명법이 근본적으로 '삶에 따라 산다'는 것과 같은 것을 의미한다면, 어떻게 그대들은 그것을 할 수 **없다**는 말인가?(1990a : 39/14 ; 23-24)

『비극의 탄생』에서 니체가 설명한 바와 같이, 자연은 창조하고 파괴하는 무도덕적인 힘이다. 그 힘은 자비, 정의 그리고 삶에 가치를 부여하고자 인류가 만들어 낸 여타의 모든 도덕관념에 무관심하다. 스토아 철학자들은 자연의 '진리'에 대신 호소함으로써 무상한 세속적 야망을 포기하였지만, 그들의 자연 이해는 자신들만의 삶의 양식을 승인하도록 계획된 실로 근사한 하나의 철학적 허구이다.

니체는 '자연'을 향한 스토아 철학자들의 호소가 두 가지 근거에서 불합리하다고 본다. 무엇보다 자연적 존재로서의 '인간'이 일정한 수준에서 "자연에 따라" 살지 않는 것은 불가능하다. 그러나 동시에 자연의 파괴적인 힘은 우리가 세계에 부과하는 모든 견고한 해석을 파괴하겠다고 위협한다. 실제로 스토아주의적 입장에서 본 '진리'는 이와 매우 다르다. 스토아 철학자들은 모든 삶을 "자신의 모습에 맞추어"(1990a : 39/14 ; 24) 존재하도록 만드는 자연에 대한 개념을 창안하길 바랐다. 자연의 무구함을 바라보는 이 같은 온화하고 도덕적인,

그러므로 잘못된 시각은 결과적으로 독단론적 표상으로서 경직되고 만다. 니체가 주목하는 점은 이러한 시각이 모든 낭만주의 형식에서 되살아난다는 것이다. 사실, 그와 같은 독단론은 사유 체계가 스스로를 지탱하는 주요한 방식들 가운데 하나이다. 그러한 의미에서 철학은 공평무사한 인식이 아니라, "폭군 같은 충동 자체이며, 힘에 대한 가장 정신적인 의지이고, '세계를 창조하려는', 제1원인을 지향하는 가장 정신적인 의지이다."(1990a : 39/14 ; 25)

스토아 철학자들 스토아 철학은 헬레니즘 시기에 등장한 새로운 철학 운동 가운데 하나였다. 스토아 철학은 로마 제국의 지적 문화에도 크게 공헌했다. 주요 스토아 철학자들 가운데 그리스인으로는 키티온의 제논(기원전 344~262), 크리시포스(기원전 약 206년경 사망) 등이 있고, 로마인으로는 세네카(기원전 4~서기 65), 에픽테토스(약 55~135), 마르쿠스 아우렐리우스 황제(121~180) 등이 있다. '스토아'라는 명칭은 학파의 구성원들이 모여 강의를 듣던 '회당'(스토아 포이킬레stoa Poikile['채색된 회당'이라는 뜻])이라는 이름에서 유래했다. 스토아 철학자들은 행복으로 가는 길이 도덕적이고 지적인 미덕을 쌓는 데 있다고 믿었다. 그러한 미덕은 극단적 감정이나 세속적 야망 등과 같은 '악덕'을 물리치고 운명의 시련을 차분하고 초연히 대할 때 얻을 수 있다는 것이다. 잘사는 것의 본질은 우리가 통제할 수 있는 사물과 그렇지 않은 사물 사이의 차이를 인정하고, 우리의 숙명이 드러나는 것을 평정 속에서 받아들이는 데 있다. 정념에 찬 집착과 욕망을 버리면서 미덕을 갖추고 산다는 것은 로고스logos 또는 신의 이성을 차례로 구현하는 자연의 합리적 질서와 조화를 이루며 살아가는 것이다. 그러므로 스토아주의적 의미에서의 미덕은 자연 세계 어디에나 존재하는 신성성에 대한 도덕적 원리를 지각하게 함으로써 사람들을 일종의 범신론으로 인도한다.

사유가 독단론적 관념들을 넘어 미래로 나아가려면 비진리를 삶의 조건으로 받아들이고, 우리의 충동과 능력들을 가장 생산적인 형식으로 조직해 낼 수 있도록 하는 새로운 진리를 창조할 필요가 있다. 이렇게 생각한다면, 철학은 전통적인 도덕적 가치들에 의지하지 않고 적극적으로 진리를 창조할 것이기에 '선'과 '악'이 미치지 못하는 곳에 자리 잡을 수 있을 것이다.

진리의 기원

「비도덕적 의미에서의 진리와 거짓에 관하여」에서 니체는 인간적 사유의 본질과 진화에 관한 역사 이론을 제시한다. 이로써 니체는 사유란 '도덕적 의미'와 "진지하고 순수한 진리를 향한 충동"(1999 : 142/3 ; 444)으로서 스스로를 드러내는 것이라는 관념에 도전한다.

니체는 먼저 인간 지성의 가장 커다란 위력은 진리나 순수한 도덕적 의미를 추구하는 능력보다는 위장dissimulation에서 찾을 수 있다고 주장한다. 위장은 약자들이 강자들을 어떻게든 속여 넘기고 생존을 유지하는 수단이라는 점에서 사회 발전에 기초가 된다는 것이다. 강자들은 무자비한 권력을 동원하여 살아가는 데 필요한 것을 획득할 수 있다. 반면 약자들이 자신을 지키고 한몫 챙기려면 전략을 짜고 호감을 주는 외양을 꾸며야 한다. 사회가 발전함에 따라, 이처럼 낡은 형식의 수법은 보호와 예의라는 사회적 의식에 맞추어 정비된다. 마찬가지로 위장의 예술도 인간 사회가 유지되고 발전하는 과정에서 등장한다. 여기서 제기되는 진짜 의문은 어떻게 진리를 향한 순수한 충동이라는 관념이 처음 출현하게 되는지에 관한 것이다.

> 이 표상〔위장〕의 기술은 인간에게서 정점에 이른다. 여기서는 기만, 아첨, 거짓과 사기, 등 뒤의 험담, 체면 차리는 행동, 휘황찬란한 꾸밈 속에서의 삶, 가면 속의 존재, 은폐의 규약, 다른 사람들과 자신 앞에서의 연극, 간단히 말해 허영심이라는 불꽃을 향한 나방의 끊임없는 날갯짓은 이제 너무나 당연한 규칙이 되어, 어떻게 저 진지하고 순수한 진리를 향한 충동이 사람들 가운데서 생겨날 수 있었는가 하는 것보다 더 불가해한 것은 없다.(1999 : 142/3 ; 444)

니체는 진리를 향한 '순수한' 충동이 위장과 속임수의 효과임을 암시한다. 우리는 각 개인이 동료들 앞에서 위장하여 사회로부터 자신을 보호하는 것을 보아 왔다. 그러나 개인의 안전은 이 사회가 공멸로 치닫지 않도록 방지하는 사회적 협력과 약속이 뒷받침될 때 더욱 확고히 보장된다. 이러한 조건은 은폐와 위장에서 일반적인 "평화조약"으로 이행하는 과정에서 확립되는데, 이때 평화조약은 일련의 공통된 규칙과 금제를 정하여 폭력의 가능성을 줄인다. 니체는 "저 수수께끼 같은 진리 충동에 이르는 첫걸음처럼 보이는"(1999 : 143/3 ; 446) 무언가가 바로 이 같은 '평화조약'의 결과로서 출현한다고 주장한다. 왜냐하면 이런 조약이 인정되고 강제되면, 진리의 가치는 상이한 시공간에서도 분명 동일해질 것이기 때문이다.

보편적 진리라는 관념은 이렇게 탄생한다. 니체가 강조하는 점은 보편적 진리에 대한 이 같은 새로운 개념이 시간과 무관한 초월적 관념으로서 존재하지 않는다는 것이다. 이는 "똑같이 타당하고 구속력 있는" 사물들에 대한 명명법을 발명하는 "언어의 입법legislation"이 낳은 부수적인 효과이다. 동시에, 언어의 입법과 진리의 법칙 사이의 관계는 진리와 거짓을 새로운 방식으로 구별하는 가운데 생겨난다. 언어의 규약과 보편적 진리의 가능성이 나타나는 순간부터 거짓은 부적절한 명명법으로서 성립되고, 거짓말을 하는 사람은 선한 사회에서 추방된다. 그러나 진리의 법칙이 이러한 구별에 영향을 받는다 하더라도, 인류는 오직 "제한적 의미"(1999 : 143/3 ; 446)에서만 진리를 욕망한다. 사회는 위장 속에서 태어나기 때문에, 위장에 대해 인류는 절대적인 도덕적 적개심을 갖지 않는다. 인류는 다만 안전에 위협이 될 만한 "어떤 종류의 기만들"에서 오는 해로운 결과만을 비난할 뿐이다. 마찬가지로, 인간 존재는 자신에게 즉각적인 이익을 가져다주지 않는 인식에 여전히 무관심하며, 자신의 사회 활동과 계급 질서를 손상시킬 수 있는 진리들에는 '대단히 적대적이다'. 그렇기 때문에 사회가 발달하면서 나타나는 특징인 진리에의 의지는 추상적이고 절대적인 가치와 타당성에 대한 관념이라기보다는 실용적 고려에서 유발된 하나의 자기보존 수단이라고 할 수 있다.

망각하기

니체는 우리가 오직 망각 속에서만 순수한 진리에 대한 믿음을 유지한다고 주장하며 진리와 인식에 대한 분석을 확장해 나간다. 그는 언어의 관습들을 분석하면서 점차 실체와 인과성에 대한 비판으로 나아간다.

우리는 마치 "언어의 발생 과정에서 진리만이 유일하게 중요"(1999 : 144/3 ; 447)한 것처럼, 그리고 확실성의 원리가 사물들을 지시할 때 쓰이는 말들과 사물들 사이의 완벽한 대응을 보장하기라도 하는 양 행동한다. 그러나 니체가 보기에 이는 언어가 작동하는 방식을 이해하지 못하는 것이다. 사물의 실체와 이에 대한 언어적 지시 사이에는 이상적이고 본질적인 관계랄 것이 없다. 예를 들어 독일어는 나무를 남성으로, 식물을 여성으로 각각 기술하지만, 이때 성별이라는 속성은 자연 대상의 '진짜' 본성을 드러낸 것이 아니라 단지 언어적 관습에 지나지 않는다. 말과 사물 사이의 자의적 관계는 서로 다른 언어들이 서로 다른 단어들을 사용하여 동일한 대상에 다양한 성질들을 부여하는 사실을 보더라도 명백하다. 이러한 방식으로 언어는 특정한 문화적 체계 안에서 사물들의 의미를 단지 기술하기만 하는 것이 아니라 생산한다.

일단 말들이 하나의 사물에 대해 완전히 "일치하는 표현"(1999 : 144/3 ; 447)을 포착할 수 없다는 사실을 인정한다면, 언어가 지닌 생산적 성격은 그리 놀라운 것이 아니다. 전통적인 언어 이론들은 현상적 외관 뒤에, 곧 자연 대상들의 세계 뒤에 '물 자체thing-in-itself'라는 순수한 진리가 존재하며, 이 진리는 언어의 재현으로써 표현된다고 전제했다. 그래서 이러한 언어학적 모형은 최초의 원인(이상적 물 자체)이 현상적 외관(자연적 형태들의 세계)을 거쳐 말들로 구현되는 양상을 도식화했다. 니체는 외관의 질서와 의미를 결정하는 우리 바깥의 이상적·초월적 원인이란 없다고 역설함으로써 전통적인 언어관에 반기를 든다. 말들은 비인간적 진리의 순수한 속성이 아니라, 이미지와 소리로 표현한 신체와 두뇌의 "신경 자극"(1999 : 144/3 ; 447)의 이차적인 복사물이다.

우리가 '언어'라고 일컫는 것은 두 가지 은유에서 유래한다. 첫 번째 은유는 신경 자극을 하나의 이미지로 번역하는 것이고, 두 번째 은유는 이 이미지를 소리로 모사하는 것이다. 최초의 신체적 감각은 의미를 갖게 되기 전에 이러한 은유들로 번역되어야 한다. 니체가 은유와 진리의 관련성을 근본적으로 재해석하는 지점이 바로 이 부분이다. 니체는 이상적이고 비인간적이며 언어 이전에 존재하는 실재를 은유가 이차적으로 표현하는 것이 아니라고 강조한다. 그보다 시각적·청각적 은유의 경제는 우리가 '세계'라고 부르는 공유된 현실 효과를 생산하며, 이 현실 효과는 이후 이상적 진리와 가치의 측면에서 재해석된다.

그렇다면 언어적 의미는 개념과 사물들의 본질 사이의 순수한 동일성을 가리키는 것이 아니다. 물 자체는 "한 번은 신경 자극으로, 그러고는 영상〔이미지〕으로, 마지막에는 음성으로"(1999 : 145/3 ; 448) 나타난다. 사유는 언어를 순수한 진리의 구체적 표현으로 정립시킴으로써, 감각의 생리적 기원에 대한 기억을 사후에 없앤다. 니체에 따르면, 은유의 상호 교환을 의미의 기원으로 대체하는 것은 언어 특유의 성질이 아니라 사유 일반에 결정적인 부분이다. 니체는 논의의 초점을 언어에서 일반적인 개념의 형성 과정으로 이동시키면서 이 점에 대해 설명한다.

개념들은 사유의 기본 단위라는 점에서 우리에게 무척 중요하다.

하지만 개념화의 전체 과정은 특정 사례를 일반적인 것으로 대체하는 데 바탕을 두고 있다. 하나의 낱말은 그 낱말을 이끌어낸 유일무이하고 특별한 경험의 이상적 형식으로서 스스로를 개념화할 수 없다. 오직 "어느 정도 유사하기는 하지만 엄밀히 말해서 결코 동일하지 않은, 즉 온통 상이한 경우들에 상응"(1999 : 145/3 ; 448)하는 한에서만 하나의 낱말은 개념이 될 수 있다. 하나의 개념이 개념으로서 성립되려면 서로 다른 형식들 사이에서 은유적 동일성을 확보해야 한다. 예를 들어, '파란색'이라는 개념을 떠올려 보자. '파란색의 어떤 두 가지 색조도 완전히 똑같을 수는 없다'라는 진술의 성립 여부는 이상적 의미의 '파란색'이라는 개념적 기준을 적용하여 색이 달라지는 정도('감청색', '청록색' 등등)를 측정할 수 있는지의 여부에 달려 있다. 다른 모든 개념들과 마찬가지로, '파란색'이라는 개념은 "이와 같은 개별적 차이들을 임의로 단념함으로써, 즉 구별짓는 차이들을 망각함으로써" 형성되기 때문에, '파란색'은 이제 빛의 상이한 농도에 대한 원인이자 설명이 된다.

개념화는 언어의 발생적 기원이 그러한 것처럼 항상 차이 또는 대등하지 않은 성질들이 고정된 개념에 대한 무관심으로 바뀌는 데서 시작된다. 니체는 이러한 변화가 극도로 의인관적anthropomorphic〔인간이 아닌 존재, 이를테면 자연이나 비생물非生物 또는 신 등에 대해 인간의 정신적 특색을 부여하고 인격화하려는 인간 중심적 성향〕이라고 주장하는데, 자연은 형식도 개념도 모르기 때문이라는 것이다. 우리가 인간 존재 같은 고정된 개념에 몰두하는 까닭은 '이성'이나 '정직' 같은 가치들을 창안함으로써 우리가 필요로 하는 것들을 세계에 투사할 수 있기 때문이다. 사실, 우리의 사유는 인간의 인식에 대한 특정한 모형, 곧 우리 자신의 상으로 만든 세계를 높이 사고, 나아가 이 같은 인간적 기준이 우리 스스로 직접 생산한 것이라는 사실을 억압함으로써 진전되는 것이다.

진리와 은유

니체는 언어와 사유의 관계를 근본적 차원에서 문제 삼았고, 이로써 진리에 대한 유명한 재정의가 등장하게 된다.

> 그렇다면 진리는 무엇인가? 유동적인 한 무리의 비유[은유], 환유, 의인관들이다. 간단히 말해서 시적, 수사학적으로 고양되고 전용되고 장식되어 이를 오랫동안 사용한 민족에게는 확고하고 교의적이고 구속력이 있는 것으로 여겨지는 인간적 관계들의 총계이다. 진리는 환상들이다. 진리는 마멸되어 감각적 힘을 잃어버린 비유[은유]라는 사실을 우리가 망각해 버린 그런 환상이며, 그림이 사라질 정도로 표면이 닳아 버려 더 이상 동전이기보다는 그저 쇠붙이로만 여겨지는 그런 동전이다.(1999 : 146/3 ; 450)

니체의 요점은 '진리' 따위는 없다는 것이 아니라, 진리에 대한 개념이 사회적 갈등을 줄이고 새로운 삶의 형식들의 발전을 가능케 하려는 의도에서 나타났다는 사실을 우리가 망각해 왔거나 의도적으로 억압해 왔다는 것이다. 잠정적인 언어적·사회적 타협으로서 시작된 평화조약은 절대적인 법칙으로 굳어져 왔다. 이제 '진리'의 법칙은 모든 삶이 순응해야 할 궁극적인 기초 개념이 되었다. 니체는 이러한 법칙이 확립됨에 따라 '인간적'이라는 말이 의미하는 바에 대한 우리의 감각이 본질적 차원에서 다시 정의되었다고 주장한다.

일단 진리의 법칙이 확립되면, 인간 존재는 '진리'와 '이성'을 추구하는 잠재력을 지녔다는 이유로 스스로를 '인간'이라고 생각한다. 니체는 인간이라는 존재가 "자신의 행위를 이성적인 것으로 설정하여 추상화의 지배에 예속시킨다. 이제 그는 갑작스러운 인상과 직관들에 사로잡히는 고통을 당하지 않는다. 그는 이 모든 인상을 우선 탈색된 무미건조한 개념들로 만들고 난 다음, 이 개념들에 삶과 행위라는 수레를 연결시킨다."(1999 : 146/3 ; 450-451)고 설명한다. 인간 존재는 추상적 관념들을 받아들이고 직관과 지각을 고정된 개념들로 보편화하는 능력으로써 자신을 동물과 구별한다. "생생한 직관적 비유들을 하나의 도식으로 휘발시키는, 즉 어떤 영상〔이미지〕을 하나의 개념으로 용해시키는" 능력을 보고 우리는 인간을 식별한다. 이러한 개념적 도식의 목적은 도덕 체계와 일련의 진리 효과들을 생산하는 데 있다. 진리의 역사를 살피는 과정에서 니체는 세계를 대하는 일정한 관념 및 태도의 발달을 가능케 하는 도덕적 감각을 인류가 선천적으로 지니고 태어난다는 주장이 진리가 아님임을 증명하고자 한다. 오히려 우리는 점차 '진리'나 '도덕' 같은 고정된 개념들에 따라 지각을 조직하는 사회적 책무 아래 놓이게 된다. 그리고 이런 사회적 책무는 우리에게 도덕적 의무로 다가오며, 도덕적 의무는 오랫동안 반복되면서 도덕적 진리로 고착된다.

니체가 볼 때, 근대 사회에서 우리는 '도덕'과 '진리'를 문제 삼음으로써 '인간적'이라고 간주되는 것들의 거의 전부를 구성해 낸다. 이러한 양상은 '자신에게 진실해짐으로써' 참된 자유를 배우라는 식의 도덕적 지령이 토크쇼 등지에서 끊이지 않고 이야기되는 데서 잘 나타난다. 이럴 때 진리의 의미란 사회적 관례에서 오는 "관습적 비유[은유]들"(1999 : 146/3 ; 450)에 대한 애착에 불과하다는 점을 우리가 잊고 있다는 데 니체는 주목한다. 그는 확고해진 사회적·도덕적 삶에 관한 관습을 은유로서 묘사하는데, 우리는 시간의 경과로 말미암아 이 같은 지배적 가치들이란 게 특정한 삶의 형식들(이를테면 기독교적 세계관이나 지배계급의 가치들)을 고양시키는 데 성공해 왔음이 판명된, 그저 강력하고 오래 버티는 세계의 표상들에 불과하다는 것을 잊어버리게 된다는 것이다. 가치들의 역사적 기원을 기억하지 못할 때, 우리는 새로운 진리의 이상들로 차츰 진화하는 공유된 관행에 그 익숙함 때문에라도 무의식적으로 의존하게 된다. 그렇기 때문에 어떤 가치가 '진리'로 결정되는 것은 결국 그것이 얼마나 규칙적으로 사용되느냐에 달려 있다. 하나의 가치가 빈번하게 환기될수록, 그 가치는 더욱더 '진리에 가까워진다'.

자아

니체는 진리와 은유를 비판하고 나서 비판의 대상을 더욱 확대해 나가는데, 그 다음 대상은 자아 개념이다. 니체에 따르면, 형이상학적 사유의 가장 큰 결점 가운데 하나는 외관에 의미를 부여하는 본질적 실체 또는 '주체'가 외관 뒤에 존재한다고 상정하는 것이다. 니체는 문장의 '주어'와 '술어'(주체의 본질과 관련된 어떤 것을 긍정하거나 부정한다.)를 구별하여 사용하면서 언어학적 용어에 내재된 이 같은 전제를 효과적으로 재검토한다.

니체가 문제 삼는 것은 "주어 '나'는 술어 '생각한다'의 조건"(1990a : 47/14 ; 35)이라는 진부한 가정이다. 니체가 볼 때 이 가정의 문제점은 사유한다는 것이 자주적이고 독립적인 주체, 곧 '물 자체'라고 상상되는 세계의 자연스러운 자명성을 인식할 수 있는 주체에서 비롯되는 효과라고 여겨지는 데 있다. 그러나 그러한 가정이 사유 이전에 존재하는 '나'와 사유가 전개된 다음의 '나'를 동일시한다고 할 때, 그 동일시 안에는 오직 "사유 과정에 대한 하나의 해석이 함축되어 있으며, 〔그 해석이〕 과정 그 자체에 속한 것은 아니"기 때문에, 니체는 앞선 진술에 반대한다. 니체는 감각, 충동, 근육의 움직임 등이 한데 합쳐져 '자아'가 스스로 행동하며 드러날 수 있게 되는 양상을 '과정'이라는 말로 가리키는데, 단일한 주체라는 관념에 대한 우리의 믿음은 자아가 사유의 과정과 분리되어 있고 의식적으로 자신의 '의지'를 표현한다는 가정을 조건으로 한다는 것이다. 이러한 믿음의 문제점은 '의지'와 '사유함'이 자율적인 것이 아니며, 자아의 동일성을 결정하는 존재의 '더 높은' 단계에 해당되는 것도 아니라는 데 있다. 그러한 것들은 그저 신체의 생리적 경제에서 서로 다른 역할을 담당하는 "감정의 다양함"(1990a : 48/14 ; 37)에 대한 은유일 따름이다.

우리가 보통 '의욕함', '사유함', '행위' 등의 사실을 생략한다는 것은 전혀 놀라운 일이 아니다. 이러한 은유들이 한데 융합될 때, 우리는 모든 주체적 자율성에 대한 관념들의 기반이 되는 '나'라는 개념을 확립할 수 있게 되기 때문이다. 그러나 '나'라는 것은 그저 연속되는 갈등들이 사후적으로 종합되어 나타난 것에 불과하다는 점에서 니체는 불만을 갖는다. 해석의 결과이자 행위가 낳은, 의욕하고 행동하는 '나'는 우리의 자기동일성에 대한 기원으로 변형되어 왔다. 이러한 의미에서 '자유의지'라는 것은 인간적 동일성에 대한 궁극적인 주체적 토대가 될 수 없다. 자유의지는 단지 앞서 설명한 과정 이후에 펼쳐지는 행위를 우리가 바라보는 방식에 지나지 않는다. '사유함'과 '자아'가 생리적 충동들의 은유적 효과라는 니체의 확신은 나중에 쓰인 다음의 주목할 만한 경구에서도 등장한다.

> 생각하는 어떤 것인 '정신' : 가능하다면 심지어는 '절대적이고 순수하며 순전한 정신'—이런 구상은 '생각함'을 믿는 잘못된 자기 관찰에서 파생된 두 번째 결과이다 : 이런 관찰에서는 전혀 나타나지 않는 어떤 작용, 즉 '생각함'이 먼저 공상되고, 생각하는 모든 행위 안에 있는 주체라는 기체Subjekt-Substrat가 **두 번째로** 공상된다. 이 주체-기체는 생각함 외의 다른 어떤 곳에서도 자신의 근원지를 갖지 않는다 : 즉, **행위뿐 아니라 행위자도 날조되었다.**(1968 : 264/20 ; 351)

이러한 단언에서 니체는 놀라운 결론을 이끌어낸다. 우리는 세계에 대한 '객관적인' 판단이 아닌 언어의 문법적 구조 속에서 진리와 도덕에 대한 믿음을 형성한다는 것이다. 우리가 외관과 실재 또는 본질과 표현 사이의 구분을 신뢰하는 유일한 이유는 언어가 사유의 주어와 술어를 구별할 것을 강요하기 때문이다. '실제' 세계는 사실 우리가 '주체', '대상', '의지', '기원' 등과 같은 개념들로 환원하고 분할하는 생리적 지각들의 연속적인 흐름이다. 이와 같은 개념들은 "어떤 행위에 행위자를 덧붙이는 우리의 문법적 습관"(1968 : 268/20 ; 255)이 낳은 결과인 것이다.

니체는 우리가 이 같은 지각의 흐름 속에서 실체와 동일성이 형성되는 과정에 주의해야 한다고 강조하는데, 왜냐하면 이 과정은 사회적·정치적 억압의 위력에 핵심적이기 때문이다. 니체에게 '자아'란 어떠한 형이상학적인 또는 실체적인 동일성도 갖지 않는다. 그것은 단지 행위들의 총체로서만 '존재한다'. 그러나 일단 일련의 행위들과 그 행위들에 책임이 있는 실체적 자아 사이에 구별이 이루어지면, 그 행위들이 사회적·정치적 기준에 부합하는 정도에 따라 도덕적인 용어들로 개인을 판단할 수 있게 된다. 이런 식으로 보면 '자유의지'라는 위대한 해방적 개념은 인간이 상상할 수 있는 가장 억압적인 발명품이라고 할 수 있는데, 이제 인류는 도덕적 금제와 '죄의식'을 거스르고자 할 수 있지만, 동시에 이에 적용시킬 그러한 금제들의 필요성에 대해서도 숙고할 수 있을 정도로 '자유로운' 존재로 여겨지기 때문이다. 그렇다면 자유의지라는 관념을 공리로 삼고 있는 기독교적 가르침은 이러한 의미에서 해방의 수사가 아닌 판단의 수사이며, 인간사人間事의 한가운데에 "사형집행인의 형이상학"(1990b : 65/15 ; 122)을 심어 놓는다.

예술

니체는 개념적 이성의 발달에 대해 가차 없이 심문한다. 개념적 이성은 진리에 대한 기존의 이상에 들어맞는 정도에 따라 지각과 직관을 분류하고 판단할 수 있는 가상의 보편 언어를 제공하기 때문이다. 이와 같은 "무한히 복잡한 개념의 대성당"이 일단 삶의 "움직이는 토대" 위에 세워질 경우에는 그러한 법칙, 구별, 분류법 등이 언제 어디서나 사람들에게 적용되므로 보편적인 인간 본성에 대해 말할 수 있게 된다.(1999 : 147/3 ; 452)

그러나 니체는 이러한 사유의 재구성이 사유의 원인과 결과를 심각하게 잘못 이해하는 것이라며 항변한다. 우리는 이성의 보편 원리에서 인간적인 것이 의미하는 바에 관한 진리를 발견하려고 하면 안된다. 우리는 새로운 개념적 법칙들이 가장 먼저 본질적인 인간 본성에 대한 관념을 생산한다는 점을 이해해야 한다. 개념들에 따라 삶의 흐름을 판단하며 우리가 행하는 모든 것은 세계를 인간적인 용어로 번역하는 것이다. 우리 스스로 모든 사물들의 척도가 되면 물론 편하지만, 이러한 진리에 대한 의인관적 관념은 우리가 필요해서 발명한 언어로 '인간'의 비밀을 해명하는 것처럼 보인다는 점에서 처음부터 순환론적일 수밖에 없다.

개념적 이성의 법칙은 진리의 보편적 토대로서 '인간'을 정초시키고자 쉬지 않고 작동하기 때문에, 어떤 식으로든 이러한 법칙에 도전하면 인간적인 것이 의미하는 바에 관한 우리의 관념은 잠재적으로 변화한다. 니체는 그러한 급진적인 도전을 예술과 동일시한다. 예술의 힘은 추상적 가치 체계에 아직 동화되지 않은 지각의 단독성에 주목함으로써, 우리에게 주어진 개념적 체계들의 은유적 기원, 곧 모든 개념은 "어떤 비유〔은유〕의 잔재"(1999 : 147/3 ; 451)라는 사실을 끊임없이 상기시키는 데 있다. 예술은 주체와 대상의 관계를 다르게 이해할 수 있는 방식들을 제시한다는 점에서 우리로 하여금 개념들의 형성과 자기동일성에 대해 다시 사유할 수 있도록 해 준다. 예술가는 "낡은 개념의 한계를 부수고 경멸함으로써 강력한 현재의 직관의 인상들에 창조적으로 대응하기 위해 순전히 금지된 비유[은유]와 들어보지 못한 개념어군들로"(1999 : 152/3 ; 460) 말한다.

이러한 언급들 속에서 니체는 명민하게 삶을 표현하는 문화적 인간으로서 예술가를 찬양하며, 이 과정에서 니체의 수사학에 실린 강력한 기질을 엿볼 수 있다. 그러나 이성적 인간도 시적인 관계를 개념적 가치 체계로 변형시켜 '실재'의 환상을 생산한다는 점을 보면, 이성적 인간 자신은 그렇게 생각하지 않을 수 있으나 그 역시 예술가 유형이라고 하는 니체의 또 다른 주장을 우리는 마찬가지로 인정해야 한다. 문화적 인간과 이성적 인간이라는 두 가지 비유의 차이는 후자가 반응적이라는 데 있다. 이때 후자가 반응적이라는 말은 후자의 예술, 곧 '이성'의 예술이 창조적 본능에서 나온 다수의 가능성들을 끌어안지 않고 오히려 쫓아내도록 고안되었다는 의미이다. 적극적인 사유 방식과 반응적인 사유 양식의 구별, 그리고 예술이 삶의 적극적인 긍정이어야 한다는 확신은 은유에 대한 니체의 성찰이 주는 결정적인 함의이며, 그는 이후에 도덕, 의지, 힘을 논의하며 이 주장을 더욱 발전시킨다.

예술의 힘이 삶에 대한 지배 관념들의 은유적 기원을 해명한다는 생각은 미국 출신의 시인 월리스 스티븐스Wallace Stevens(1879~1955)가 쓴 「일요일 아침Sunday Morning」이라는 서정시의 주제이기도 하다.

이 시는 영원한 존재인 초월적 세계와 우연 및 변화로 가득한 현세의 인간 세계를 종교적 차원에서 애써 구별하려는 우리의 모습을 성찰한다. 「일요일 아침」은 햇빛이 스며드는 일요일 아침에 커피와 오렌지를 들고 있는 여인에 대한 묘사로 시작된다. 아침 햇살의 온기와 만족감을 즐기던 여인은 오렌지의 풍미와 빛깔에서 오는 충만함과 풍요로 희미하지만 관능적인 초월의 순간을 맛본다. 이처럼 완벽한 순간에서 불안감을 느낀 그녀는 그러한 초월이 의미하는 바를 숙고하게 되고, 머릿속에서 가라앉지 않는 생각들은 "바다 너머, 조용한 팔레스타인으로/피와 무덤의 영역으로" 정처 없이 떠돈다. 관능적 쾌감의 절정이 거의 무의식적으로 기독교적 희생의 신성함에 다다르는 데 놀란 여인은, 인간의 본성에서 영원한 것이란 무엇인지에 대한 인간적 설명과 신화적 설명 사이의 관계를 생각하며 동요된다.〔시 번역은 고민석 편역, 『20세기 미국시선』, 삼광출판사, 1996, 125~133쪽을 참고했다.〕

왜 죽은 자에게 아량을 베풀어야 할까?
조용한 그림자나 꿈속에만 올 수 있는
신성함이란 과연 무엇인가?
태양의 안락과 향기 짙은 과일과 푸른 날개와
혹은 대지의 아름다움이나 향기 속에서,
하늘나라를 생각하는 것처럼
소중히 품을 무언가를 찾아서는 안 되는가?

「일요일 아침」은 신화적 세계와 인간 경험 사이에 벌어진 간극에 초점을 맞춘다. 스티븐스는 신들의 "비인간적 출생"과 "신화적 마음", 그리고 우리 자신의 타락한 실존 사이에서 드러나는 대비가 너무도 자주 우리를 위압한다는 것을 상기시킨다. 신의 낙원을 생각하면 우리 인간은 나약하고 미숙하다는 느낌이 든다. 신성과 초월에 대한 관념은 인간 노력의 무익함만을 보여 주려고 하는 듯하다. 그러나 스티븐스의 시는 용기를 내어 신성에 대한 관념의 관능적 기원을 기억하라고 우리에게 요청한다. 우리가 그렇게 한다면, 신의 낙원이라는 개념의 순결한 완전성, 그리고 멀게만 느껴지는 그 무심함은 인간만의 창조적 힘을 상징하는 표시가 된다.

> 우리의 피는 실패하게 될까? 그렇지 않다면
> 낙원의 피가 될까? 그리하여 대지는
> 우리가 아는 유일한 낙원이 될까?
> 그때 하늘은 지금보다 훨씬 정다워지리라
> 약간의 산고産苦, 약간의 고통,
> 오래 이어지는 사랑에 다음가는 영광이 되리라
> 이렇게 떼어 놓는 무심한 푸르름 대신.

하늘의 "떼어 놓는 무심한 푸르름"은 우리를 초월의 신성한 이미지와 갈라 놓는 건널 수 없는 간극을 가리키는 것이 아니다. 「일요일 아침」은 우리가 직접 만들어 낸 세계의 초월성에 스스로를 개방할 것을 요청한다. '낙원의 피'는 그리스도적 희생이 뿌린 피라고 생각할 필요가 없다. 그것은 창조력과 그 완벽함에서 오는 기쁨을 가져다준다는 점에서 우리의 "산고"와 "고통"을 표현한 것일 수도 있다. 니체 식으로 말하자면, 도전을 받아들일 의지가 아닌 그 어떤 것도 우리의 가장 고상한 본성을 실현하는 데 방해가 되지 못한다. 그렇다면 우리는 더 이상 초월과 '낙원'을 생각하지 않고, 더욱 지체 높은 삶의 단계로 나아가는 인간 본성의 자기 극복을 사유하게 될 것이다. 「일요일 아침」의 후반부는 이처럼 투쟁과 자기 형성이 펼쳐지는 관능적인 인간 세계의 전도를 잘 보여 준다. 이 시는 세속적 세계와 초월적 세계를 절대적으로 구분하지 않고 두 세계를 한꺼번에 끌어와, '신성함'이란 우리 자신이 상상적·은유적으로 "짠 옷"을 입고 구성된다는 것을 차근차근 밝힌다. 신성성은 우리의 본성에서 가장 심오하고 귀중한 것을 표현할 때 사용하는 은유이다. 이제 '낙원'은 더 이상 이상적이고 시간을 초월한 가치로 간주되지 않는다. 인간의 색을 입은 낙원은 반드시 죽기 마련인 남성과 여성의 창조물로서, 스스로를 유지하고 재발명하는 우리 자신의 능력에 대한 변치 않는 증언인 것이다.

> 낙원에는 죽음의 변화가 없는 걸까?
> 익은 과일도 떨어지지 아니할까? 가지들도
> 늘 무겁게 그토록 완벽한 하늘에 걸려 있을까?
> 변치 않는, 그러나 사멸하는 우리의 대지처럼.
> 바다를 향해 나서도 찾을 수 없는,
> 말 못할 아픔을 주지 않으면서도
> 똑같이 물러나는 해안이 있는, 이곳과 같은 강이 흐르는 대지처럼.

……

아, 거기에도 이곳의 색깔이 있어야 하고,

이곳의 오후처럼 비단으로 짠 옷을 입고

이처럼 볼품없는 류트〔기타와 만돌린과 유사한 오래된 현악기〕를 쳐야 한다니!

죽음은 아름답고 신비한 어머니

그 타는 가슴속 우리는 상상하네,

잠 못 들고 기다리는 지상의 어머니들을.

'진리'란 관습적인 해석일 뿐이다!

니체는 진리와 은유 사이의 관습적 구분을 다시 사유하면서, 순수한 진리라는 관념은 그 자체로 은유의 형식이자 삶에 부여된 특정한 관점이라고 주장한다. 인간의 사유와 문화가 발달함에 따라, 우리는 우리 자신의 가치와 관점을 삶에 강요하도록 하는 은유에서 진리가 비롯되었다는 것을 망각하였고, 이 진리를 객관적·절대적으로 이상적인 형식의 수준으로 고양시켰다. 사실, 진리가 삶에 대한 관습적인 해석이자 지배적인 관점임을 인식한다는 것은 진리의 역사 및 진리가 조장하는 가치의 유형들 모두에 주의를 기울여야 한다는 것을 의미한다. 니체는 이러한 인식을 북돋고자 보편적 진리라는 관념의 비도덕적 기원을 역사적으로 밝힘으로써, '인간적'인 것에 대한 우리의 관념이 나타나게 되는 역사적 기원에는 보편적 진리 관념과 인류의 선천적 도덕 감각 사이의 사후적 동일시가 자리 잡고 있음을 보여 준다. 추상적·보편적 개념에 대한 충실함의 측면에서 삶을 이해하려고 하면 반응적인 세계관을 갖게 된다. 이와 반대로 예술가는 진리와 개념들의 은유적 기원을 폭로함으로써, 삶에 대한 새로운 관점들을 전개할 수 있는 적극적인 실존 양식을 표현한다.

03

계보학

니체의 논의가 나아가는 방향을 이해하려고 한다면, '계보학'과 '계보학적 비판'이라는 그의 개념에 대해 고찰할 필요가 있다. 니체는 도덕과 문화에 대한 역사학자들의 전통적인 접근법과 자신의 접근법을 구별하고자 스스로 '계보학적' 분석 양식이라고 명명한 방법론을 발전시켰다. '도덕'과 '역사'에 대한 니체의 계보학적 비판이 이 장 및 이어지는 두 장의 핵심 주제가 될 것이다. 앞서 살펴본 바와 같이, 니체는 은유를 성찰하면서 우리가 지닌 '진리' 개념의 역사적 기원과 구성에 대해 탐구했다. 니체는 계보학에 관한 논의로써 이 기획을 더욱 확대하여, 도덕적 가치들의 역사적 전개를 우리가 어떻게 이해해야 할 것인지를 숙고하고자 한다. 이 기획이 가장 지속적으로 표명되고 있는 책이 『도덕의 계보』이다.

이 책에서 니체는 자신에게 역사에 관한 의문과 방법론적 의문을 제기한다. 역사에 관한 의문은 간단하게 쓸 수 있다. '기독교', '양심', 근대 평등주의 정치학을 향한 믿음이 지고지선의 가치를 대표한다고 생각하는 인류를 우리가 어떻게 '도덕적으로' 가치 평가하기에 이르렀는가? 한편 방법론적 질문은 먼저 '가치' 개념을 어떻게 규정해야 할지의 문제를 제기한다. 니체는 다음과 같이 묻는다. 앞서 존재하는 가치들을 바탕으로 우리가 가치에 대한 관념을 규정한다는 것은 사실이 아닌가? '도덕'의 역사 전체가 도덕의 가치와 도덕적으로 책임질 수 있는 능력을 타고난 자주적 개인 모두를 미리 가정하는 것은 아닌가?

니체의 계보학적 비판이 시도하는 것은 미리 정해져 있는 '도덕'과 '인간'의 가치와 본성에 의지하지 않은 채 도덕적 가치들이 출현한 지점을 추적하는 것이다. 니체는 어떤 실천이나 믿음의 목적과 기원 사이의 관계를 거듭 사유함으로써, 이른바 '도덕의 역사'라는 것이 삶의 발전에 대한 권위적인 해석들의 총체를 표상한다는 것을 증명하고자 한다. 니체는 오늘날 우리가 알고 있는 '인간'에 대한 도덕관념이 도덕의 진보에서 비롯된 필연적인 결과라기보다는, 실제로는 다양한 역사적 실천들이 특정한 의도로 전개되면서 생겨난 것일지도 모른다고 추측한다.

역사란 삶의 의미와 기능에 대한 연속적인 재해석이라고 보는 니체의 급진적 시각은 다시 두 가지 심화된 질문으로 이어진다. 역사적 가치가 삶에 대한 권위적 해석들 사이의 운동 속에서 나타난다면, 우리는 역사적 실천들을 한데 연결시킬 수 있는 어떤 경향이나 목적(인류의 선천적인 도덕적 재능, 투쟁과 속죄로 표현되는 기독교적 서사 같은 것들)을 찾으려 하지 말고, 이러한 역사적 실천들 속에서 나타나는 전환과 단절에 주목해야 하지 않는가? 그리고 역사의 '의미'가 이 같은 상이한 해석들 사이의 갈등에서 생산된다면, 우리에게 주어진 가장 중요한 과제는 지금 우리가 생산적으로, 그리고 창조적으로 살아갈 수 있도록 힘을 주는 과거에 대한 해석을 확립하는 것이 아닌가?

문헌학

니체의 계보학적 방법론을 가장 명쾌하게 소개하는 방법은 아마도 그의 저작들을 19세기 문헌학의 맥락에 다시 옮겨 놓는 것일 듯하다. 문헌학이라는 학문은 여러 주요 지식들의 역사적 출현을 다루는 연구로서 19세기에 구체화되었다. 문헌학자는 종교, 신화, 과학 등을 비롯한 여러 지식들을 연구했다. 니체는 처음에 문헌학자가 되기 위한 훈련을 받았고, 1869년에는 바젤 대학의 고전문헌학 교수 직을 맡기도 했다. 그러나 니체는 자신이 생각했던 바에 점차 환멸을 느끼게 되었는데, 왜냐하면 그것이 전통적 문헌학이 유포시키는 역사적 가치의 문제를 대하는 데 낡고 비철학적인 태도라고 여겨졌기 때문이다. 우리가 19세기 문헌학 내부의 긴장, 곧 신화적 · 역사적 서사들을 둘러싼 전통적 독법과 근대적 독법 사이의 긴장을 살펴보게 되면 니체의 태도는 더욱 분명하게 다가올 것이다.

전통적 문헌학은 여기저기 파편으로 흩어져 있는 고고학적 증거들에서 본래의 동일성이나 사건, 곧 텍스트의 '배후에서' 그것에 '의미'를 부여할 무언가를 발견하려는 시도들에 힘입은 학문이었다. 예를 들어 관습에 충실한 성서학자들이 성서 속 이야기들에 등장하는 고고학적 유적들의 탐사에 나섰을 때, 그들은 유적들이 지역에 따라 어떤 특이한 변이를 낳았으며 양식적으로 부적합하지는 않는지 등의 문제에는 처음부터 관심이 없었다. 대신 그들은 신의 말씀으로 현현되는 영적인 의미를 지닌 이 근원지와 관련하여 성서의 이야기들이 무엇을 계시하였는지 밝히는 데만 집중했다. 이와 유사한 것으로, 『오디세이아*Odysseia*』 같은 텍스트를 문헌학적으로 꼼꼼하게 점

새로운 문헌학의 탄생

1875년 무렵의 니체. 본 대학과 라이프치히 대학에서 고전문헌학을 공부한 니체는, 1869년 불과 24세의 나이에 스위스 바젤 대학의 고전문헌학 특별 촉탁교수가 된다. 니체는 문헌학자로서 문화적·신화적 실천의 기원을 탐구하기 시작했지만, 이후 역사적 '기원'에 다가선다는 것이 의미하는 바에 관한 생각을 확실히 바꾸었다. 니체가 확장시키고 또 실천한 근대 문헌학은 텍스트의 물질성 '배후의' 개념과 가치를 해석의 준거로 받아들이기를 거부한다는 점에서 이전의 문헌학과 구별된다. 니체의 학문적 관심은 개념이나 가치의 근원적 동일성에서 벗어나 개념들을 창조하는 이질적이고 불연속적이며 우발적인 힘들에 집중된다.

검하는 것은 호메로스의 '정신'과 '천재성'에 관한 변치 않는 사실들의 확증을 떠맡는 일이었다. 두 가지 사례 모두 해석의 준거가 텍스트라는 구성물 뒤로 물러나 '동일성'과 '진리'를 확증하는 기초적 개념에 놓이게 됨으로써 역사적 서사와 문화적 가치의 의미가 결정된 것이다.

니체는 문화적·신화적 실천의 기원을 문헌학자로서 탐구하기 시작했지만, 이후 역사적 '기원'에 다가선다는 것이 의미하는 바에 관한 생각을 확실히 바꾸었다. 니체가 확장시키고 또 실천한 근대 문헌학은 텍스트의 물질성 '배후의' 개념과 가치를 해석의 준거로 받아들이기를 거부한다는 점에서 이전의 문헌학과 구별된다. 니체의 학문적 관심은 개념이나 가치의 근원적 동일성에서 벗어나, 개념들을 창조하는 **이질적이고 불연속적이며 우발적인** 힘들에 집중된다.

니체의 관점에서 보면, 역사적 현상들을 대할 때 '목적론적', 또는 목적 지향적 독법(최초의 의도가 궁극적인 목적지를 향해 전개된다는 식으로 역사를 읽는 독법)을 앞세우는 것만으로는 더 이상 충분하지 않다. 문화적 형식들을 미리 존재하는 관념이나 의미에 대한 단순한 표현인 양 해석하는 것도 적절치 못하다. 성서와 같은 문화적 가공물을 '이해'하려면 비의도적이고 우발적인 일련의 사건들을 고려할 필요가 있다. 성서의 내용들이 전개되는 순서는 우리가 과거를 살피는 데 어떤 영향을 끼치는가? 이러한 자료들에 접근하는 사람은 누구이며, 이는 자료들이 해석되는 방식에 어떤 영향을 미치는가? 학자들의 기득권, 또는 그들 사이의 경쟁의식은 자신들이 귀하게 여기는 가치에 어떤 의의를 부여하는가? 더 넓은 사회적·역사적 동력과의 관련성은 텍스트의 중요성을 평가할 때 어느 정도의 비중을 차지하는가? 이러한 질문들을 생각해 보면, 성서와 『오디세이아』의 의미는 아마도 어떤 정신이나 선견을 표현하는 데서 나타나기보다는 사회, 역사, 도덕 등에 대한 경쟁적 해석들 가운데 권위 있는 해석이 되고자 노력하는 데서 생길 법하다.

우리는 잠시 소설이라는 문학 장르 쪽으로 화제를 돌려, 역사적 실천에 접근하는 이 같은 두 가지 방식, 곧 전통적인 문헌학적 해석에 근거한 접근법과 기원을 의심하는 니체의 접근법을 명확히 구별할 것이다. 이언 와트Ian Watt의 『소설의 발생*The Rise of The Novel*』(1957)과 같은 고전적인 저작들은 소설의 발전을 이중의 과정으로 설명한다. 자본주의 구조에 내적 전환이 일어나 개인과 사회계급 사이에 새로운 관계가 성립되고, 그 결과 '소설'이라고 불리는 새로운 상상적 형식이 등장하여 이렇게 변화한 관계를 탐구했다는 것이다. 그러므로 '소설의 발생'이라는 표현은 인간 경험을 재현하는 새로운 방식들을 선보인 새로운 상상적 형식이 나타난 문화사의 한 시기(대략 17세기 중반경)를 묘사하는 말이다. 소설의 '발생'을 서술한다는 것은 뜻 깊은 탄생의 순간, 곧 소설이 '개인'이라는 새로운 범주의 발견을 표현하게 되는 순간을 상기시키는 것이다. 그렇게 소설을 해석하면 소설의 발생이라는 하나의 일관되고 통일된 사건을 지시하는 게 되는 셈이다. 반대로, 이러한 시도는 소설을 모든 경쟁 세력 및 이미 알려진 상이한 양식과 장르들을 거부하는 유일하고 자기동일적인 사건 또는 범주로 변형시킴으로써 소설을 역사화하려는 것으로 보일 수 있다.

비교적 최근에는 이처럼 '소설'을 하나의 통일된 장르로 바라보는 정전화正典化된 견해에 대한 반론들이 제기되고 있는데(Davis 1997 ; Hunter 1990 ; Stallybrass & White 1986), 이들 반론에 따르면 소설이라는 장르는 사건과 실천들 사이에 펼쳐지는 일련의 역동적인 상호 교환을 어떤 고정된 개념의 유일성으로 환원시킨 것이다. 오늘날 우리가 무한한 변이 능력을 지닌 단일 개념으로서 받아들이는(소설을 말할 때 '사실주의적', '낭만주의적', '포스트모던적' 소설 식으로 다양하게 명명하는 방식) 소설 개념은 실제로는 특정한 사회적 실천들(편지 쓰기, 일기 쓰기 등)과 상이한 글쓰기 유형들(여행기, 중첩 인쇄된 근대적 신문, 나아가 대자보나 정치선전문까지), 그리고 도서관이나 출판사 같은 제도 기관들이 강요한 포괄적 규범과 그에 따른 제한 사이에서 나타나는 유동적이고 불안정한 관계에서 발생한 것이다. 이런 식의 수정주의적이고 '계보학적인' 소설 분석은 개념들이 사용되는 방식들을 폭로하는데, 그러한 개념들을 만들어 내는 복합적이고 일시적이며 우발적인 힘들의 집결체를 사후적으로 합리화하는 데 다시 개념들이 사용된다는 것이다.

개념과 힘

특정한 개념과 가치에 의문을 제기하며 니체가 발전시킨 계보학적 비판의 형식은 『비극의 탄생』에서 뚜렷하게 나타난다. 니체의 비극 논의는 고전적 해석과 다르고 르네상스와 근대에 등장한 해석들과도 변별될 수 있는데, 왜냐하면 그는 비극을 하나의 개념으로서 이해하지 않기 때문이다. 풀리지 않는 형이상학적·사회적 갈등에 대한 관념과 같은 하나의 본질이 비극에 존재하는 것은 아니다. 대체로 비극 개념은 인간의 노력으로 이루어진 세속적 세계와, 정의와 응보라는 특정한 이상 사이의 본질적이고 개념적 차원의 분열이라는 측면에서 표상된다. 자아에 대한 관념, 또는 운명이나 보편성에 거스르는 특정한 자세 같은 것처럼, 비극은 역사를 거치며 점차 정제되면서 지배적인 관념으로 주어진다. 다음의 작품들을 살펴보면 비극적 갈등에 대한 이 같은 관념은 다양하게 작동하며 변화해 왔음을 알 수 있다.

먼저 소포클레스의 『오이디푸스 왕』의 경우, 자신이 통치하는 테베 왕국의 질서를 복원하려는 오이디푸스의 시도는 신들이 미리 정해둔 그의 사악한 운명, 곧 아버지를 살해하고 어머니와 결혼하리라는 운명으로 말미암아 좌절된다. 신들이 정한 한계를 존중하지 않는 개인의 과도함이 불러일으킨 타락, 곧 오만으로 비극을 설명하는 이 같은 고전적 관념은 이후 르네상스 시기에 이르러 다시 형상화되는데, 이는 봉건적 사회구조의 고정된 신분 질서를 넘어 점진적으로 이행하는 세계에서 개인주의가 가진 한계를 탐구하려는 의도에서였다. 이를테면 셰익스피어의 『맥베스*Macbeth*』(1605)에서는 비극적 갈등이 개인의 '미덕'이라는 개념 안에 재배치된다. 비극적 갈등은 충성의 의무(던컨 왕의 신하라는 맥베스의 본분)와 야심이 가져다주는 보상을 놓고 고뇌하는 맥베스의 모습에서 나타난다. 그리고 아서 밀러Arthur Miller의 『세일즈맨의 죽음*Death of a Salesman*』(1949)과 같은 현대 비극으로 넘어오면, 비극적 갈등이라는 개념은 속화된 부르주아적 세계에 알맞게 적용된다. 이제 '비극'이란 것은, 가족이라는 사적 세계의 요구와 윌리 로먼이 남편이자 아버지로서 의무를 다할 수 없게 만드는 직장이라는 공적 세계의 요구가 상충하는 데서 오는 갈등에 이미 내재되어 있었던 것으로 가정된다.

그러나 니체에게 '비극'이란 개념도 아니고, 처음부터 의미 또는 가치의 재현과 연계된 것도 아니었다. 이처럼 비극적 갈등에 대한 관념에서 출발하여 그것에 대한 상상적 재현으로 나아간다는 식의 비극 해석과는 달리, 니체의 그리스 비극 성찰은 철저히 물질적·정치적 동력의 차원이라는, 개념 이전의 단계에서 이루어진다. 그리스 비극의 갈등은 이상적인 것과 세속적인 것 사이, 또는 보편적인 것과 특수한 것 사이에서 벌어지는 관념들의 갈등이 아니라 동력들의 갈등이었던 것이다. 신과 인간은 무대 위에서 격돌한다. 합창단과 등장인물이 경쟁적으로 목소리를 내며 서로 요동친다. 음악과 몸짓 앞에서 관념과 개념은 사라진다.

니체가 볼 때, 비극적 예술은 삶에 대한 도덕적 해석도, 실존에 이르는 의도나 목표를 설정하는 목적론적 전망도 전해 주지 않는다. 그보다 비극의 가치는 형이상학적 위안이나 속죄의 희망에 대한 생각 너머의, 삶 자체의 끝없는 생성이라는 가장 심원한 물질적 동력을 순간적으로 우리와 연결시키는 데 있다. 비극적 경험에 돌입한다는 것은 개인이라는 협소한 범위 너머로 나아가 괴로움, 아픔, 폭력이 기쁨, 힘, 창조성과 복잡하게 얽혀 있는 영원한 삶의 흐름 속 일부가 되는 것이었다. 바로 그러한 경험 덕분에 그리스인들은 도덕적 개념들을 뛰어넘어 모든 개념들의 원천인 물질적 과정으로 나아갈 수 있었다.

> 다른 종교를 가슴에 품고 이 올림포스 신들에게 다가가 그들에게서 도덕적으로 높은 수준, 즉 성스러움을 찾고, 비육체적인 정신화와 자비에 가득 찬 사랑의 눈길을 찾는 자, 그는 불쾌해지고 실망해서 그들에게 곧 등을 돌려야만 할 것이다. 여기에서는 어느 것도 금욕, 정신성, 의무를 상기시키지 않는다. 여기에서는 오직 거만하고, 의기양양하기까지 한 존재만이 우리에게 말한다. 이 존재 안에서 존립하는 모든 것은 그것의 선악에 상관없이 신격화되어 있다.(1993 : 21-22/2 ; 40)

'도덕적' 인간의 창조

니체는 『도덕의 계보』에서 도덕관념들의 역사와 가치에 대해 고찰한다. 니체가 보기에 이 두 가지 문제는 본질적으로 결부되어 있는데, 왜냐하면 도덕적 가치들에 역사가 있는 것처럼 보일 경우 그 가치들로 누가 이익을 보는지, 그리고 삶에 대한 어떤 시각이 장려되는지 생각해 볼 수 있게 되기 때문이다. 게다가 도덕이란 것이 모든 남성과 여성에게 공통된 천부적인 자기 규제 능력이 아니라 삶에 대한 역사적 해석이라고 밝혀진다면, 우리는 가치들에 대한 도덕적 결정을 우리만의 또 다른 해석으로 밀어 낼 수 있을 것이다. 그 해석이란 도덕이 그러한 것처럼 단지 발견되어야 할 가치들이 존재할 뿐이라고 단순하게 가정하지 않는 해석이다.

『도덕의 계보』와 『선악의 저편』에서 니체는 역사와 도덕을 모두 비판하고, 도덕적 가치들을 뛰어넘는 새로운 '귀족적' 삶의 양식에 대한 전망을 제시한다. 니체는 '도덕'이 성공적인 발명품이며, 그것은 곧 존재에 대한 '하강하는' 또는 퇴폐적인 해석이라고 주장한다. 삶에 대한 '상승하는' 또는 적극적인 해석이 고유한 가치를 창조하고 긍정하는 강력한 의지의 힘을 찬양하는 데 반해, 삶에 대한 도덕적 시각은 모든 삶이 순응해야 할 초월적 가치들, 이를테면 '선'과 '악'의 구별 같은 것을 삶 위에 확립한다. 가치들에 대한 니체의 계보학은 도덕의 역사가 도덕에 앞서 펼쳐진 일련의 문화적 실천들을 지속적으로 재해석해 온 것임을 폭로함으로써 도덕적 시각의 확립 과정에 이의를 제기한다. 단지 이러한 역사를 세련되게 구성하려고만 했던 초창기의 도덕적 계보학자들과 달리, 니체는 도덕관념들을 떠받치는 가치들을 식별하고 극복하는 데 목적을 둔다. '도덕'이란 역사적으로 볼 때 힘에의 의지the will to power에 대한 특이한 재해석이고 이는 나약하고 지친 삶의 형식에서 절정에 달한다는 것을 보여 줌으로써, 니체는 자신의 지적 성숙기를 특징짓는 토대, 곧 삶을 대하는 비도덕적 시각의 토대를 마련한다.

니체는 『인간적인 너무나 인간적인*Menschliches, Allzumenschliches*』(1879)이나 『도덕의 계보』 등에서 삶에 대한 적극적인 긍정을 묘사하고자 '주인' 또는 '고귀한' 도덕과 같은 용어를 사용하기 때문에, 도덕적 사고에 대한 그의 비판이 가끔 오해되기도 한다. 여기서 '주인 도덕'과 이후 니체가 서양 사상의 반응적인 것 또는 '노예 도덕'이라고 특징짓게 되는 것을 구별하는 관건은 무엇인가? 전자가 생기 넘치는 존재의 개인적이고 반사적이지 않으며 자발적인 경험이라는 고귀한 삶의 양식을 묘사하는 반면, 후자는 모든 인간적 삶의 형식에 똑같이 부과되어야 할 규범과 금제라는 추상적 규약을 규정한다. 다른 말로 표현하자면, '주인 도덕'은 상승 중이거나 강력한 존재 양식, 곧 인류를 사회적 동물로 길들이고 '문명화'시키려는 도덕적 교화moralisation 과정이 발명되기도 전에 의기양양하게 존재했던 삶의 양식을 도덕적인 어휘로 번역한 것이라고 이해해야 한다. 『안티크리스트*Der Antichrist*』(1894)의 중요한 대목 하나를 살펴보면, 고귀한 존재가 지닌 도덕 이전의 '도덕'에서 출발한 니체가 이후에는 삶에 대한 부정적 판단이라는 도덕 개념으로 옮겨 간다는 것을 확실히 알 수 있다.

> 도덕. 이것은 더 이상은 한 민족'의' 생존과 성장 조건에 대한 표현이 아니다. 더 이상은 그 민족의 가장 심층적인 삶의 본능이 아니다. 오히려 그것은 추상화되어 버렸고 삶의 반대가 되어 버렸다.—상상력의 철저한 악화로서의 도덕, 만사에 대한 '사악한 시선'으로서의 도덕이 되어 버렸다.(1990b : 148/15 ; 246)

인용문이 보여 주는 것 그대로, 니체에게 '도덕'이 문젯거리가 되는 것은 "민족의 가장 심층적인 삶의 본능"(가치 또는 관행)이던 도덕이 각 개인이 어떠한 삶을 살아야 할지를 결정하는 '추상적'이고 불변하는 법칙으로 변모할 때이다.

『도덕의 계보』의 제2논문 「'죄', '양심의 가책' 그리고 그와 유사한 것들」(이하 '「양심의 가책」')은 니체가 '인간'에 대한 '도덕적 교화'라고 명명한 것의 역사를 드러내고, 계보학적 비판의 기초를 이루는 방법론적 원리들을 전반적으로 성찰한다. 「양심의 가책」에서 니체는 "약속할 수 있는 동물을 기르는 것"(2000 : 38/14 ; 395)이 목적인 심리적 훈련 형식에 따라 '인간'이 자연적 동물에서 사회적 동물로 변화한다고 주장한다. 그러한 훈련은 사회적 책임을 갖도록 하는 데 매우 중요한데, 왜냐하면 우리가 우리 자신의 진술과 믿음을 보증할 수 있으려면 자신이 받아들인 서약과 그에 따라 책임져야 할 행위 사이의 연속성이 뒷받침되어야 하기 때문이다. 따라서 책임을 갖게 한다는 것은 '인간'에 대한 기억을 만들어 내는 데 초점을 맞추어 과거의 진술과 현재의 행위 사이의 연관성을 이해하도록 하는 것이다. 일단 "'나는 하게 될 것이다'와 의지의 본래적인 분출 사이에" 존재하는 필연적인 연결 고리를 인식하고 나면, 그 사람은 "예측할 수 있고 규칙적이며 필연적인 존재"로 자신의 상을 받아들이게 된다.(2000 : 39/14 ; 396-397) 그 사람의 동일성은 시간을 가로질러 연속적이고 일관된 것으로서 자각되기 때문이다.

니체가 주목하는 점은 약속을 정하고 지킬 수 있을 만한 책임감을 가진 개인을 인식하는 것이 우리가 지닌 '자유의지'라는 관념과 도덕적으로 자율적인 "주권적 개인"을 구성하는 데 본질적인 요소라는 것이다.(2000 : 40/14 ; 397-398) 이러한 개인은 종족에게 강요되면서 부담으로 누적된 전통적 법칙인 관습적 도덕에 더 이상 순응할 필요가 없으며, 어떤 행동 방침을 정하든 그것이 자기 자신의 세계관과 일치하는 이상, 도덕적 자기 결정권을 갖고 자신의 가치 기준에 맞게 처신할 수 있게 된다. 관습이 도덕적 자기 결정으로 변화하는 과정은 자아의 역사에 획기적인 전환을 가져온다. 이 전환은 양심이라고 하는 새로운 인간 능력, 곧 '인간'이 자기 자신의 도덕적 책임에 대한 기억을 보존할 수 있도록 하는 능력의 출현과 더불어 일어난다.

책임이라는 이상한 특권에 대한 자랑스러운 인식, 이 희한한 자유에 대한 의식, 자기 자신과 운명을 지배하는 이 힘에 대한 의식은 그의 가장 밑바닥 심연까지 내려앉아 본능이, 지배적인 본능이 되어 버렸다 : — 만일 그 스스로 이에 대한 한 단어가 필요하다고 가정한다면, 이것을, 이 지배적인 본능을 무엇이라 부르게 될 것인가? 그러나 의심할 여지 없이 이 주권적 인간은 그것을 **양심**이라고 부른다.……(2000 : 40/14 ; 398-399)

계속해서 니체는, '양심'과 도덕적 자의식이 절제와 자제를 가능케 하는 선천적 능력, 곧 우리가 폭력, 잔인, 야만의 세계로 추락하지 않도록 막아 주는 능력의 표상이라고 상정하는 것은 경솔하다고 주장한다. 니체는 우리의 '자연적인' 도덕 감각이란 것이 합의를 거쳐 나타난다기보다는 폭력과 잔인함에 대한 문화적 통치에 근거하여 생산된다고 주장함으로써 이처럼 순진한 역사적 가정에 도전한다. '기억'과 '양심'은 전혀 타고난 능력들이 아니며, 고통과 형벌을 사용하여 도덕적 위반에 대한 항구적인 공포를 만들어 내기로 약속된 '기억술'이 낳은 사후의 역사적 효과들인 것이다.

인간이 스스로 기억을 만들어야 할 필요가 있다고 여길 때, 피나 고문, 희생 없이 끝난 적은 없었다. 가장 소름끼치는 희생과 저당(첫 아이를 바치는 희생도 여기에 속한다), 가장 혐오스러운 신체 훼손(예를 들면 거세), 모든 종교 의례 가운데 가장 잔인한 의식 형태(모든 종교는 그 가장 깊은 근거에서 잔인성의 체계다)—이 모든 것의 기원은 고통 속에 가장 강력한 기억의 보조 수단이 있음을 알아차린 저 본능에 있

다.(2000 : 41/14 ; 400)

적극적 분리

「양심의 가책」은 니체의 가장 중요한 주제 가운데 하나를 알리며 시작된다. 바로 상이한 가치 유형과 상이한 존재 수준에 대한 적극적 분리라는 니체만의 '계보학' 개념이 그것이다. 이 어려운 주제는 니체에게 '계보학'이 도덕의 역사를 재검토하는 방법인 동시에 '더 높은' 가치와 '더 낮은' 가치 사이의 구별을 만들어 내는 방법이라는 점을 떠올리면 이해하기 쉬워진다.

'선과 악' 및 '좋음과 나쁨'을 다룬 『도덕의 계보』 제1논문에서 니체는 "본질적으로 비역사적"(2000 : 12/14 ; 353)인 도덕의 역사를 제안한다는 이유로 영국의 심리학자들을 비판한다. 니체는 '좋음'에 대한 개념과 판단의 유래를 논의하는 과정에서 이들의 오류가 드러난다고 주장한다. 이 심리학자들이 저지른 실수는 '좋음'의 수혜자들이 좋다고 판단한 강자들의 사심 없고 이기적이지 않은 행위에서 '좋음'의 기원을 찾았다는 것이다. 여기서 강자들이란, 이를테면 약자들의 삶에 자비를 베풀고 그들이 사회에서 생존할 수 있도록 허락하는 사람들이다. 도덕의 역사를 이렇게 해석하면, '좋음'은 자비와 자제심을 보여 준 강자들에게 보답하고 그에 따라 허약하고 궁지에 몰린 자신의 생존을 유지하고자 약자들이 만들어 낸 하나의 가치이다. 하지만 시간이 지나면서 자제와 인내에 대한 전략적 찬양이라는 '좋음'의 기원은 잊혀지고, 대신 '좋음'은 점차 이상적이고 영원한 도덕적 미덕의 기준으로 변모되었다. '좋음'은 더 이상 특정한 개인들, 곧 도덕적으로 처벌받아본 적이 없는 사람들에게 유익한 것으로서 정의되지 않았지만, 그 자체로 비인격적인 '좋음'이 되었다. 폭력을 삼가면 대체로 '좋음'으로 여겨지게 된 것이다. 약자들의 가치는 보편적인 가치가 되었다.

도덕의 역사를 이런 식으로 해석하는 것에 니체는 두 가지 이유를 들어 반발한다. 5장에서 보게 되겠지만, 니체는 약자들이 적극적으로 가치를 창조하는 것이 불가능하다고 주장한다. 약자들은 이미 그 자리에 존재하는 가치 구조에 맞서 반항할지도 모르지만, 고귀한 가치는 그들의 비천한 삶과 처음부터 분리된 채 그들의 힘이 아예 닿을 수 없는 곳에 있다. 니체가 이러한 역사에 반대하는 또 다른 이유

경험주의와 심리학 경험주의는 그 기원을 멀리 잡으면 고대 그리스 철학으로 거슬러 올라갈 수 있을 정도로 오랜 역사를 가졌지만, 영국 경험주의와 심리학적 전통은 스코틀랜드 출신의 계몽사상가 데이비드 흄 David Hume(1711~1776)에게서 시작된다. 흄은 인과성, 필연성, 동일성, 정당성 등 우리가 영원하고 논리적이며 보편적인 원리로서 생각하는 모든 것들이 경험에서 비롯된 결과라고 본다. 이러한 원리들은 정신이 경험에 부과한 허구라는 것이다. 경험에 선행하는 동시에 그것의 토대가 된다고 상정되는 자아나 주체라는 것조차 흄이 보기에는 우리로 하여금 세계와 자아를 다루기 쉽고 살아가기에 편한 형식으로 정돈할 수 있게끔 하는 하나의 상상된 동일성, 곧 허구다. 흄의 뒤를 이은 심리학과 관념연합론associationism(연상심리학)의 전통은 원인과 결과에 따라 일관적 설명이 가능한 세계로 경험이 종합될 수 있도록 감각의 모든 흐름들의 지도를 그려 냄으로써 인간 정신의 '법칙들'을 설명하고자 했다. 다른 사상가들 가운데는 샤프츠베리Earl of Shaftesbury(1671~1713)처럼 도덕적 감각이란 것이 존재한다고 주

는 그와 같은 역사가 사회적 실천에 대한 특정한 관점, 곧 약자들이 제안한 사심 없는 자비심인 '좋음'이라는 관념을 받아들여, 일반적으로 도덕적 가치들을 규정할 때 사용되는 하나의 틀에 그러한 관점을 끼워 맞춰 개조시키기 때문이다. 니체는 이 같은 오류가 도덕적 가치의 적극적인 창조를 도덕적 기준에 대한 반응적 수용으로 대체한다고 주장한다. 계속해서 그는 '좋음'이란 그것을 받은 사람들에게서 나오는 것이 아니라며, 오히려 강하고 고귀하며 창조적인 개인들과 같은 '좋은 사람들' 자신, 말하자면 '좋음'이라는 가치를 자기 자신의 행위에서 먼저 발견하는 사람들 자신이 바로 '좋음'이라고 말한다.(2000 : 12/14 ; 353) 강자들은 자신만의 의지를 긍정하고 또한 나약하고 비천한 모든 삶의 형식에서 스스로를 적극 분리해 냄으로써 그

장한 사람도 있었다. '선'은 더 이상 영원한 이상이 아니었지만, 인간 존재는 세계에 질서를 부여하고, 미덕과 악덕, 또는 인류에 이익이 되는 것과 해가 되는 것을 구별하여 세계를 판단하는 선천적 능력을 지녔다고 본 것이다.

그 결과 이러한 심리학적 전통은 영원하고 비인간적인 도덕법칙들을 배제하게 되었으나, 그러고 나서는 인간의 영혼을 적법하고 규칙적이며 상식적인 것으로 특징지었다. 이러한 심리학적 전통에 맞서는 니체의 경험주의에 따르면, 관념·동일성·법칙은 정신이 강요하는 허구다. 하지만 니체는 인간의 정신이나 영혼을 적법하고 자비로운 것으로 보지 않는다. 항상 규칙적·인과적 방식으로 세계에 질서를 부여할 '하나의' 인간 영혼이 존재한다고 상정하기보다, 니체는 인류에 대한 관념을 포함한 일반적인 관념들이 어떻게 탄생해 왔는지 탐색한다. 그는 다음과 같이 묻는다. 도덕에 관한 이미지나 형벌을 일종의 감각인상sense impressions이라고 할 때, 어떤 유형의 감각인상이 도덕적 '인간'을 만들어 왔는가?

렇게 한다는 것이다. '좋음'과 '나쁨'과 같은 가치들의 창조는 이처럼 나약한 존재에서 강력한 것을 적극적으로 분리한 데서 비롯된 결과이다.

니체는 가치들의 기원이 되는 이 같은 변별적 운동을 "거리의 파토스"라고 명명한다. 거리의 파토스는 삶의 다양한 수준들 사이에서 강제되는 것이다. 니체는 "고귀함과 거리의 파토스, 좀 더 높은 지배 종족이 좀 더 하위의 종족, 즉 '하층민'에게 가지고 있는 지속적이고 지배적인 전체 감정과 근본 감정—이것이야말로 '좋음'과 '나쁨'이라는 대립의 기원이다."(2000 : 13/14 ; 354)라고 설명한다. 니체에게 '계보학'이란 역사적 기원에 주목하는 것인 동시에, 적극적이거나 반응적인 삶의 형식들 사이에서 펼쳐지며 우리의 가치들을 탄생시키는 분리 운동에 주목하는 것이기도 하다. 다음은 프랑스의 철학자 질 들뢰즈Gilles Deleuze(1925~1995)가 니체의 철학에 대해 쓴 책에서 인용한 구절이다.

> 계보학은 기원의 가치임과 동시에, 가치들의 기원을 의미한다. 계보학은 가치의 상대적이고 공리적인 성격에 대립하듯이, 그것의 절대적인 성격에도 대립한다. 계보학은 가치 그 자체가 파생되는 가치들의 미분적differential 요소를 의미한다. 그러므로 계보학은 기원이나 탄생을 의미할 뿐 아니라, 기원 속의 차이나 거리를 의미한다.(Deleuze 1983 : 2)〔질 들뢰즈, 『니체와 철학』, 이경신 옮김, 민음사, 1998, 18쪽.〕

양심의 가책

니체의 계보학적 비판은 희생과 절단 등의 물질적 실행이 새로운 삶의 형식을 생산하는 용도로 작동되는 과정에서 일어나는 원인과 결과의 반전에 특히 초점을 맞추고 있다. 이때 새로운 삶의 형식이란 이를테면 '기억'과 '양심'이 들어설 내적·주관적 장소 같은 것으로, 도덕적 가치들의 '자연적' 토대와 결과적으로 동일시되는 것이다. 니체는 '양심의 가책' 또는 '죄의식'과 형벌의 기원을 재고함으로써 자신의 분석을 확장시킨다. 이는 정의, 법, 징벌 등에 관해 우리가 갖고 있는 가장 기본적인 몇 가지 가정들을 재고할 것을 우리에게 요청한다는 점에서, 니체의 가장 중요하고 논쟁적인 논의들 가운데 하나라고 할 수 있다.

니체에 따르면, 도덕의 문제를 대하는 전통적 계보학자들은 형벌이 도덕적 위반의 형식에 대한 응답으로서 주어진 것이라고 가정해 왔다. 이 같은 관점에서 보면, 일단 사악한 자에게도 달리 행동할 수 있었을 자유의지와 도덕적 자율성이 있었다고 인정할 경우에는 그자에게 형벌을 가하는 것이 정당해진다. 그러나 니체는 도덕적 위반에 징벌로 대응하는 것이라는 정의에 대한 관념이 실제로는 본원적인 심리학과는 거의 무관한 "극히 뒤늦게 달성된 인간의 판단과 추리의 교묘한 형식"(2000 : 43/14 ; 403)이라고 주장한다. 고대의 인간들에게, 사실은 역사상 대부분의 인간들에게 형벌은 죄라고 하는 도덕적 개념에 따라 정해지는 것이 아니었다. 형벌은 행위나 의도에 대한 도덕적 판단 부과와 같은 권력으로 대응하는 것이 아니라, 나약한 존재에게 가장 먼저 강자의 힘을 행사하는 것이었다. 그러나 이후 형벌은 권력이 이제는 앞서 나타난 힘에 보상하거나 이를 되갚는 데 사용될 수 있다는 식의 부채 개념을 따르게 되었다. 이때부터 형벌은 단순한 보복 이상으로 발전하여 옳고 그름에 대한 일반적 체계의 기초가 될 수 있었다. 형벌은 더 이상 최초의 위반에 단순히 힘으로 대응하는 것에 그치지 않는다. 형벌은 특정한 행위를 범죄로서, 법을 위반하였기에 제재할 수 있는 것으로서 판정하는 권력이다. 특별한 경우에 행사되는 힘 이상으로 확대되어 위반을 처벌하는 힘이라는 일반적 특징을 띠게 될 때, 형벌은 하나의 도덕적 권력이 된다.

니체는 옳고 그름의 근원적인 도덕 체계가 먼저 존재하고 형벌은 이후에 거기에 흡수되었다는 식의 비역사적 관념을 물리치고, 오히려 형벌이 먼저 이러한 체계를 창안한다는 것을 이해할 필요가 있다고 강조한다. 처벌되거나 유죄로 판정될 수 있는 자아가 어떠한 처벌의 위협과 더불어 존재한다면, 우리는 법에 따르거나 직접 법을 만들 도리밖에 없기 때문이다. 처벌의 의의는 앞서 나타난 힘을 되갚음으로써 특정한 행위에 도덕적 가치를 부여하는 데 있다. 이는 니체가 (도덕적인) 죄와 (경제적인) 채무 사이에서 이끌어내는 매우 중요한 연관성의 토대가 된다.

인류 역사의 오랜 기간을 통해 악행의 주모자가 자신의 행위에 책임을 져야 한다는 이유로, 즉 오직 죄를 지은 자만이 벌을 받아야 한다는 전제 아래 형벌을 받았던 것은 **아니다** : — 오히려 형벌은, 오늘날 역시 부모가 아이들에게 벌을 주는 것처럼, 고통스러운 피해에 대해 가해자가 표출하는 분노로 가해졌던 것이다. 그러나 이 분노는, 모든 손해에는 그 어딘가에 등가물이 있으며, 심지어 가해자를 고통스럽게 해서라도 실제로 배상받을 수 있을 것이라는 관념으로 억제되고 변용되었다. 이 원시적으로 뿌리 깊은, 아마 이제는 더 이상 그 뿌리를 뽑을 수 없을 것인 관념, 즉 손해와 고통은 등가라는 관념은 어디서 힘을 얻었던 것일까? 나는 이것이 채권자와 채무자 사이의 계약 관계에 있다는 사실을 이미 밝혔다. 이 계약 관계는 대체로 '권리의 주체'가 존재하는 것과 마찬가지로 오래된 것이며, 그 입장에서 보면 다시 매매, 교환, 통상, 왕래라는 근본 형식으로 환원되는 것이다.(2000 : 43/14 ; 403)

니체는 죄라고 하는 "도덕의 주요 개념"과 채무라고 하는 물질적 개념 사이의 연관성을 두 가지 방식으로 설정한다. 니체는 교환이나 거래가 일단 성립되려면 채무자가 지급 약속을 기억할 수 있어야 한다고 주장한다. 이때 "냉혹함, 잔인함, 고통"(2000 : 44/14 ; 404)의 기억술이 처음 정당화된다. 그러나 채무자가 자신의 부채를 갚을 수 없는 경우에는 채권자에게 채무자의 신체를 훼손하고 그에게 모욕감을 주는 모든 방법을 동원할 권리가 주어진다. 예컨대 "부채 액수에 적합해 보이는 크기만큼 …… 육체에서 살을 도려낼 수 있었던 것" 같은 것 말이다. 이러한 '경제적' 거래는 법에 대한 갖가지 근원적·고전적 규약들의 토대를 구성한다. 셰익스피어의 『베니스의 상인』에서 베니스 상인 샤일록이 안토니오가 대출금을 갚지 못한 대가로 그의 살 1파운드를 요구하며 호소하는 정의에 대한 경제적 개념이 바로 이것이다. 니체는 이와 같이 경제적 보상의 기초가 되는 논리에 따라 채권자의 우월감 고취가 재화에 대한 보답을 대신하였다고 주장한다. 채권자는 고통을 가할 권리를 행사함으로써, 열등한 자에게 고통을 주며 즐거워하는 "지배권"(2000 : 45/14 ; 405)을 순간적으로 누리게 된다. 그런 점에서 형벌 부과는 도덕법칙의 위반에 대한 반작용이 아니었다. 그것은 지위 및 지배에 차등을 둘 것을 적극적으로 강제한 경제적 보상 기제였던 것이다.

여기서 우리는 도덕적 사고의 역사에 대항하는 니체의 거대한 도전들 가운데 하나에 도달한다. 니체는 도덕적 의식의 잔인하고 권력적인 기원이 억압되고 망각될 때에만 동물적인 '인간'이 도덕적인 존재로 변화한다고 주장한다. 그 시점은 채권자와 채무자 사이의 경제적 관계라는 죄에 대한 관념을, 인간으로서 존재한다는 바로 그 사실로써 죄를 분별하는 도덕적 해석이 대신하게 될 때이다. 니체의 계보학은 이러한 변환의 역사적 서사를 제시한다. 니체가 볼 때, 이 같은 변화의 중대성을 파악하려면 죄책감과 개인의 의무가 구매자와 판매자 사이의 경제적 관계에서 비롯된다는 점을 상기하는 것만으로는 부족하다. 그러한 관계가 각 개인에게 자신을 다른 이들과 다르게 분별하는 방법을 가르쳐 주며, 나아가 나약한 삶의 형식에서 강력한 삶의 형식을 적극적으로 분리해 낸다는 것까지 상기해야 한다. 니체는 "값을 정하고 가치를 측정하고 등가물을 생각해 내며 교환하는 것—이것은 어떤 의미에서는 사유**라고** 할 수 있을 만한 인간의 원초적 사유를 미리 지배하고 있었다."(2000 : 49/14 ; 412)고 주장한다. 계산과 교환이라는 경제적 개념은 또한 정의와 법의 기원이 되는 것이기도 한데, 정의와 법은 최고 권력으로 하여금 약자들이 강자들에게 복수를 감행할 수 없도록 만드는 가장 강력한 본성에 의해 확립된다.(2000 : 53/14 ; 418-419)

죄, 정의, 법의 경제적 기원은 '양심의 가책'과 삶에 대한 기독교적 도덕의 해석이 출현하면서 말소된다. 기독교가 등장함에 따라, "인간의 인간에 대한 수치가 커져 가는 상황에 따라 인간을 뒤덮고 있는 하늘의 어둠은 점점 더 확산되었다. …… 내가 생각하고 있는 것은 그 덕분에 '인간'이라는 동물이 결과적으로 자신의 모든 본능을 부끄럽게 여기게 된 병적인 유약화와 도덕화에 관한 것이다."(2000 : 46-47/14 ; 408) 이처럼 퇴폐적인 변화를 가능케 한 토대는 인류가 사회 안에 갇히게 되면서 구축되었다. 그동안 밖으로 새어 나갈 수 없었던 우리의 모든 본능들은 이제 "안으로 향하게 된다.—이것이 내가 인간의 내면화라고 부르는 것이다 : 이것으로 인해 후에 '영혼'이라고 불리는 것이 인간에게서 자라난다."(2000 : 61/14 ; 431)

기독교적 도덕주의의 탁월함은 더 이상 거리낌 없고 본능적인 삶을 살아갈 수 없는 인류의 '양심의 가책'을 생존에 필요한 죄책감과 수치심으로 재해석한 데 있었다. 이처럼 심오한 새로운 죄의식을 생산하려면 유한한 경제적 관계(최소한 이론적으로 볼 때, 부채란 되갚을 수 있는 것이다.)를 '원죄'라는 무한한 영혼의 부채로 재해석하는 것이 필요하다고 니체는 설명한다. 이제 인류는 영혼의 빚을 지면서 어쨌든 존재하게 되었고, "부채를 종국적으로 상환하려는 전망"은 "속죄도 해결할 수 없다는 생각"과 "보상이 불가능하다는('영원한 벌'의) 사상"으로 대체되었다.(2000 : 67/14 ; 440-441) 니체는 삶에 대한 새로운 지배적 해석이 등장하는 바로 이 지점에서 형벌이라는 도덕적 개념의 기원을 발견하게 된다고 결론짓는다. 존재를 대하는 모든 시각과 마찬가지로, '인간'에 대한 '도덕적' 시각은 가치들의 전략적 전도를 표상한다. 삶에 대한 특유의 해석으로 탁월한 성취를 가능케 하는 그러한 가치들에 대해서 말이다.

기원과 목적

도덕의 기원에 대한 니체의 계보학적 재해석은 이후의 철학적·문화적 사유에 엄청난 영향을 끼쳤다. 그 이유 가운데 하나는 역사적 사건과 실천들에 대한 완전히 새로운 이해 방식이 우리에게 필요하다고 니체가 강조했기 때문일 것이다. 『도덕의 계보』에서 니체는 자신의 통찰 가운데 많은 부분을 "역사적 방법론이라는 이 기본 관점"(2000 : 56/14 ; 423)이라고 명명한 것으로서 정립하는데, 이는 그의 계보학적 입장이 전통적인 역사 기술과 갈라섰음을 확실히 보여준다.

니체가 보기에 "도덕의 계보학자들"이 제시한 역사적 설명들의 문제는 그들이 어떠한 실천의 기원과 목적을 혼동하는 데 있다. 예를 들어 형벌과 법 사이의 관련성을 논의하는 경우, 도덕적 계보학자들은 복수나 억제 등과 같은 형벌의 '목적'을 크게 강조하고, 그러고 나서 그 목적을 법이 시작된 '기원'이라고 상정한다. 그러나 니체가 형벌에 대한 '경제적' 해석과 '도덕적' 해석 사이의 전환을 설명하면서 예시하는 바와 같이, 하나의 실천과 그것의 궁극적인 목적 사이의 거리는 아주 멀지도 모른다. 니체는 어떤 실천의 역사적 발전에 관한 이야기를 제시하기에 앞서 그 실천의 기원에 놓인 목적과 의미를 확인한다고 해서 고유한 '계보학적' 설명이 시작되는 것은 아님을 시사한다. 그보다도 계보학적 설명은 어떠한 실천의 '의미'와 '목적'을 지배적인 힘들의 요구에 따라 체계적으로 재해석하는 데 초점을 맞추어야 할 것이다.

> 이 경우에 기존 도덕의 계보학자들은 어떻게 취급해 왔는가? 그들은 언제나 그렇게 취급해 왔듯이, 이를 소박하게 다루고 있다 — : 그들은 형벌에서, 예를 들면 복수나 위협이라든가 하는 어떤 '목적'을 찾아내고, 그 다음에는 순진하게 이러한 목적을 형벌을 유발하는 요인으로 여겨 그 시초에 붙이고—끝내는 것이다. 그러나 '법에서의 목적'은 법의 발생사에서 아주 최후에 써먹어야 한다 : 오히려 모든 종류의 역사학에서 다음의 명제보다도 더 중요한 명제는 없다. 그 명제는 이룩해 내자면 힘이 들지만, 그러나 실제로 이룩해 내야 하는 것이다.—즉, 어떤 일의 발생 원인이나 궁극적인 효용성, 실제적인 사용과 목적 체계로의 편입은 전체와 만나면서 서로 떨어져 있는 것이다. 현존해 있는 것, 어떤 방식으로든 이루어진 어떤 것은 그보다 우세한 힘에 의해 새로운 견해로 언제나 다시 해석되며 새롭게 독점되어 새로운 효용성으로 바뀌고 전환된다. 유기체적 세계에서 일어난 모든 생기Geschen는 하나의 제압이자 지배이며 그리고 다시금 모든 제압과 지배는 지금까지의 '의미'와 '목적'이 필연적으로 불명료해지거나 완전히 지워져야만 하는 새로운 해석이자 정돈이다.(2000 : 54-55/14 ; 421)

어떤 사물의 목적 또는 유용성과 그 사물이 등장한 역사는 완전하게 결합되어 있는 법이 없다. 니체가 볼 때, 사물의 '목적'은 단지 특정한 '힘에의 의지'가 사물에 강제한 해석일 따름이다. 이러한 의미에서 어떤 사물이나 실천의 '역사'는 "더 큰 힘"에 동화되고 그것에 의해 재구성된 기록이라고 할 수 있다. 여기서 말하는 '더 큰 힘'은 그것이 개인이든 기관이든 이데올로기이든지 간에 자신의 욕구를 충족시키고자 어떤 사물이나 실천을 개조시킨다.

예를 들어 지난 60여 년간 셰익스피어 희곡 작품이라는 역사적 유산이 재해석되어 온 방식을 생각해 보자. 로렌스 올리비에Lawrence Olivier가 감독을 맡은 〈헨리 5세*Henry V*〉(1944)의 의의는 이 작품이 영국적인 것이라는 특정한 유형에 강력하게 호소한다는 점에서 찾을 수 있다. 자제력을 유지하면서도 단호한 영국 문화의 수호자는 용감한 기개로써 압도적인 열세를 극복하고 적지에서 큰 승리를 거둔다. 영국적인 것에 대한 이 같은 이미지는 제2차 세계대전이 남긴 상처로 고통을 겪고 있던 영국에 뜻 깊은 반향을 불러일으켰다. 전후 보수당 정치가들과 신문 편집자들은 〈헨리 5세〉의 원작자인 '셰익스피어'라는 이름이 파괴적인 문화적 근대가 도래하고 종합학교들comprehensive school〔11세에서 18세 사이의 영국 학생들 대부분이 교육을 받는 일반적인 공립학교를 말함〕이 세워지기 이전인 엘리자베스 시대의 영광의 나날들을 이어받는 연결 고리가 된다고 주장하면서, '셰익스피어'와 영국적인 '특징' 또는 '탁월함'이라는 특정한 기질을 동일시하도록 독려했다. 그러나 같은 시기에 다른 독자들과 문화 비평가들은 셰익스피어의 연극성, 변장을 이용한 술책이나 흥미로운 정치적 수완에 대한 선호, 찬탈과 반역의 서사 등을 활용하여, 젠더 역할, 성性, 사회질서에 대한 우리의 인식 하나하나에 의문을 제기하고자 했다.

셰익스피어 연극의 텍스트는 역사적으로 변하지 않은 채로 남아 있다. 그러나 텍스트의 의미와 문화적 반향은 텍스트가 해석되고 사용되는 맥락에 따라, 그리고 이렇게 생겨난 해석들이 어떤 맥락에 배치되는지에 따라 달라진다. 그렇기 때문에 '사물'이나 '관습'의 발전을 하나의 논리적 또는 목적론적 진보, 곧 어떤 기원에서 출발하여 그 의미의 역사적 실현으로 나아가는 과정으로 생각해서는 안 된다는 니체의 주장은 바로 이 점을 예견한 것이다. 오히려 그러한 발전은 특정한 힘과 관심에 따라 전유되고 변형된 우발적인 역사로 이해되어야 한다.

그처럼 형벌 또한 처벌하기 위해 고안된 것이라고 생각했다. 그러나 모든 목적, 모든 효용성이란 하나의 힘에의 의지가 좀 더 힘이 약한 것을 지배하게 되고, 그 약한 것에 그 스스로 어떤 기능의 의미를 새겼다는 표시에 불과하다. 어떤 '사물', 어떤 기관, 어떤 관습의 역사 전체도 이와 같이 항상 새로운 해석과 정돈이라는 계속되는 기호의 연쇄일 수 있으며, 그 해석과 정돈의 원인들은 서로 연관성을 가질 필요가 없으며, 오히려 사정에 따라서는 단지 우연하게 일어나고 교체될 뿐이다. 따라서 어떤 사물, 어떤 관습, 어떤 기관의 '발전'이란 하나의 목적을 향한 진보 과정이 아니고, 더욱이 최소한의 힘과 희생으로 이르게 되는 논리적이고 가장 짧은 진보 과정은 결코 아니다.—오히려 그것은 다소간 깊어지고, 다소간 서로 독립적으로 그와 같은 사물, 관습, 기관에 미치는 제압 과정의 연속이며, 덧붙이자면, 이에 반대하여 매번 행해지는 저항이며, 방어와 반反작용을 목적으로 시도된 형식의 변화이자, 또한 성공한 반대 활동의 성과

이기도 하다. 형식은 유동적이지만, 그러나 '의미'는 더욱 유동적이다 .……(2000 : 55/14 ; 422)

도덕 가치를 생산한 지배적이고 우발적인 힘들

니체의 계보학적 비판은 도덕적 가치들의 역사적 발전에 대해 고찰한다. 이는 미리 정해져 있는 '도덕'과 '인간'에 대한 가치 및 본질에 기대지 않고 도덕적 가치들의 출현을 설명하려는 시도이다. 근대 문헌학의 성과에서 영향을 받은 니체의 계보학은 어떤 역사적 실천의 배후에서 작동하는 개념 또는 가치라는 근원적 통일체 대신, 개념들을 먼저 생산하는 이질적이고 우발적인 힘들에 초점을 맞추어 분석한다. 이러한 목적에서 계보학은 역사적 실천들의 기원과 목적을 확실히 구별한다. 계보학적 읽기는 어떤 실천의 역사적 발전에 대한 서사를 제시하기에 앞서 그 실천의 기원에 자리한 목적과 의미를 확인한다고 해서 시작되는 것이 아니다. 그보다도 계보학적 읽기는 어떤 실천의 '의미'와 '목적'을 지배적인 힘들의 요구에 따라 체계적으로 재해석하는 데 주의를 기울인다. 도덕의 역사에 대한 니체의 계보학적 분석에 따르면, 도덕관념은 선천적이거나 자연 발생적인 능력이 아니다. 도덕적 개념들은 지배적인 힘과 관심이 삶에 대한 재해석을 연속적으로 창안해 냄으로써 생산된다.

04

역사

이 장에서는 니체가 도덕의 기원을 계보학적으로 고찰하면서 발견한 '역사적 방법론이라는 기본 관점'에 대해 더욱 자세히 살펴볼 것이다. 특히 그가 우리의 역사 감각에 제기하는 엄중한 문제들에 초점을 맞출 것이다. 저작 전반에 걸쳐 니체는 역사의 가치란 무엇이어야 하는지의 문제에 빠져 있었다. 니체에 따르면, 우리는 완성된 역사의식을 갖는 것이 교양을 갖춘 인격을 말해 주는 기호라고 상정한다. '교양을 갖추었다'라는 말은 최소한 오래되고 고전적인 문학작품들을 어느 정도 이해하고, 고대의 위대한 문화유산들을 알고 있다는 것을 의미한다. 그런데 발달된 역사의식이 문화적 성숙을 말해 주는 기호일 수 있다면, 역사의식은 당연히 우리에게 유익하다고 할 수 있는가? 과거에 대한 매혹은 우리를 창조적이지 못하고 단조롭게 만들어왔다고 말할 수도 있지 않을까? 니체는 더욱 일반적인 차원에서 질문한다. 우리의 역사 감각은 실제로 무엇에 쓰이는 것이며, 지금 이 순간 역사 감각은 어떠한 삶의 양식들을 가능케 하는가?

역사의 활용

전통적 역사 기술에 대한 니체의 계보학적 비판은 이와 같은 질문들에서 시작된다. 니체가 이러한 비판에 착수하는 것은 세 가지 이유에서이다.

첫째, 니체는 우리의 가치와 신념이 본질적이고 역사와 무관한 인간 본성의 표현이라는 인간주의적 가정을 허물고자 노력한다. 오히려 그런 것들은 특정한 역사적 힘과 관심이 낳은 창조물이라는 것이다. 그렇기 때문에 니체가 보기에 '법'과 '정의'는 근본적인 인간 욕구에 대한 자연스러운 표현이라고 할 수 없다. 법과 정의는 열등하고 나약한 자들이 가진 복수욕을 제한하려는 지배적인 힘에 따라 창안된 삶의 해석이다. 그리고 다음 장에서 보게 되겠지만, 니체는 역사적으로 볼 때 '도덕' 자체가 나약하고 적의를 품은 자들이 적극적이고 귀족적인 존재에 지배력을 행사하고자 발전시킨 독특한 발명품임을 암시한다.

둘째, 니체는 역사의 '의미'란 삶에 해석을 부여하는 힘에 따라 결정된다고 강조한다. 형벌의 역사가 폭로됨에 따라, 실천의 형식은 상대적으로 일정할 수 있을지언정 그 의미는 실천의 용도에 따라 매우 달라진다. 그러한 의미는 도덕적 위반을 처벌하는 데 쓰일 수도 있고, 부채와 보상의 경제적 체계 안에 놓이게 될 수도 있다. 어떤 사건의 의미를 만들어 내는 하나의 '목적'이란 있을 수 없다. 니체가 어느 대목에선가 주장한 것처럼, 어떤 사물의 '의미'는 그 사물을 제어해 온 해석들의 역사로서 '존재한다'.

마지막 세 번째로, 니체는 삶에 대한 하나의 '해석'이 항상 특정한 '힘에의 의지'에서 오는 힘을 표현한다고 주장한다. 니체에 따르면, 사람들은 법, 정의, 도덕 등의 형식이 삶의 진정한 의미를 만들어 낸다고 생각하지만, 정작 그러한 형식들은 하나의 힘이 다른 힘을 자기 영역으로 흡수시킬 수 있도록 삶에 강요한 해석이다. 이 점은 앞 장 말미에서 인용한 형벌과 법에 관한 니체의 언급을 특징짓는 "저항", "반대 활동", "제압 과정" 등의 수사에 암시되어 있다.(2000 : 55/14 ; 422) '역사'가 일련의 가치와 해석의 전환 과정이라면, 역사상에 나타난 제도들의 의미와 기능은 자신들의 의지를 주변에 강제하고 사건들을 조직함으로써 자신들만의 삶의 해석을 증진시키려는 사람들에 따라 결정될 것이다. 그렇기 때문에 니체의 '계보학' 이론은 "모든 생기生起에 작용하고 있는 힘-의지"(2000 : 56/14 ; 423)에 대한 그의 믿음에 절대적인 부분이다. 이 진술의 함의에 대해서는 7장에서 살펴볼 것이다.

니체는 이러한 통찰들을 바탕으로 가장 영향력 있는 계보학적 비판 가운데 하나의 토대를 형성한다. 『반시대적 고찰*Unzeitgemässe Betrachtungen*』의 두 번째 장으로 역사의 의미를 분석하는 「삶에 대한 역사의 공과」(1874)가 그것이다. 니체는 수사학을 동원하여 전략적으로 제목을 달았는데, 말하자면 이 제목은 역사란 곧 우리의 '삶'에 '과過'를 가져오는 독특한 '공功'을 갖고 있음을 함축하고 있는 것이다. 이 제목은 니체의 비판이 여타의 역사주의적 해석과는 확실히 다를 것임을 단번에 시사한다.

'역사주의'란 특정한 사건 또는 구조와 그것이 작동하는 역사적 맥락 사이의 관련성을 기술하는 것을 말한다. 역사주의는 표현적 형식과 목적론적 형식을 취하여 과거와 현재를 잇는 역사적 연속성에 대한 감각을 확립하는 데 종종 사용된다. 역사주의에 따라 이언 와트의 『소설의 발생』에 대한 표현적 해석을 한꺼번에 시도해 보면, 소설이라는 새로운 문학 형식은 그것이 출현한 세계의 사회구조에 나타난 변화를 표현 또는 반영하는 장르이고, 더 구체적으로는 개인의 의식에 지속적으로 주목함으로써 상업자본주의가 낳은 '개인'이라는 새로운 유형에 관한 심리적인 내용들을 표현하며, 개인주의적 문화가 여전히 우리의 경험을 조건 짓고 있다는 점에서 우리는 계속 소설을 읽는다는 것이다. 이러한 연결과 정확히 똑같은 형식이 역사주의의 목적론적 해석에서 확립되는데, 여기서 역사의식의 내적 의미는 역사의 기원에서 출발하여 우연과 변화를 극복하고 '역사 이후의' 국면으로 나아가는 운동 속에서 실현된다. 예컨대 신의 섭리를 내세우는 기독교적 서사는 천국에 자리하던 인류의 우연, 변화, 죽음을 향한 타락, 그리고 계시록과 최후의 심판에 나타난 신성한 세계와 세속적 세계의 화해 사이에 전개되는 운동 속에서 역사의 목적론적 의미를 식별해 낸다. 세속의 시간이 흘러가는 사이, 이를 구제할 신의 설계도가 어렴풋이 계시된다는 것이다. 그러한 모형을 바탕으로 역사의 '의미'는 역사의식이 역사가 의미를 잃는 지점으로 이행해 가는 동안 언제 어디서나 표상된다.

니체는 역사의 가치를 성찰하면서 역사주의에 대한 두 가지 해석과 다 근본적으로 단절한다. 니체가 볼 때, 역사적 사건들의 의미는 그 사건들을 아우르는 더 넓은 역사적 맥락에서 결정되는 것이 아니다. 역사 기술의 목적이 단순히 과거와 현재 사이의 서사적 연결점을 제공하는 데 있는 것도 아니다. 니체에 따르면, 역사를 공부하는 목적은 흘러간 사건들의 '진리'를 발견하는 데 있지 않다. 우리는 "삶과 행위를 위해서"(1997c : 59/2 ; 287) 역사를 필요로 한다. 과거를 다루는 어떤 특정한 진술이 역사적으로 옳을 수 있다는 사실보다도,

그러한 진술 속에서 우리가 지금 창조적이고 생산적인 삶을 살아갈 수 있는 방법을 배운다는 사실이 더욱 중요하다는 것이다. 따라서 니체는 2장에서 윤곽이 드러난 진리와 가치에 대한 비판을 확장시켜 역사의식이란 것에 의문을 제기한다.

니체는 어떤 것이 '참'일 수 있다고 인식한다고 해서 그것이 필연적으로 가치 있는 무언가가 되는 것은 아니라고 주장한다. 실제로, 우리가 택한 삶의 방식과 무관한 진리들도 많다.(1997c : 89/2 ; 335) 사실, 우리가 '일반적인 지식'을 가능한 한 많이 얻고자 하는 바람에서 역사를 배운다면 이는 매우 해로운 일이 될 텐데, 왜냐하면 겸양이나 속세에 대한 체념을 말하는 기독교의 교리 같은 것처럼 우리 자신의 능력 발전을 지체시키는 수많은 형태의 지식이 존재하기 때문이다. 그렇기 때문에 우리는 이상적이고 공평무사하며 목적론적인 진리 관념을 찾고자 역사에 관심을 가져서는 안 된다. 그 대신, 지금 이 순간 생산적인 삶을 사는 데 도움이 될 과거의 여러 요소들을 선별해 낼 수 있도록 역사적 진리 유형들에 대한 계보학적 비판을 발전시켜야 한다. 계보학자는 이와 같은 통찰들로 역사학자와 구별된다. 니체가 바라보는 계보학자는 역사적 진리들의 상이한 유형들 가운데서 자신의 관점과 가치를 긍정할 수 있는 유형을 골라내는 강점을 지니고 있다. 니체는 "역사가 삶에 봉사하는 만큼 우리도 역사에 봉사할 것"(1997c : 59/2 ; 287)이라고 언명한다.

적극적으로 망각하기

니체가 이렇게 진리와 가치를 구별하는 이유는, 인류가 독립적이고 창조적으로 삶을 즐길 줄 아는 능력을 상실할 정도로 역사에 대한 부담을 과중하게 짊어질 수도 있다고 생각하기 때문이다. 19세기 문화가 역사를 향한 소모적인 열정으로 시름하면서, 이제 삶은 "왜곡"되고 "변질"되었다고 본 것이다.(1997c : 59/2 ; 287) 기억해야 할 것은 고전 문화유산들에 대한 관심이 급격히 되살아난 시기가 바로 19세기였다는 점이다. 문헌학이 대학의 중요한 학문으로 부각된 배경에는 고전 문화에 대한 이 같은 매혹이 자리하고 있었다. 이는 18세기 후반 유럽에 나타난 그리스애호주의philhellenism라는 좀 더 전반적인 추세 속에서 이미 드러난 것이기도 하다. 이 추세를 이끈 인물들로 요한 고트프리트 폰 헤르더Johann Gottfried von Herder(1744~1805), 요한 요아힘 빙켈만Johann Joachim Winckelmann(1717~1768) 등의 문필가, 그리고 윌리엄 블레이크William Blake(1757~1827), 바이런Lord Byron(1788~1824), 퍼시 비시 셸리Percy Bysshe Shelley(1792~1822) 등과 같은 영국의 낭만주의 시인들을 꼽을 수 있다.

이러한 추세 속에서 그리스 예술의 완벽함과 고귀함은 당대의 문화적 전통을 쇄신할 수 있는 영원한 정신적 가치의 원천으로 간주되었다. 앞서 언급했던 것처럼, 니체는 문헌학자로서 성장했고 문헌학은 그의 사유에 커다란 영향을 끼쳤다. 그러나 니체는 헬레니즘 문화가 영원하고 보편적인 가치들의 보고寶庫라는 견해를 받아들일 수 없었기 때문에 관습적인 문헌학과 결별했다. 니체가 보기에 그리스인들의 삶은 서로 맞서는 사회적·정치적 동력들 사이의 경쟁에서 힘을 얻었다. 이를테면 투쟁과 갈등을 '도덕적'이고 '정신적'으로 해소하여 안정된 문화적 형식들을 탄생시킨 것에서 그리스 예술의 완벽함을 발견하는 것은 잘못이라는 것이다. 그리스 문화의 강점은 총체적인 삶의 질서를 특징짓는 창조적인 동력과 파괴적인 힘을 모두 이끌어내는 능력에 있다. 고전 유산에 대한 역사적 관심의 취지는 그리스적 가치들을 수동적으로 반복하거나 이에 집착하는 데 있지 않다고 니체는 주장하는데, 왜냐하면 '가장 고상한' 가치란 투쟁과 갈등의 산물이기 때문이다. 그보다 우리는 그리스인들만큼 우리 자신의 과거를 창조하는 데 상상력을 발휘하는 법을 배워야 한다. 그리고 새로운 가치들을 발전시키는 법은 인간적 삶과 문화의 성격을 규정짓는 기존의 관념들에 맞서 싸우고 이를 극복함으로써 배울 수 있다.

이미 인정된 문화적 가치들에 관한 관념에만 순응할 뿐이라면 자신에게 바람직한 삶의 시각을 창조할 수 없다. 소설가 조지 엘리엇George Eliot(1819~1880)은 『미들마치*Middlemarch*』(1872)에서 커소번이라는 문헌학자의 초상을 묘사하며 그러한 태도의 일면을 보여 준다. 커소번에게 일생일대의 작업은 "신화학의 모든 것", 곧 "세계의 모든 신화 체계들 또는 거기서 빠져나온 신화적 단편들은 본래 신이 계시한 성전聖傳이 조악해진 것"(Eliot 1994 : 24)임을 밝히는 거대한 역사적 체계를 만들어 내는 것이다. 커소번의 견해에 따르면, 당대의 문화는 '본래의' 고전적 전통과 스스로 관계를 단절할 정도로 확실하게 타락해 가고 있다. 그러나 『미들마치』가 잘 보여 주는 것처럼, 커소번은 과거를 향한 퇴행적이고 향수 어린 갈망 때문에 근대 사회를 구성하는 관계망이 바뀌어 가는 와중에서 효과적으로 살아갈 수 없게 된다.

커소본은 삶의 흐름에서 제 자신을 고립시킨다. 그는 지적 영감을 잃고, 결혼 생활에 실패하며, 자신을 둘러싼 세계와의 불화 속에 삶을 마감한다.

커소본의 운명에서 드러나는 위험은 과거의 역사에 너무 빠져들게 되면 우리의 개별성이 그 아래로 가라앉을 수 있다는 것이다. 니체는 역사의식에 짓눌린 인간 삶의 불모성과 불행을 들판에서 편안히 풀을 뜯는 가축들의 이미지와 대비시키며 다음과 같이 묻는다. 인간이 명백히 우월한 종種임에도 불구하고 왜 우리는 이처럼 행복한 동물들의 모습을 "잃어버린 낙원"(1997c : 61/2 ; 291)인 양 보고 있어야 하는가? 동물들은 과거에 대한 부담을 알지 못하기에 현재에 만족하며 비역사적으로 살아간다는 점에서 그 이유를 찾을 수 있다. 그러나 니체는 이처럼 절대적인 비역사적 감각이 인류에게는 부적합한 본보기라는 것을 인정하는데, 왜냐하면 우리는 위장 능력과 일정한 자의식을 지닌 사회적인 종으로서 정의되기 때문이다. 죽음에 대한 의식을 비롯한 우리의 자의식은 실존이란 것이 "스스로를 부정하고 소모하고 스스로에게 이의를 제기함으로써 살아가는 것"(1997c : 61/2 ; 291)임을 가르쳐 준다. 그러나 과거의 무자비한 압박에 우리 스스로 순순히 굴복한다는 것은 이미 확고하게 자리 잡은 세계에 대한 다수의 해석에 우리의 정체성을 파묻어 버린다는 뜻과 같다. 그렇게 되면 우리는 "오락과 센세이션을 찾아 화랑에 쌓여 있는 그림들 사이를 배회하는 듯한"(1997c : 68/2 ; 302) 게으르고 무력한 여행자처럼 역사를 경험하게 될 것이다.

니체는 인류가 자기 자신의 세계관을 창조해 나가면서 과거의 역사에 대한 부담감을 적극적으로 망각할 때, 이와 같은 딜레마에 대한 해답을 찾을 수 있다고 본다. 적극적으로 망각하는 것, 그리고 비역사적 감각을 단련하는 것은 모든 행위에 필수적이다.(1997c : 62/2 ; 292) 사실, 니체는 비역사적으로 생각하는 능력이 그 자체로 역사적 감각을 구성하는 요소가 된다고 주장한다. 다른 것들을 포기하면서 과거 경험의 특정한 양상들을 끌어안으려 하지 않는다면 우리는 순수한 "생성의 흐름"에 휩쓸리게 될 것이고, 우리의 역사의식은 구체성과 일관성을 모두 잃고 말 것이다. 역사의식이 너무 충만해지면 '역사' 개념 자체가 파괴되는 것이다. 니체는 이 같은 통찰을 다음과 같이 더 일반화된 견해로서 정식화한다. "불면과 되새김질, 역사적 의미에도 어떤 한도가 있는데, 이 한도에 이르면 인간이든 민족이든 문화든 살아 있는 것은 모두 해를 입고 마침내 파멸한다."(1997c : 62/2 ; 293)

니체는 개인, 민족, 문화의 활력을 유지하는 데 '비역사적' 감각과 '역사적' 감각이 모두 필요하다고 주장한다. 계보학자가 반시대적 사상가인 이유는 단지 과거에 대한 관습적인 해석에 도전하기 때문만이 아니라, 역사적 가치들을 창조하는 데 비역사적 감각이 갖는 중요성을 인정하기 때문이다. 근대 문화가 과거를 생산적으로 이용하려면 다양한 유형의 역사적 경험들이 억압되고 망각되어야 한다. '역사'가 선별과 억압의 과정이라는 점에 니체가 계보학적 해석으로써 거듭 주목하는 이유도 그러한 접근을 바탕으로 삶의 형식과 힘의 양식 사이의 연관성을 강조하려는 데 있다. 기독교나 근대의 정치적 민주주의와 같은 특정한 삶의 형식은 비역사적으로 작동하여 역사의 부담을 극복할 수 있는 강력함을 획득할 때 비로소 힘을 얻고, 과거와 근본적으로 단절하며 고유한 가치를 주장할 수 있게 된다. 진정 강력한 본성은 자신이 필요로 하는 것을 역사에서 전유하여 독자적인 생존에 적합한 가장 생산적인 조건을 창조하고자 한다. 이렇게 하려면 제한된 "지평horizon"(1997c : 63/2 ; 294) 안으로 삶을 에워쌈으로써 역사의 흐름에 한계를 설정해야 한다. 일단 이러한 지평이 설정되면, 역사의식과 비역사적 감각 사이의 균형, 곧 경험에 대해 생각하고 이를 의식적으로 성찰할 수 있는 능력처럼 우리를 인간이게끔 하는 특징과 한정된 경계 사이의 균형이 이루어질 수 있다.

> 명랑함, 양심, 즐거운 행위, 다가올 것에 대한 신뢰—이 모든 것은, 개인이나 민족에게서, 한눈에 개괄할 수 있는 것과 밝은 것을 밝힐 수 없는 것과 어두운 것으로부터 구분하는 하나의 선이 있느냐의 여부에 달려 있다. 또한 우리가 제때에 기억하는 것처럼 제때에 잊을 줄 아느냐, 우리가 힘찬 본능을 가지고 언제 역사적으로 느껴야 하고 언제 비역사적으로 느껴야 할지 감지해 내느냐의 여부에 달려 있다. 바로 이것이 독자들에게 한번 고찰해 보라고 권하고 싶은 명제다. 즉, 비역사적인 것과 역사적인 것은 한 개인이나 한 민족 그리고 한 문화의 건강에 똑같이 필요하다.(1997c : 63/2 ; 294)

역사의 유형들

전통적인 역사 서술과는 달리 니체는 과거를 계보학적으로 읽어 냄으로써, 역사를 인류에게 유익한 것으로 만드는 여러 방법들을 찾는 데 집중한다. 역사의 '객관적' 가치보다 역사의 활용 문제를 더욱 강조하는 니체는 역사의 유형들에 대한 계보학적 비판을 제시하면서 자신의 주장을 극대화시킨다. 니체는 인류가 과거를 이용하는 방식을 세 가지 형식으로 구별한다. 기념비적 역사, 골동품적 역사, 비판적 역사가 그것이다.

먼저 '기념비적' 역사 개념은 전형적으로 당대 문화의 타락과 자기도취에 몸서리치는 "행동하는 자"에 의해 발전된다.(1997c : 68/2 ; 302-303) 기념비적 역사는 과거에 '인간' 개념을 확대시키고 고귀하게 만들었던 것이라면 무엇이든 되살림으로써 이 같은 퇴보를 막고자 한다. 기념비적 역사가의 기본 목표는 과거의 위대한 순간들을 현재에 재생시키는 것이다. 기념비적 역사가는 "위대한 순간들이 개인의 투쟁 속에서 하나의 사슬을 형성하고, 인류의 산맥이 수천 년을 이어 이 순간들 속에서 결합"(1997c : 68/2 ; 302-303)하기 때문에 그러한 목표가 실현될 수 있으리라 믿는다.

이에 반해, 골동품적 역사는 과거에 경의를 표하고 영속하는 민족적 전통의 연장선상에서 현재의 의의를 찾는 데서 그 가치를 드러낸다. 골동품적 역사 이해는 전형적으로 학자들과 정치적 보수주의자들에 의해 발전되는 것으로, 과거를 대하는 이러한 견해가 바로 "우리가 이제 즐겨 진정한 역사적 의미라 부르는"(1997c : 74/2 ; 311) 것이다.

마지막으로 니체는 비판적 역사 개념으로 넘어가는데, 그가 정의하는 비판적 역사란 "평가하고 형을 선고하는"(1997c : 72/2 ; 309) 역사다. 비판적 역사가는 과거를 현재라는 법정에 세워 두고 심문함으로써, 우리가 강력하고 생산적인 삶의 조건들을 창조해 내도록 도울 수 있을 과거의 모습들을 확립하고자 한다. 이를 위해 비판적 역사가는 "과거를 파괴하거나 해체할 힘을 가져야만 하고 때에 따라 실제로 그렇게 해야 한다."(1997c : 75/2 ; 314) 그러므로 비판적 역사는 진리, 정의, 전통에의 충성 등의 추상적 관념들에 좌우되지 않는다. 그것은 "오로지 삶, 저 어둡고 몰아 대며 지칠 줄 모르고 스스로를 갈망하는 권력"(1997c : 76/2 ; 314)에 봉사하는 역사적 동력들 안에서만 가치를 발견할 따름이다.

이렇게 정리하고 보면, 계보학적 비판이 제기한 질문, 곧 '어떻게 우리의 생산력을 확대하여 삶에 도움이 될 과거 해석을 생산해 낼 것인가?'에 대한 가장 효과적인 대답을 비판적 역사에서 찾을 수 있다는 점은 자명하다. 이 점은 니체가 기념비적 역사와 골동품적 역사의 결함을 찾아내며 이들을 대안으로서 인정하지 않기 때문에 더욱 분명해진다.

기념비적 역사의 취약성은 두 가지로 볼 수 있다. 기념비적 역사는 마치 한 시대의 가치가 다른 시대에도 생겨날 수 있고 또 이익이 되는 양 교활하게 가장할 뿐 아니라, 이처럼 한 시대의 결정적인 순간들이 영원히 계속될 것이라고 역설하기 때문에 새로운 가치와 삶의 형식을 적극적으로 창조하는 작업을 지연시키게 된다. 이 같은 결점들은 골동품적 역사의 '회고적 시선'과 합쳐진다. 골동품적 역사는 "고차원적인 삶"과 새로이 떠오르는 역사적 동력들을 포기한 채 전통을 추종하는 모든 사건에 기계적으로 특권을 부여한다. "골동품적

역사는 삶을 보존할 뿐 생산할 줄 모른다."(1997c : 75/2 ; 313)

그러나 니체 주장의 핵심은 그와 같은 결점들에도 불구하고 기념비적이고 골동품적인 역사 감각을 유지해야 하며, 비판적 역사 개념을 엄밀히 적용함으로써 이들 역사를 보완해야 한다는 데 있다. 현재 또는 미래에 인류의 욕구를 충족시킬 과거에 대한 이미지는 오직 계보학자, 그 가운데서도 인류의 전통과 가치가 역사적으로 구성되는 방식을 이해할 수 있는 계보학자만이 생산해 낼 수 있다. 기념비적 지식과 골동품적 지식을 현재적 관점에서 비판적 감각으로 판단하여 잘 다듬을 수 있다면, 우리는 과거에 대한 새로운 해석을 창조함으로써 새로운 시각으로 삶을 바라볼 수 있게 될 것이다.

> 왜냐하면 우리는 모두 과거 종족의 결과인 탓에 또한 그들의 과실, 열정과 오류, 심지어 범죄의 결과이기도 하기 때문이다. 이 연쇄 고리로부터 풀려난다는 것은 불가능하다. 우리가 그 과실에 유죄를 선고하고 거기서 벗어났다고 생각해도, 우리가 그것에서 유래한다는 사실이 없어지지는 않는다. 기껏해야 우리는 물려받은 유전적 천성과 우리의 인식이 서로 충돌하게 만들거나, 아니면 예전부터 교육받은 것이나 타고난 것을 좀 더 엄격하게 훈련하기 위한 투쟁을 벌이고 새로운 습관, 새로운 본능, 제2의 천성을 심어서 이 첫 천성이 시들어 죽게 만들 수 있다. 이는 나중에 오늘의 자신을 있게 한 과거와 반대로 그로부터 자신이 유래하고 싶은 과거를 후천적으로 만들어 내려는 시도이다.(1997c : 76/2 ; 315)

근대성과 양식

니체는 본연의 역사적 지식이란 "오로지 삶이라는 목표를 위해"(1997c : 77/2 ; 316) 그 역할을 다한다는 확신을 바탕으로 근대성modernity을 비판한다. 근대 문화가 허약해진 이유 가운데 하나로 니체가 지적하는 것은, 강력한 삶의 형식들을 생산하는 역사적 지식의 역할이 역사가 하나의 학문이 되어야 한다는 요구에 따라 변화해 온 점이다. 이러한 변화가 나타나면서 지식은 그 자체의 역사적 특수성과 가치 창조라는 역할을 잃게 된다. 이제 지식은 단지 보편적 · 객관적 진리의 기준에 적합할 경우에만 가치 있는 것으로서 간주되는 것이다. 니체는 지식이 특정한 역사적 삶의 형식이라는 "지평" 안에서 사용될 때에만 인류에게 유용할 수 있다고 주장한다.(1997c : 63/2 ; 294-295) 근대적 경험을 특징짓는 요소들은 이처럼 '삶의 요구'가 지배하는 역사에 대한 시각과 "보편적 생성의 학문"으로서 새롭게 태어난 역사 사이의 불화에서 비롯된다. 끊임없이 생산되는 객관적이고 무가치한 '지식'은 "더 이상 변혁적인, 바깥으로 몰고 가는 동기로 작용하지 못하며, 일종의 혼동의 내면세계 속에 감추어져 있다. 그런데 현대인은 이것을 이상한 자부심을 가지고 그들의 고유한 '내면성'이라고 부른다."(1997c : 77-78/2 ; 317-318)

몇몇 주요 모더니즘 작가들의 작품에서도 니체의 근대성 비판과 같은 것을 찾아볼 수 있다. T. S. 엘리엇은 『황무지*The Waste Land*』(1922)에서 객관적이고 무가치한 '지식'과 근대적 인간성의 혼돈스러운 내면세계 사이의 불화에 정확히 초점을 맞추고 있다. 엘리엇의 묵시록적 전망은 전통적 가치와 사회구조가 혼란에 빠지는 근대 유럽의 한 장면을 포착한다. 근대 문화가 불안정하게 흔들리고 방향을 잃은 것은 우리가 유대-기독교적 유산 및 유럽의 고전 문화와 유리되면서 나타난 결과임을 엘리엇은 암시한다. 엘리엇은 자기 주위에서

모더니티(근대성) 모더니티, 곧 근대성에 대한 정의들은 양립 불가능한 것들을 포함하여 대단히 많지만, 대체로 일치하는 점은 모더니티가 외적 권위에서 내적 권위로의 이행을 함축하고 있다는 것이다. 토머스 홉스Thomas Hobbes(1588~1679)나 르네 데카르트René Descartes(1596~1650) 같은 철학자들은 무엇이 참된 것인지를 정하는 데 더 이상 신이나 신의 질서에 기대지 않았다. 그 대신, 철학자와 과학자는 그러한 근거가 입증 가능하고 인간적이며 인간 이성에 따른 것에서 확립될 필요가 있다고 주장했다. 18세기 계몽주의는 하나의 주장이 참이 되려면 증명 가능하고 그 근거가 뒷받침되어야 한다고 보았다. 그 누구도 용인된 지혜나 전통 또는 이미 확립되어 있는 체계들을 순진하게 받아들여서는 안 된다는 것이었다. 한편, **모더니티**가 16세기 이후 이어져 온 것으로 정의되는 데 반해, **모더니즘**이라는 용어는 모더니티가 호소해 온 이성과 인류라는 최고의 가치에 대한 환멸을 표현하는 20세기의 예술 운동을 정의할 때 대체로 쓰인다. 외적 권위를 대체할 이성의 담지자라고 가정되는 보편적 주체는 지배적인 신화 이상의 그 무엇으로서 인정되었다. 그러나 제임스 조이스James Joyce(1882~1941), 버지니아 울프Virginia Woolf (1882~1941), 엘리엇T. S. Eliot (1888~1965) 등의 모더니스트 작가들은 인간적 주체에서 판단력과 이성이 아닌 유동적 인상, 분열되는 욕망, 근원적인 힘, 무의식적 자극, 신체의 감정, 감각적 인상의 흐름 등을 보았다. 그렇기 때문에 모더니즘은 용인되고 고착화된 형식들에 대한 비판이라는 점에서 모더니티가 확장된 것이라고 할 수 있었다. 하지만 전통적인 외적 권위들을 내적이고 인간적인 또 다른 권위로 대체하는 데 대한 어떠한 신념도 포기하는 점을 본다면, 모더니즘은 모더니티를 향한 비판이기도 했다.

무언가가 "깨지고" "탑들이 무너진" 흔적들을 발견하고, 이 같은 붕괴 장면을 문화와 관련된 영적인 표현들을 사용하여 하나의 주제로 형상화한다. "보랏빛 하늘에/깨지고 다시 만들고 터지고/탑들이 무너지는데/예루살렘 아테네 알렉산드리아/비엔나 런던/현실감이 없다."(Eliot 1977 : 73) 서구 학문을 낳은 위대한 도시들로 상징되는 문화적 · 영적 가치들에 대한 확고한 감각 대신, 지금 우리가 가진 것은 무작위적이고 무정형인 혼돈과 조직되지 않은 역사의 동력들뿐이다. 『황무지』는 상이한 언어와 전통, 기록들을 과감하게 병치시키고 이에 의미를 부여할 수 있는 어떠한 공통된 문화적 서사도 배제함으로써 그러한 역사적 혼돈을 재현한다. 고대 그리스의 예언자 테이레시아스와 근대의 가짜 천리안 소소스트리스가 한꺼번에 등장하고, 셰익스피어가 구사한 영어와 당대의 영국 술집에서 들려오는 소음이 한데 뒤섞인다. 런던교를 응시하는 시인은 죽음과 다름없는 삶을 견디고 있는 통근자들만을 볼 수 있을 따름이다. "사람들이 런던교를 지나 흘러갔다, 그토록 많이/죽음이 사람을 망치리라 생각도 못했다, 그토록 많이"(Eliot 1977 : 62) 엘리엇은 근대의 시민들은 '죽어' 있다고 믿는데, 그들은 영적이고 도덕적인 삶의 차원을 단지 부르주아적 '진보'와 사회적 출세에 관한 세속적 지식에 종속시켰기 때문이다. 영적인 욕구보다 일시적이고 현세적인 믿음을 높이 사게 되면서, 세상을 향하고 있는 활기 잃은 외면의 얼굴과 영적 구제와 해방을 갈망하는 억압된 내면의 자아 사이의 분열이 초래된다. 지루한 타자수와 "반응이 필요 없는 허영심으로/무관심을 환영으로" 받아들이는 "여드름 난 청년"이 애정 없이 관계를 갖는 장면은 감정의 내적 세계

와 행동의 외적 세계가 분리되는 양상을 완벽히 포착하고 있다.(Eliot 1977 : 68)

엘리엇과 마찬가지로, 니체는 감정과 욕망으로 혼돈스러운 내적 세계와 우리가 세상에 보이는 온화한 외적 형식 사이에서 빚어진 결정적인 근대적 분열의 원인을 우리의 피로에서 찾는다. 끊임없이 "새로운 것이 밀려" 들어오고 있는 상황에서 우리는 역사적 지식의 상이한 형식들을 어떻게 활용해야 할지 규정할 수 없기에 피로를 느끼게 된다는 것이다.(1997c : 79/2 ; 320) 물론 근대의 불행한 사정에 대한 해법에서 니체는 엘리엇과 커다란 차이를 보인다. 니체의 견해를 따르자면, 우리는 근대적 삶이 야기한 문제들에 대한 해답을 부활하는 기독교적 도덕주의에서 찾으려고 해서는 안 된다. 겸양과 약자에 대한 관심에 바탕을 둔 도덕적 법칙에 삶을 종속시키는 것, 바로 그것이 고전 문화가 지니고 있던 생기를 앗아 갔다는 것이다. 니체가 볼 때 근대성이 결여하고 있는 것은 초월적 도덕법칙의 부과가 아니라, 그리스인들에게서 그 전형을 발견할 수 있는 **미적 양식**aesthetic style에 대한 감각이다. 미적 양식에 대한 감각은 동시대적인 의식을 오직 민족의 욕구에 부응하는 역사적 동력들로만 통합시킴으로써 공적인 삶과 사적인 삶 양쪽의 관심사를 한데 결합시킨다.

상승과 하강

이러한 존재의 새로운 양식을 발전시키려면, 계보학자는 동시대인들의 삶을 변화시킬 수 있는 방향으로 과거를 전유하여 역사를 해석해 나가야 한다. 과거를 '전유'한다는 말은 단순히 널리 인정되는 도덕의 일상적 기준으로 과거를 판단한다는 뜻이 아니다. 그것은 현재 가장 강한 자와 가장 창조적인 정신의 욕구에 부응하도록 과거를 재해석하는 것을 의미한다. 니체는 다음과 같이 선언한다. "현재가 가진 최고의 힘으로부터 너희는 과거를 해석할 수 있다."(1997c : 94/2 ; 342)

계보학적 의미에서 역사를 해석하고자 할 때, 핵심은 우리의 가치가 어떤 삶의 형식을 반영할 것인지 결정하는 것이다. 하나는 적극적인 힘들이 조화를 이루며 통합되어 있는 생활 방식인 상승하는 삶의 형식이고, 다른 하나는 과거의 가치와 편견들에 지배되는 나약하고 타락한 생존 양식인 하강하는 삶의 형식이다. 상이한 역사적 진리들 가운데 하나를 선택하는 데 따르는 책임은 항상 상승하는 삶의 양식과 하강하는 삶의 양식 사이의 구별과 결부된 문제이기 때문에, 니체는 이 책임을 "강한 인격만이 …… 감당할 수 있으며, 약한 인격은 그것을 완전히 소멸시킨다"라고 주장한다.(1997c : 86/2 ; 330) 강한 인격의 소유자는 '객관성'과 '정의'가 역사적 용어로서는 양립할 수 없는 가치들이라는 점을 받아들이는데, 왜냐하면 가치에 대해 계보학적 관점에서 역사적으로 분석하는 것은 경험적 사실들을 열거하는 것이나 일반 명제를 성립시키는 것과는 무관한 일이기 때문이다. 이 같은 분석의 실제 가치는 상승하는 삶의 형식과 하강하는 삶의 형식을 구별할 수 있도록 그에 걸맞은 형식으로 과거를 담아내고, 여기에 "위대한 자가 산출할 수 있는 동기와 힘을 부여하는 것"(1997c : 111/2 ; 369)에 있다.

이처럼 상승하는 적극적인 삶의 동력에 대한 긍정이 바로 니체가

"긍정적인" 역사적 객관성이라고 부르는 것이다.(1997c : 93/2 ; 341) 여기서 지적해 두어야 할 것은, 니체의 '더 지체가 높은 인간'이라는 개념이 결과적으로 나치 이데올로기에 전유되었다고 하더라도 인종적 개념이라고는 볼 수 없다는 점이다. 다음 장에서 살펴보겠지만, '더 높은' 존재를 갈구하는 것은 상승하는 삶의 운동을 선별하고 이에 일관성을 부여하는 것이다. 니체는 더 지체 높고 적극적인 존재에 대한 어떠한 관념도 없다면 우리는 주변에서 "존재와 삶을 손상하면서 과도하게 〔생성의〕 과정을 즐기는 것", 그리고 "모든 관점의 무분별한 전환"만을 보게 될 것이라고 주장한다.(1997c : 112/2 ; 371) 그런 식으로 역사적 변화와 관련된 일반적인 사실을 지루하게 승인하고 마는 것은 더 이상 새로운 가치와 구별을 창조할 힘을 갖지 못하는 공허한 상대주의에서 극에 달한다. 이와 대조적으로 니체는 역사의 고유한 기능이 인류에게 도덕을 극복하고 선과 악의 저편에 존재하는 '더 높은' 삶의 상을 생산할 수 있는 힘을 전달하는 데 있다고 단언하면서, 이를 위대한 정치에 대한 자신의 개념을 사유하는 근본 바탕으로 삼는다.

니체는 역사적 '진리'의 본질이 갖는 실용성과 창조성을 모두 강조함으로써, 역사가 궁극적으로 "가장 알려진 것을 한 번도 들어 보지 못한 것으로 바꾸고" 계보학자를 "미래의 건축가"로서 확고히 자리매김하는 자각적이고 생산적인 허구가 될 수 있도록 은유 분석을 확대시킨다.(1997c : 94/2 ; 342-343) 더 나아가 니체는 의식적으로 역사에 대한 미학적 시각을 견지하고 역사를 합목적적이고 일관되게 재가공된 과거라고 바라봄으로써, 모든 역사적 서사에는 특정한 역사적 기원이 존재한다는 것을, 다시 말해 과거란 항상 현재의 관심과 요구에 따라 재해석된다는 것을 인식하고, 그러한 기원들이 특수한 삶의 가치와 형식들을 발전시키는 과정에서 담당한 역할을 들추어낸다. 역사적 '진리'가 역사적으로 구성된 것임을 인정하고 나면, 우리에게 주어진 가치들은 교회나 귀족 또는 통치 계급과 같은 지배적인 사회 집단들의 힘에의 의지가 낳은 효과임을 알 수 있게 된다. 이러한 가치들은 더 이상 '자연스러운' 또는 '영원한' 것으로 여겨지지 않으며, 대신 삶에 대한 해석들이 경쟁하는 가운데 벌어지는 폭력, 갈등, 권위를 둘러싼 투쟁 등의 결과물로서 받아들여진다. 이제 우리의 과제는 고갈되고 쇠락하는 유대-기독교적인 존재 관념 너머로 이동하여 미래를 향해 새로운 삶의 해석을 창조하는 것이라고 니체는 강조한다. 니체는 도덕과 금욕주의적 삶을 비판하면서 이 작업을 수행하는데, 이에 대해서는 다음 장에서 살펴볼 것이다.

니체의 계보학적 역사 해석

니체의 계보학적 역사 해석에 따르면, 역사의 의미는 과거에 대한 해석을 삶에 강제하는 힘에 따라 결정된다. 어떤 역사적 사건의 의미를 만들어 내는 단일한 관념이나 목적 같은 것은 존재하지 않는다. 어떤 관념이나 실천의 의미는 그러한 것을 제어해 온 해석들의 역사에 근거하여 생산된다. 역사란 일련의 가치와 해석들이 전환되는 과정이기 때문에, 역사 확립의 의미와 기능은 자신들의 의지를 주변에 강요하고 사건들을 조직하여 자신들만의 삶의 해석을 밀고 나가려는 자들이 결정하게 될 것이다. 니체에게 역사 공부의 핵심은 지나간 사건들에 관한 불변의 역사적 '진리'를 발견하는 데 있지 않다. 우리는 지금 이 순간 강력하고 생산적인 삶을 살아갈 수 있도록 우리에게 힘을 주는 과거 해석을 발전시킬 필요가 있다.

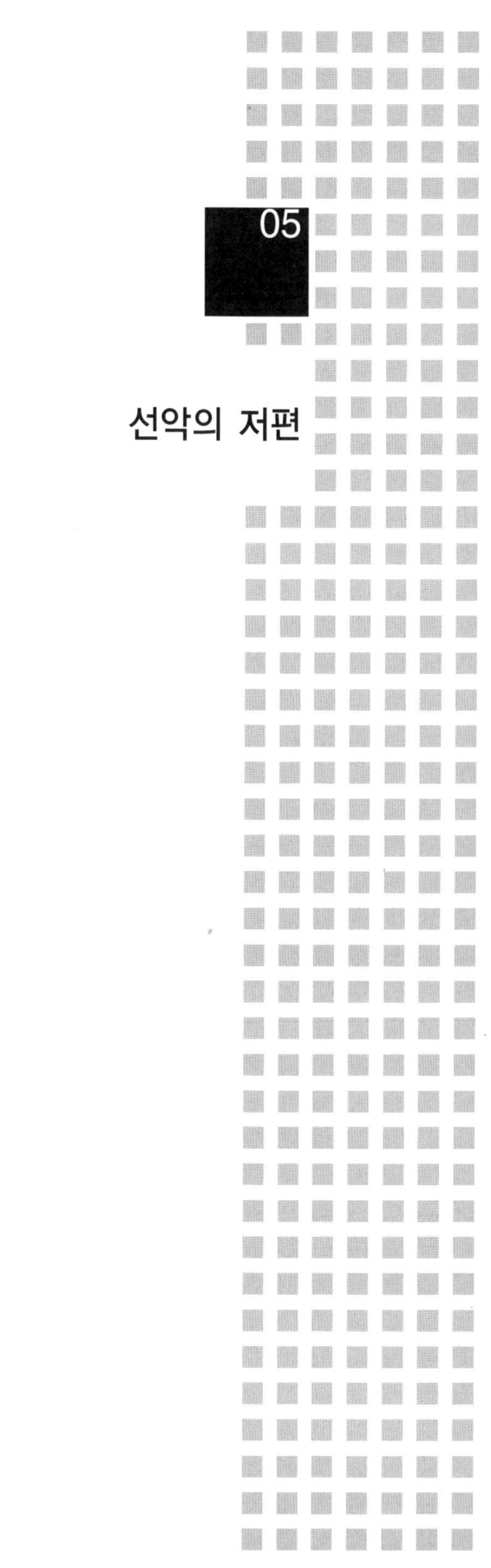

05

선악의 저편

이 장에서 우리는 니체가 선과 악 너머의 '비도덕적' 철학을 발전시키는 양상을 더 자세히 들여다볼 것이다. 니체는 『도덕의 계보』에서 '인간'을 도덕적 존재로서 만들어 가는 과정에 대해 논의한 바 있다. 이는 우리의 가치와 도덕적 신념들이 갖는 역사적 성격을 보여 주고, 나아가 '도덕' 그 자체가 무자비하고 강압적으로 작동하는 자의적인 체계에 대한 하나의 사후적 재해석임을 주장하려는 의도에서였다. 징벌을 가하는 형벌 체제는 부채에 대한 인류의 기억과 역사적 의식을 만들어 내는 방향으로 진화한다. 기억을 발생시킨 외부의 폭력적인 기원은 그 이후 차츰 지워져 '양심'으로 내면화되며, 이로써 도덕적 능력을 **타고난** 피조물이라는 '인간'상이 탄생한다. 이러한 의미에서 본다면, 도덕은 그저 우리가 스스로 부과하는 비천하고 비도덕적인 기원에 관한 이야기일 뿐이다.

그러므로 인류의 역사는 가치들을 발생시킨 폭력적이고 잔인한 기원을 지우고 도덕적 '인간'상을 생산하는 **도덕화** 과정과 분리될 수 없다. 이 같은 도덕화 과정에 대해 니체는 '선'과 '악' 같은 기본적인 도덕 개념들에 의문을 제기함으로써 자신의 비판을 전개해 나간다. 이 대목은 니체의 사상에서 가장 논란이 되는 쟁점들 가운데 하나인데, 그러한 비판이 '비도덕적' 생존 양식에 관한 그의 사유와 연계되어 있기 때문이다.

니체는 어린 시절부터 "우리의 선과 악이 본래 어떤 기원을 갖는가 하는 물음"(2000 : 5/14 ; 340)에 매혹되어 있었다. 그는 이 문제에 몰두하다가 곧장 다음과 같은 더 일반적인 물음으로 넘어갔다. "인간은 어떤 조건 아래 선과 악이라는 가치 판단을 생각해 냈던 것일까? 그리고 그 가치 판단들 자체는 어떤 가치를 가지고 있는 것일까?"(2000 : 5/14 ; 340) 이른바 '선함'이라는 것이 우리로 하여금 용기, 창조성, 생명력을 표현함과 더불어 상승하고 확장되는 삶의 양식을 끌어안을 수 있도록 북돋워 줌으로써 인류에 대한 관심을 증대시킬까? 아니면 '선함'은 협소하고 낡아빠진 도덕적 한계 안에 우리의 경험을 가두고 우리 자신의 가치들을 창조하는 능력의 발달을 지연시킴으로써, 하강하는 삶의 양식이자 삶이 타락하는 징후가 될 것인가? "선한 사람"에게도 퇴행의 징후가 숨어 있어서 "그 도덕이야말로 위험 가운데 위험이라고 한다면" 어찌할 것인가?(2000 : 8/14 ; 345) '선'과 '악'이라는 도덕적 대립 너머의 삶을 상상할 수 있는가? 그러한 삶은 어떤 모습일까?

이 골치 아픈 질문들의 목적은 우리의 모든 종교적·도덕적 유산들의 토대를 뒤흔들려는 것이다. 니체는 도덕의 가치를 검토하면서 동정과 이타주의 분석에 착수한다. 우리는 불행한 사람들을 동정하고 타인들의 이해관계를 고려하는 것이 선하고 후덕한 행동이라고 습관적으로 생각한다. 기독교적 윤리학자나 장 자크 루소Jean-Jacques Rousseau(1712~1778) 같은 철학자들의 공통적인 전제에 따르면, 도덕적 미덕이란 곧 이웃에 대한 사랑이나 약자들을 향한 자애로운 마음

가짐 등을 의미한다. 자기 자신의 이익보다 타인의 이익을 먼저 생각한다는 것은 우리가 선천적으로 선한 자질을 지녔음을 증명하는 것이고, 그에 따라 우리는 무욕이라는 성스러운 보답을 받는다는 것이다. 그러나 니체는 도덕적 가치들을 비판함으로써, 인간사를 운위하며 동정 본능과 자기희생 본능을 우선시해 왔던 것에 도전한다. (2000 : 7/14 ; 343)

니체는 도덕의 좋은 점을 열거하기는커녕, 인류가 피로를 느끼고 자신의 의지를 포기하였음을 알리는 징후가 바로 '동정 예찬'이라고 주장한다. 도덕적 미덕이 동정 및 무욕과 결부되는 것은 오직 인류가 더 이상 자신의 역사를 극복하고 새로운 가치를 창조할 능력이 없다고 느낄 때뿐이라는 것이다. 이러한 도덕적 전도는 약자들이 강자들에게 거둔 승리의 효과로서, 니체가 "도덕에서의 노예 반란"이라고 명명한 것에서 잘 드러난다. 이 반란에서 약자들은 생산적인 행위를 미덕의 형식으로 전락시키는 자신들의 무능을 고양시키고자 동정과 겸양을 장려한다. 절대적인 도덕적 미덕으로서 이타주의를 확립하는 것은 또한 사회민주주의 같은 정치 운동의 토대를 다진다. 이러한 정치운동에 대해 니체는 자신의 힘에의 의지를 옹호하고 자신의 가치들을 세계에 강요할 수 있는 강력하고 고귀한 본성에 맞서 약자들이 꾀하는 하나의 음모라고 본다.

니체는 도덕적 이타주의의 고양에 대해 성찰하면서, 선과 악을 넘어선 비도덕적 철학을 사유하는 데 핵심이 되는 두 가지 통찰을 전개한다.

첫째, 니체는 동정의 도덕이 전혀 비이기적인 것이 아니며, 그것은 오히려 나약하고 반응적인 힘에의 의지를 체현하여 강한 자들을 약한 자들에게 종속시키고 타락하는 삶의 형식을 보존하려 한다고 주장한다. 왜냐하면 동정심은 항상 동정의 대상을 향한 어느 정도의 경멸감과 결부되기 마련이고, 이처럼 만족스러운 우월감의 경험은 '이타적인' 개인으로 하여금 자신이 전보다 더욱 강해졌다고 믿게끔 만들기 때문이다. 예를 들어 탈식민주의 비평가들이 주장해 온 바에 따르면, 서구인들이 굶주리는 아프리카의 아이들의 모습 등을 동원하여 제3세계의 고통에 대한 동정적인 이미지를 유포시키는 것은 인도주의적 충동과는 거리가 멀다. 이 같은 무력한 희생자들의 이미지를 유포시키는 목적은 '우리'가 자립할 수 없는 이들을 도울 수 있고, 그 과정에서 우리 자신을 윤리적이고 강력한 존재로서 치켜세울 수 있음을 보여 주려는 것이기 때문이다. 『선악의 저편』에서 니체는 나약한 본성이 자기 자신의 정체성을 구성하려면 이처럼 동정할 대상에 반응적으로 기댈 필요가 있다고 주장한다. 이는 니체의 원한 이론의 핵심이 되는 주장이다. 이와 대조적으로 고귀한 본성은 동정에서 오는 것이 아닌데, 왜냐하면 고귀한 본성은 자신의 것을 자발적으로 긍정할 만큼 강하기 때문이다.(1990a : 196/14 ; 276)

둘째, 니체는 노예 도덕이 동정 예찬을 확대시킨다는 점을 인식하고 우리의 도덕적 가치들이 갖는 역사적 성격을 조명한다. 우리는 동정과 이기주의 같은 태도가 자연 발생적으로 선 또는 악이라고 믿는 실수를 범하고 있다. 이러한 도덕적 해석들은 자신들만의 생존 양식을 정당화하려는 지배적 사회집단이 소급적으로 덧붙인 것이며, 가치들이 발생하기 이전에는 강한 힘들과 약한 힘들이 서로를 지배하려는 투쟁을 벌였던 것이다. 니체의 '비도덕적' 철학은 약자들이 부과한 '선'과 '악'이라는 반응적 도덕을 극복하고 새로운 귀족적 가치들의 시대를 열어젖히고자 한다.

주인 도덕과 노예 도덕

니체는 관습과 도덕의 관련성을 고찰하면서 무욕과 비이기적 행위의 도덕적 우위에 대한 비판을 심화시킨다. 먼저 니체는 가치들이 선과 악에 대한 근대적 이분법이 아닌 지역적 관습과 전통의 힘에 따라 결정되던 "인류의 도덕 이전의 시기"라는 것에 초점을 맞춘다.(1990 a : 63/14 ; 61) 니체가 『인간적인 너무나 인간적인』에서 언급한 바에 따르면, 이러한 사회에서 '윤리적'이거나 '옳은' 것은 추상적인 도덕관념보다는 "오랫동안 확립되어 온 규범이나 관습"(1984 : 66/7 ; 105)에 순종하는 것을 의미한다. 전통적인 공동체는 개인의 도덕적 자율성이나 의도에 대해 규정한 것이 없었기 때문에, 특정한 규범에 찬성하는지의 여부는 중요한 문제가 아니었다. 그저 규범에 복종하기만 하면 되었다. 이 같은 공동체들 안에서 선한 행위와 해로운 행위를 구별하게 하는 "근본적 대립은 '이기적인 것'과 '비이기적인 것'이 아니라, 관습과 규범에 구속되어 있는가 아니면 해방되어 있는가에 있다."(1984 : 66-67/7 ; 106)

특정한 행위의 옳고 그름은 습속habit을 생존 조건으로 여기는 관습의 명령에 따라 판단되었다. "열등한 민족과 문화에서는 실제적인 인과성을 통찰하는 일이 극히 미흡하기 때문에, 사람들은 모든 것이

동일한 과정을 거치는 것을 미신적인 공포심을 가지고 바라보게 된다 : 어렵고 힘들고 거추장스럽다고 느껴지는 것에서조차 겉으로 나타나는 최고의 유익성 때문에 인륜〔관습〕은 유지된다."(1984 : 67-68/7 ; 107) 공동체의 결속과 의무에서 벗어나 세계 속의 개인이 되는 것은 진보의 표시가 아니라 일종의 형벌이었다. 사실, '개인'은 근대 문화가 항상 추구하는 취향과 자질의 소유자로서 상정되지만, 당시에는 부족의 "보증된 삶의 지혜"(1984 : 67/7 ; 107)를 인내할 만큼 강하지 못했던 버림 받은 자outlaw의 한 유형이었다.

그러나 관습적 법칙에 의거한 전통적 공동체의 약점은 바로 공동체 안의 "모든 개인에게 동일한 인륜을 강요"(1984 : 67/7 ; 107)한다는 사실에 있다. 그러한 강요는 넘치는 힘과 창조성으로 자신만의 법칙들을 창조하며 존재하는 강력한, 또는 '귀족적인' 본성을 향한 증오가 된다. 니체가 『선악의 저편』에서 주장하는 바에 따르면, 귀족적인 사회는 강한 본성을 약한 본성에서 분리해 내고 강력한 자들이 이전의 모든 삶의 형식들에 담긴 도덕을 '극복'할 수 있도록 힘을 불어넣는 '거리의 파토스'를 요구한다.

> '인간'이라는 유형을 향상시키는 모든 일은 지금까지 귀족적인 사회의 일이었다. 그리고 앞으로도 항상 그렇게 반복될 것이다 : 이와 같은 사회는 인간과 인간 사이의 위계질서나 가치 차이의 긴 단계를 믿어 왔고 어떤 의미에서 노예제도를 필요로 했다. 마치 혈육화된 신분 차이에서, 지배계급이 예속자나 도구를 끊임없이 바라다보고 내려다보는 데서, 그리고 복종과 명령, 억압과 거리의 끊임없는 연습에서 생겨나는 거리의 파토스

가 없다면, 저 다른 더욱 신비한 파토스, 즉 영혼 자체의 내부에서 점점 더 새로운 거리를 확대하고자 하는 요구는 전혀 생겨나지 못했을 것이다. 그것은 점점 더 높고 점점 드물고 좀 더 멀리 좀 더 폭넓게 긴장시켜 좀 더 광범위한 상태를 만들어 내는 것이며, 간단히 말해 '인간'이라는 유형의 향상이자 도덕적 형식을 초도덕적인 의미로 말한다면, 지속적인 '인간의 자기 극복'에 지나지 않을 것이다.(1990a : 192/14 ; 192)

여기서 우리는 니체 철학의 심장부에 다다른다. 귀족적 사회의 최고 가치는 '나약한' 삶의 형식을 제압할 자신의 힘과 권위를 신장시켜 스스로를 극복할 것을 인류에게 요구하는 데서 찾을 수 있다. 도덕적이고 이타적인 관점들, 이를테면 기독교, 사회주의, 근대의 몇몇 정치적 민주주의 형식들이 위계상의 차이를 줄이려고 애쓰는 반면에, 귀족적 문화는 이를 더욱 확대시킨다. 사실, 니체가 '힘'이라고 부르는 것은 강한 본성과 약한 본성 사이에서 생기는 거리로써 측정된다. 니체는 진정한 귀족 사회란 '어떤 의미에서 노예제도를 필요로 한다'는 자신의 주장이 전달하는 충격을 즐기는 셈이다. 그러나 니체는 '평등권' 또는 '공공의 이익'을 향한 도덕적 호소에 근거한 사회 체제들도 그 목적을 달성시키려면 마찬가지로 폭력을 필요로 한다고 주장한다. 이때 폭력이란 공통된 판단과 도덕적 가치를 받아들이기 거부하는 귀족적 본성에 대한 계획적인 억압을 말한다.

귀족적 위계질서의 창조는 관습의 공동체라는 도덕 이전의 삶을 극복하는 과정의 첫 번째 단계에 해당한다. 니체는 "불굴의 의지력과 권력욕"으로 충만한 귀족적인 "약탈의 인간들"이 "좀 더 약하고 예의

바르고 좀 더 평화로운, 아마 장사를 하거나 가축을 사육하는 종족에, 또는 마지막 생명력이 정신과 퇴폐의 찬란한 불꽃 속에서 꺼져 가고 있던 늙고 약해질 대로 약해진 문화에 엄습"하여 권위를 크게 손상시킨다는 주장을 굽히지 않는다.(1990a : 192/14 ; 271-272) 이처럼 고귀한 유형의 인간은 관습이나 여타 형식의 규범에 승인받을 필요가 없기 때문에, "스스로를 가치를 결정하는 자라고 느낀다". 다시 말해, 그러한 인간은 자신의 삶을 이끌어갈 가치들을 창조하는 사람인 것이다.(1990a : 195/14 ; 276) 고귀한 인간 유형은 나약하고 노예적인 본성들에 대한 자신의 우월성을 표현하는 일련의 '도덕적 가치 구별'을 창조함으로써, 외적 구속에 맞서 자신의 자주성을 강건히 지킬 힘을 얻는다. 이 같은 구별은 '선한' 존재 유형과 '악한' 존재 유형 사이의 도덕적 구분으로 뒷받침된다.

> 선에는 선으로, 악에는 악으로 보복할 수 있는 힘을 가지고 있고, 실제로 보복한다. 즉, 감사할 줄 알고 복수심이 강한 사람을 선하다고 한다 ; 반면 무력하고 보복할 수 없는 사람은 좋지 않은 것으로 간주된다. 사람들은 선한 사람으로서 '선한 사람들'이라는 공통된 감정을 가진 하나의 집단에 속해 있다. 왜냐하면 모든 개인이 보복심으로 서로 얽혀 있기 때문이다. 반면 나쁜 사람은 나쁜 사람들, 아무런 공통된 감정이 없는 종속적이고 무력한 무리에 속해 있다. 선한 사람들은 하나의 배타적인 사회 계층이고, 악한 사람들은 먼지 같은 대중이다. 선함과 나쁨은 한동안 고귀함과 비천함, 주인과 노예 같은 관계이다.(1984 : 47/7 ; 74)

3장에서 언급한 것처럼, 니체에게 '좋은' 사람이란 귀족적인 침착함을 지닌 강력한 인물, 곧 자기 자신의 본성이 갖는 욕구에 따라 가치들을 결정하는 적극적인 가치 감각의 소유자를 의미한다. '좋은 것'은 규제하고 명령할 수 있는 능력(자제와 자기 훈련도 포함된다.)을 소유하는 것이다. 이는 모든 고귀한 본성과 주인의 본성이 갖는 두드러지는 특징이다. 이 고귀한 본성들은 독자적인 상으로 세계를 구성하는 데 활용할 수 있는 넘치는 의지와 생명력이라는 축복을 받았다. 자신들이 '좋은' 본성이자 '고귀한' 본성이라는 자각은 자기 고유의 힘과 창조성에 스스로 강렬한 인상을 받는 데서 자발적으로 생겨나는 것이다. 한편 '나쁜', '저급한', '노예적인' 등의 표현으로 다른 존재들을 표시하는 것은 이후에 단지 귀족적 질서와 이들을 구별하는 방식으로만 사용된다. 주인 도덕이라는 니체의 용어는 다른 모든 삶의 형식들과 차별되는 고귀한 본성에 대한 독립적이고 자발적인 자기 긍정을 묘사한다. 따라서 주인 도덕은 인간의 행위와 동기에 관한 비개성적이고 보편적인 견해인 '상식적인' 도덕 개념과는 뚜렷이 구별된다.

니체는 도덕적 가치들이 존재의 특정한 유형에 대한 표현으로 창안되면서 도덕의 기원이 망각된다고 주장한다. 고대 그리스처럼 귀족 사회적 성격을 가진 곳에서는 "도덕적 가치 표시가 어디에서나 먼저 인간에게 붙여지고 그리고 비로소 파생되어서 후에 행위에 붙여졌다는 사실"(1990a : 195/14 ; 276)이 발견된다. '동정', '무욕' 등의 행위와 태도, 그리고 고통에 대한 적개심이 고귀함 또는 존재의 바탕에 관한 근본적인 질문과 분리되어 도덕적 가치들을 결정하는 토대가 된 것은 훨씬 최근에 이루어진 일이다. 오늘날 폭력, 잔인성, 고통의 부과는 무자비하고 그리스도 정신에 반하는 것으로서 비난받는다. 그러나 귀족적 문화에서는 이런 것들이 더 지체 높은 '인간' 유형의 생산을 목표로 하는 더욱 광범위한 삶의 경제의 일부였다.

> 침해, 폭력, 착취를 서로 억제하고 자신의 의지를 다른 사람의 의지와 동일시하는 것 : 이것은 만일 그 조건이 주어진다면(말하자면 각 개인의 역량과 가치 척도가 실제로 유사하고, 그들이 같은 조직체에 소속되어 있다면), 어떤 개략적인 의미에서 각 개인 간의 선량한 풍습이 될 수 있다. 그러나 이러한 원리를 폭넓게 받아들여 혹시 **사회의 근본 원리**로까지 만들려고 하자마자, 바로 이것은 삶을 부정하는 의지로, 해체와 타락의 원리로 정체를 드러내게 될 것이다. 여기에서 우리는 철저하게 그 근거를 생각해서 감상적인 허약함을 배격해야만 한다 : 생명 그 자체는 본질적으로 이질적인 것과 좀 더 약한 것을 자신의 것으로 만드는 것이며, 침해하고 제압하고 억압하는 것이며 냉혹한 것이고, 자기 자신의 형식을 강요하며 동화시키는 것이며, 가장 부드럽게 말한다 해도 적어도 착취이다.(1990a : 193-194/14 ; 273)

열등한 삶의 형식을 극복하려는 주인 도덕 안에 잠재된 충동이 무작위적인 폭력에 대한 옹호로 해석되어서는 안 된다. 그러한 충동은 고귀한 생활양식에 대한 도덕적이고 미적인 전망을 지지하는 것이다. 니체가 『인간적인 너무나 인간적인』에서 명백히 하는 것처럼, 모든 고귀한 본성의 의무는 "자신에게서 완전한 개인을 만들어내는 것"(1984

: 66/7 ; 104)이다. 이러한 목표는 오직 고귀한 인간 존재, 곧 "자기 자신을 지배할 힘이 있는 자, 말하고 침묵하는 법을 아는 자, 기꺼이 자신에 대해 준엄하고 엄격하며 모든 준엄하고 엄격한 것에 경의를 표하는 자"(1990a : 196/276)만이 달성할 수 있다. 고귀한 '거리의 파토스'는 "영혼 자체의 내부에서 점점 더 새로운 거리를 확대"(1990a : 192/271)할 것을 촉구하며, 따라서 주인과 같은 존재만이 유지할 수 있는 그러한 지속적인 자기 극복과 고유한 본성의 완성을 요청한다.

그렇기 때문에 '좋은' 또는 고귀한 인간은 그저 자기 자신의 넘치는 힘을 긍정할 따름이다. 모든 계급과 위계의 구분은 이러한 자기 입법self-legitimation 행위를 재생산할 수 있는 정도에 따라 결정된다. 반대로 '나쁜' 인간은 자기 자신의 생존 조건을 결정할 수 없는 비천하고 노예적인 존재다. 그러한 인간의 모든 가치들은 반응적이다. 이 반응적 가치들은 고유한 세계를 창조하는 잠재력이 아닌 귀족적 가치들에 대한 반대로써 정의된다. 그 결과, '나쁜 자들'은 '좋은 자들'을 향한 분개 때문에 괴로운 상태로 삶을 살아간다. '나쁜' 사람은 자기 자신의 본성에서 아무것도 창조해 내지 못한다. 그러한 자의 본성은 강함, 창조성, 자기 긍정과 같은 고귀한 자질의 결여로 규정되는 독창적이지 못한 이류의 삶의 형식일 뿐이다. 노예적 본성은 모든 '좋은 것'을 불신하고 이에 질투를 느끼며, 귀족적 본성의 침착함이란 단지 교활하지 못하고 어리석은 것일 뿐이라고 재해석하고자 본능적으로 그리고 무의식적으로 노력한다. 그러면서 노예적 본성은 실존의 부담을 덜 수 있는 모든 자질들(동정, 겸양, 인내, 근면 등)을 연마한다.

도덕의 역사에서 결정적 전환이 나타나는 시점은 노예적 본성이 '인간'에 대한 시각을 발전시켜 귀족적 존재의 힘과 탁월함에 도전하려 할 때이다. 바로 노예 도덕이 출현하는 순간이다. 하지만 노예 도덕이 겉으로 보기에는 혁명적 사건일 수 있다 하더라도, 니체는 노예 도덕 역시 인간의 조건에 파국적인 결과를 몰고 온 유해하고 파괴적인 현상이라고 주장한다. 그 이유는 노예 도덕이 새로운 삶의 시각을 창조적으로 표현하지 못하고, 귀족적 가치들에 대해 분노를 드러내며 무기력하게 반대만 하는 상태로 나타나기 때문이다. 노예 도덕이 귀족적 가치들에 의존한다는 사실은 그것이 '좋음good'과 '나쁨bad'의 도덕적 이항 대립을 '선good'과 '악evil'의 대립으로 전도시키는 것에 함축되어 있다. 노예적 본성은 강함의 위치에서 도덕을 극복할 수 없다. 그보다 먼저, 노예적 본성은 자신의 적을 '악'으로 규정한 다음, 자신의 약함을 '선'과 동일시하고자 한다.

니체가 시사하는 바는 근대의 역사가들이나 심리학자들이 도덕관념의 진화 과정을 완전히 잘못 이해하였다는 것이다. 그들의 주장에 따르면, 본래 비이기적이고 사심 없는 행위는 그 행위로 이익을 얻는 사람들에 의해 가치를 부여받았다. 훗날 사람들이 일정한 행위들을 관습적인 평판에 따라 평가하기 시작하면서 도덕관념에 관한 이 같은 기원은 망각되었고, 결과적으로 그러한 행위들은 단순히 그 자체로 '선한' 것으로 공언되었다.(2000 : 12/14 ; 353)

그러나 역사에 대한 이런 식의 견해는 귀족적 가치들의 몰락이라는 결과를 전제해야만 가능하다. 왜냐하면 본래 '좋음'이라는 판단은 '좋은 것'을 받았다고 하는 사람들이 부여한 것이 아니기 때문이다.

'좋음'에 대한 판단은 우월한 존재 양식과 열등한 존재 양식 사이에서 두드러지는 고귀한 거리의 파토스에서 솟아오른 것이었다. 동정, 겸양, 인내와 같은 자질들이 '선'으로 전환되려면 '도덕에서의 노예 반란'이 필요했다. 귀족적 존재가 발산하는 힘, 팽창성, 육체의 활력 등은 통치 기구에 해로운 것이라고 비난하면서 말이다. 귀족적 존재가 지향하는 엘리트적 질서에 반기를 든 노예 도덕은 약자들이 고귀한 정신의 권위와 경쟁하고자 한데 결속하는 무리 본능의 형식으로 나타난다.(2000 : 13/14 ; 354) 이 같은 도전은 이번에는 '이기적' 충동과 '비이기적' 충동 사이의 도덕적 구분에 의존하게 되는데, 전자는 오늘날 '악'으로, 후자는 '선'으로 각기 이해되고 있는 것이다. 그러나 힘과 원기를 축적하고 확장하려는 의지의 자발적 표현으로 존재를 이해하는 귀족적 문화에서는 이러한 구분이 아무런 의미가 없다.

원한

니체가 볼 때, 도덕에서의 노예 반란으로 표상되는 귀족적 가치들과의 근본적 단절은 원한ressentiment의 원리로써 규정된다. 나약한 개인의 삶은 효과적인 행동으로 자신을 표현할 수 없는 무능함과 그에 따른 무력감에 지배된다. 노예적 본성은 이를 보완하고자 고귀하고 지체 높은 삶에 "상상의 복수"(2000 : 21/14 ; 367)를 꾀한다. 귀족적 가치들은 고귀한 정신이 지닌 있는 그대로의 충만함과 자부심을 경험하면서 생겨나지만, 노예적인 삶은 자기 바깥의 모든 것에 '아니오'라고 대답함으로써 도덕적 시각만을 창안할 수 있을 뿐이다. 노예적 존재는 단순히 자기 자신의 삶과 가치를 긍정하는 것이 불가능하기 때문에, 도덕적 판단이 갖는 "가치를 설정하는 시선"(2000 : 21/14 ; 367)을 자기 바깥쪽으로, 곧 자신에게 적대적이지만 자기보다 우월한 세계 쪽으로 돌리지 않을 수 없게 된다.

원한은 이처럼 반응적이고 분개에 찬 태도로 고상한 삶을 거부함으로써 자기 자신의 도덕 체계와 세계관을 창안하기 시작하는 운동에 관한 설명이다. 삶에 대한 도덕적 혐오의 형식인 노예 도덕은 열등하고 취약한 사람을 억압하는 세계, 곧 "대립하는 어떤 세계와 외부 세계"를 먼저 투영시켜야만 비로소 존재의 전망을 만들어 낼 수 있다. 원한을 드러내는 다른 것들과 마찬가지로, "생리적으로 말하자면, 그것〔노예 도덕〕이 일반적으로 활동하기 위해서는 외부의 자극이 필요하다.—노예 도덕의 활동은 근본적으로 반작용이다".(2000 : 22/14 ; 367) 고귀한 정신은 먼저 자기 자신의 힘을 긍정한 뒤 자신을 둘러싼 세계에 각기 차이의 등급을 매김으로써 귀족적인 거리의 파토스를 발전시켜 나간다. 그러나 노예적 유형은 먼저 강력한 '악한' 인간상을 만들어 내어 자신을 '선한' 도덕적 주체로 정의할 필요가 있다. 이러한 필요성은 어쩌면 악당 및 악의 위력, 이를테면 공상과학 영화에 등장하는 무자비한 침략자들이나 『오셀로*Othello*』의 이아고와 같은 비극 속 악역에 대한 예술적 묘사에 우리가 계속 매혹되는 이유를 설명해 줄지도 모르겠다. 우리는 그러한 인물들의 악의를 받아들일 수 없으며, 이 같은 거부의 움직임 속에서 비인간적이고 곳곳에 스며드는 악에 대항할 '우리'의 윤리적인 상이 만들어지는 것이다.

니체는 일반적이고 추상적인 가치 체계에 삶을 순응시키려는 나약한 힘의 모든 시도에 원한의 정신이 배어 있음을 감지한다. 니체가 『안티크리스트』에서 주장한 바에 따르면, "불평등한 권리가 결코 부당한 것은 아니다. '평등한' 권리를 주장하는 것이 부당하다."(1990b : 191/15 ; 307) 니체가 (사회주의, 여성주의feminism, 민주주의 정신 등의 사상 체계 안에 잠재된) 평등을 향한 어떠한 도덕적 · 정치적 호소도 거부하는 이유는 각 개인이 마땅히 누려야 할 권리들은 하나의 보편적인 법칙에 따라 정의될 수 있는 것이 아니라, "각자의 존재 방식"(1990b : 191/15 ; 306)에 따라 규정되는 것이기 때문이다.

니체는 기독교와 반유대주의 등에 대해서는 "약함과 시기와 복수에서"(1990b : 191/15 ; 307) 비롯되는 신념들이라고 주장하면서, 위와 유사한 방식으로 이 같은 신념들을 비판한다. 니체는 특히 기독교에 경멸을 보이는데, 그가 볼 때 기독교는 "삶의 상승 운동, 제대로 잘됨, 힘, 아름다움, 지상에서의 자기 긍정을 나타내는 모든 것"을 부정함으로써, "삶의 긍정을 악으로, 배척받아야 할 것 그 자체로 보이게" 만드는 "또 다른 세계를 고안해" 내고자 하기 때문이다.(1990b : 146-147/15 ; 243) 기독교는 단순히 원한이라는 하나의 형식에서 머물지 않는다. 기독교는 "높이를 갖고 있는 것에 대적하는, 땅을 기어다니는 모든 것의 봉기"(1990b : 169/15 ; 275)를 조직함으로써, 가장 높은 단계로 진화한 원한을 표상한다는 것이다. 니체는 삶을 "성장을 위한 본능, 지속을 위한 본능, 힘의 축적을 위한 본능"이라고 규정하면서, "힘에의 의지가 결여되는 곳에서는 쇠퇴가 일어난다"고 주장한다.(1990b : 129/15 ; 219) 이러한 맥락에서 보면, 기독교는 원한의 정신과 역사의 타락을 동시에 표상하는 셈이다.

그리스도교를 장식하거나 요란하게 치장해서는 안 된다 : 그리스도교는 좀 더 강한 유형의 인간에 대항하는 사투를 벌였으며, 그 유형의 근본 본능을 모두 추방했고, 이 본능들에서 악과 악인을 만들어 냈다—비난받아 마땅하고 '버림 받는 인간'의 전형으로 강한 인간을 만들어 냈다. 그리스도교는 약자, 천한 자, 실패자를 모두 옹호했으며, 강한 삶의 보존 본능에 대한 반박을 이상으로 만들어 냈다 : 그리스도교는 정신의 최고 가치를 죄가 된다고, 오도한다고, 유혹이라고 느끼도록 가르치면서 가장 정신적인 인간의 이성마저도 망쳐 버렸다.(1990b : 129/15 ; 218)

18세기 계몽주의 이후 기독교에 대한 도전들이 줄곧 전개되어 왔고, 볼테르Voltaire(1694~1778) 같은 사상가는 종교가 민중을 속여 거짓 행복에 빠뜨리는 방식들을 지적하기도 했다. 그러나 니체의 사유는 이 같은 도전들과는 크게 다르다. 니체가 기독교를 원한으로 해석할 때, 이는 종교가 단지 외부에서 부과된 하나의 환영임을 폭로하는 데서 그치는 것이 아니다. 이를 바탕으로 니체는 그러한 환영에 사로잡히는 사람들의 의지와 욕망에 대해 숙고하려는 것이다. 원한의 정신은 외부의 법 앞에서 기꺼이 제 가치를 떨어뜨림으로써 나약한 상태를 유지하려고 하기 때문이다.

니체의 원한 분석은 또한 정의의 역사적 기원을 조명한다는 점에서도 주목할 만하다. 니체가 특별히 언급하는 '무정부주의자들'과 '반유대주의자들'의 경우처럼, 특정한 정치적 입장들에 공통적으로 내재된 편견은 "마치 정의란 근본적으로 단지 피해 감정이 발전한 것에 불과한 것처럼"(2000 : 52/14 ; 417) '정의'의 이름으로 복수를 신성시한다는 점이다. 이와 같이 정의의 시작을 원한에서 찾는 반응적 설명에 대해 니체는 정의의 기원에 관한 또 다른 설명을 제시함으로써 도전한다. 정의란 "지배욕, 소유욕 등과 같은 실로 능동적인〔적극적인〕 감정들"(2000 : 52/14 ; 417)에서 발전되어 나왔다는 것이다. 니체는 정의의 기원을 경제적 · 군사적 타결의 형식에서 찾아내며 자신의 생각을 넓혀 간다. 니체에 따르면, 고귀한 정신이 생각하는 정의는 복수 또는 공명정대한 이타주의적이고 비개인적인 개념들과 아무런 연관이 없다. 정의란 거의 대등하게 서로 대립하는 귀족적 힘들 사이에서 일어나는 교환의 양식이었던 것이다. 군사적 진영 양편이 대등하게 맞붙고 있어 다툼을 해결할 어떠한 뚜렷한 방법도 없던 경우에는, 갈등이 길어지고 출혈이 커지는 것을 막고자 재화의 상호 교환을 시도했다. 이 같은 이유에서 정의의 "최초의 성격"(1984 : 64/7 ; 101)은 평등이라는 추상적이고 단순한 형식적 관념이 아니라, 오히려 거래 · 협상 · 교환의 양상을 띤다고 할 수 있다.

> 역사적으로 고찰해 볼 때, 지상에서의 법은 …… 바로 반동적〔반응적〕 감정에 대항하는 투쟁이요, 능동적〔적극적〕이고 공격적인 힘 쪽에서 그 힘의 일부를 사용하여 반동적 파토스가 벗어나는 것을 막아 주고 절도 있게 하며 강제로 타협하도록 하는 그와 같은 반동적 감정과의 싸움을 말한다. 정의가 행해지고 올바로 유지되는 곳에서는 어디서나 더 강한 힘이 그에 예속된 더 약한 자들(집단이든 개인이든)에게서 불합리한 원한의 분노에 종지부를 찍는 수단을 찾는 것을 보게 된다. 그 수단은 때로는 원한의 대상을 복수의 손길에서 빼앗거나, 때로는 복수 대신 그 편에서 평

화와 질서의 적과 투쟁하기도 하고, 때로는 타협을 생각하거나 제안하거나 경우에 따라서는 강요하기도 하며, 때로는 손해의 확실한 등가물을 규범으로 삼아, 이제부터는 원한이 이를 기준으로 결단코 보상하게 한다.(2000 : 53/14 ; 418-419)

원한을 도덕적·정치적 사고로 감싸는 것을 막고자 규범을 강제할 때 가장 결정적인 수단은 법과 법적 체계를 세우는 것이다.(2000 : 54/14 ; 419) 3장에서 살펴본 것처럼, 법이 효력을 갖게 되는 것은 정의에 대한 원한 어린 설명, 곧 피해자의 관점에서 모든 행위를 해석하는 것이 정의라고 하는 설명에 도전하려 할 때이다. 그렇기 때문에, 어떠한 행위들에 대해 본질적으로 '공정하다' 또는 '불공정하다'라는 술어로써 명명할 수 있는 경우란 역사상에서 찾을 수 없다. 그러한 술어들은 법적 체계를 세운 이후에나 의미를 갖게 될 뿐이다. 그러나 정의가 약자들의 원한을 물리치고자 강자들이 고안해 낸 체계에서 유래했다고 해서, 인류 발전의 최고 정점에 대한 표상이 곧 정의라고 말할 수 있는 것은 아니다. 고귀한 삶의 입장에서 볼 때, "법률 상태란 힘을 목적으로 하는 본래의 삶의 의지를 부분적으로 제약하는 것으로, 그리고 그 전체 목적에 예속된 개별적인 수단으로, 즉 더 거대한 힘의 단위를 창조하는 수단으로 언제나 예외적인 상태일 뿐이라는 것이다."(2000 : 54/14 ; 420) 진정으로 고귀한 정신은 선악에 대한 기존의 모든 관념을 뛰어넘어, 모욕이나 상해傷害에도 무관심한 채로 살아간다. 그러한 "정의의 자기 지양"이 "좀 더 강한 자의 특권이며, 더 잘 표현한다면, 그가 가진 법의 저편"을 구축한다.(2000 : 52/14 ; 416)

자유의지와 도덕적 주체

귀족적 정신의 삶은 정의를 제자리로, 곧 고귀한 존재의 자발적 표현이라는 자신의 고유한 기본 원리로 되돌려 놓는다. 니체는 고귀한 존재의 흘러넘치는 생명력을 방랑하는 "금발의 야수"에 대한 묘사로써 표현한다. 이 악명 높은 '금발의 야수'에서 니체가 포착하는 것은 "모든 사회적 구속에서 벗어나" 자유를 만끽하는, 그리고 "먹잇감과 승리를 갈구하며 방황하는" 모습이다.(2000 : 25/14 ; 372-373) '금발의 야수'는 동정과 자비라는 노예적 윤리를 포기한 채 선과 악, 그리고 인류에 대한 모든 도덕적 해석 너머의 삶을 살아간다. 니체는 '금발'이라는 표현으로 특별히 인종적인 개념을 나타내려는 것이 아니다. "로마, 아라비아, 독일, 일본의 귀족, 호메로스의 영웅들, 스칸디나비아 해적들"(2000 : 25/14 ; 373) 등에 걸쳐 다양하게 남아 있는 '야수'의 유산과 관련하여, 그러한 표현으로써 힘과 변형의 원천이 되는 과격한 요소를 묘사하려는 것이다.

'금발의 야수'는 팽창과 포획을 앞세워 관습적 도덕에 도전하고 또 이를 극복함으로써 긍정의 삶을 살아간다. 그렇기 때문에, 니체는 노예적 본성과 모든 반응적 문화의 관심이 이러한 거친 본성을 "온순하고 개화된 동물"의 것으로, 그리고 "문화의 도구"로 변모시켜서 나약함을 보편적 '인간'의 조건으로 확립하려는 데 있다고 주장한다.(2000 : 26/14 ; 374) 이 같은 변모는 노예 도덕의 가장 훌륭한 두 가지 일대 혁신으로써 달성된다. 바로 도덕적 책임을 갖는 '주체'라는 허구와 '자유의지'를 발명해 낸 것이다. 고귀한 존재의 비도덕적 힘에 압도된 약자들이 자신을 방어하는 방법은, 강자들이 이제 자유의지를 지닌 존재, 또한 그렇기 때문에 다른 방식으로 행동할 수 있는 존재로 정의되는 만큼, 자신들의 행위에 책임을 져야 한다고 선언하는 것이다. 노예 도덕이 일단 어떤 행위의 배후가 되고 이에 책임이 있는 주체를 확인하고 나면, 그 행위는 도덕적 결정에 따른 결과로 탈바꿈하게 될 것이다. 이처럼 가치들의 전도는 '선함'이 약자들에게 유용하도록 자제를 말하는 도덕적 용어로 다시 규정될 때 비로소 완성된다. 이에 대해 니체는 특유의 경멸적 어조로 응수한다.

> 일정량의 힘이란 바로 그와 같은 양의 충동, 의지, 작용이다.—오히려 이것은 바로 이와 같은 충동 작용, 의지 작용, 활동 작용 자체와 전혀 다르지 않다. 오직 모든 작용을 작용하는 자, 즉 '주체'에 의해 제약된 것으로 이해하고 오해하는 언어의 유혹(언어 속에서 화석화된 이성의 근본 오류) 아래에서만 다르게 나타날 수 있다. 그것은 마치 사람들이 번개를 섬광에서 분리하여 후자를 번개라 불리는 어떤 주체의 활동이며 작용이라고 가정하는 것과 마찬가지로, 민중의 도덕도 마치 강자의 배후에는 강한 것을 나타내거나 나타내지 않는 것을 자유롭게 할 수 있는 일종의 중립적인 기체가 있는 것처럼, 강한 것을 강한 것을 표현하는 것과 분리한다. 그러나 그러한 기체는 존재하지 않는다. 활동, 작용, 생성 뒤에는 어떤 '존재'도 없다. '활동하는 자'는 활동에 덧붙여 단순히 상상에 의해 만들어진 것이다.(2000 : 28/14 ; 377-378)

도덕적 책임을 갖는 주체와 자유의지가 발명됨에 따라, 나약함과 무력함이 긍정적인 도덕적 미덕들로 인정받을 수 있게 되었다. 이제는 자기 자신의 가치를 규정하고 낡은 사회구조들을 극복해 낼 강인함이 부족하면 선한 것이다. 도덕은 이제 약자들의 관점에서 판단된다. 니체에 보기에, 자기희생과 세상의 포기world-renunciation라는 이 같은 신조는 그저 교활한 책략에 불과한데, 왜냐하면 그것은 사실 약자들의 의지와 가치가 세상에 부과되도록 만드는 기제이기 때문이다. 노예적 인간에게는 "거짓으로 자기 자신을 신성시하는 자기보존과 자기 긍정의 본능에서 선택의 자유를 지닌 중립적인 '주체'에 대한 믿음이 필요하다."(2000 : 29/14 ; 379) 니체가 약자들이 일으키는 도덕관념들의 전도를 탐구하는 과정에서 수행하는 작업이 금욕주의적 가치들에 대한 비판이다.

금욕주의적 가치

역사적 측면에서 볼 때, 도덕에서의 노예 반란은 성직자 계급(사제들)과 '유대인들'이 주도한 것이라고 니체는 주장한다. 여기서 유대인이 부각되는 이유는 사제들에게 지배받는 동시에 적대적인 정치적 조건들 속에서 억압받아 온 민족이 바로 유대인들이기 때문이다. 유대인들이 이 같은 상황을 해소하는 유일한 방법은 도덕적 가치들을 "철저하게 전도시킴으로써"(2000 : 19/14 ; 363), 정치권력이 자신들을 배척하는 것을 영적 순수성과 강인함을 단련하는 데 필요한 전제 조건으로 재해석하는 것이었다. '금욕주의적 이상'이라는 말이 가리키는 것은 바로 이러한 극기의 윤리, 곧 영적 가치들이 자신의 권력 강화와 세속적 관심을 초월하여 고양되는 윤리다. 이 같은 노예적 가치 전도에 필수적인 것은 귀족적 지위 또는 '좋음'을 심리적 · 도덕적 우월성으로 바꾸어 버리는 것이었다.

> 유대인이야말로 두려움을 일으키는 정연한 논리로 귀족적 가치 등식(좋은=고귀한=강력한=아름다운=행복한=신의 사랑을 받는)을 역전하고자 감행했으며, 가장 깊은 증오(무력감의 증오)의 이빨을 갈며 이를 고집했던 것이다. 즉, "비참한 자만이 오직 착한 자다. 가난한 자, 무력한 자, 비천한 자만이 오직 착한 자다. 고통받는 자, 궁핍한 자, 병든 자, 추한 자 또한 유일하게 경건한 자이며 신에 귀의한 자이고, 오직 그들에게만 축복이 있다.—이에 대해 그대, 그대 고귀하고 강력한 자들, 그대들은 영원히 사악한 자, 잔인한 자, 음란한 자, 탐욕스러운 자, 무신론자이며, 그대들이야말로 또한 영원히 축복받지 못할 자, 저주받을 자, 망할 자가 될 것이다!"(2000 : 19/14 ; 363)

도덕의 역사를 다루는 니체의 계보학은 금욕주의적 가치들의 강인함과 나약함을 모두 음미한다. 먼저 니체는 도래하는 신적 세계를 맞이할 영혼을 준비하고자 세속적 삶을 체념하는 금욕주의의 이중성에 주목한다. 금욕주의는 권력과 세속적 권위를 포기하기는커녕, 오히려 삶에 한 가지 해석을 강요하는 가장 강력한 기술 가운데 하나를 제시한다. 결국 극기에의 의지는 여전히 의지의 표현인 것이다. 금욕주의가 소개하는 새로운 삶의 질서는 강인함, 생명력, 자발성, 관능보다 교활함, 자의식, '영혼'에 대한 초월적 관념에 특권을 부여한다. 금욕주의자들은 지금까지 인류가 "생존에 관한 자신〔금욕주의

자]의 가치 평가"(2000 : 90/14 ; 480)를 받아들여야만 제거될 수 있는 잘못된 삶의 해석으로 고통을 겪어 왔다고 주장한다. 그러므로 사제들처럼 관능, 생성, 외관을 평가 절하하는 것은 단순히 영적 진리를 신격화하는 서곡이 될 뿐 아니라, "자신의 힘을 완전히 방출할 수 있고 최대한의 힘의 감정에 이르는 데 맞선 최선의 좋은 조건들을 본능적으로 추구하는"(2000 : 81/14 ; 465) 금욕주의자들의 힘에의 의지를 드러내는 것이 된다.

그런데 니체가 도덕에서의 노예 반란을 비난할 때 그 입장이 아주 명료한 것만은 아니다. 금욕주의적 이상은 그 단점과 상관없이 어쨌든 인류에게 새로운 자기 구성 양식을 제공하고 새로운 삶의 해석을 제시한다. 금욕주의적 이상이 "익숙한 관점과 평가"를 뒤집음에 따라, 우리가 새로운 개념과 감각을 경험하고, "인식을 위해 바로 관점과 정서적 해석의 차이를 이용할 줄 알게 된 것이다".(2000 : 92/14 ; 482-483) 인간의 '영혼'을 생산하고 '악'을 발명하는 것은 인류에게 깊이를 부여하는 것일 뿐 아니라, 모든 도덕적 결정에 위험하고 위협적인 요소를 덧붙이는 것이다. 이제 '인간'은 "흥미로운 동물"(2000 : 18/14 ; 362)이 되었다는 점에서 자연의 다른 존재들과 구별된다. 그런데 금욕주의적 이상의 역설은 그것이 고귀한 존재의 자발적인 힘을 계획적으로 억압하는 한, 삶에 적대적인 삶의 형식을 구축하게 된다는 데 있다. "금욕주의적 이상은 퇴화되어 가는 삶의 방어 본능과 구원 본능에서 생겨난 것이다. 그러한 삶은 모든 수단을 강구해 자신을 보존하려고 하며, 자신의 생존을 위해 투쟁한다."(2000 : 93/14 ; 484)

귀족적 가치들의 몰락을 보며 얻은 의미는 끊임없는 투쟁과 생존의 고통에 '의미'가 결여되어 있다는 것이었다. 금욕주의적 이상은 속죄가 없는 삶이란 무의미하다고 주장함으로써 결여를 채우고 "인류에 하나의 의미를 주었던 것이다."(2000 : 127/14 ; 540) 이러한 진리가 삶에 의미를 부여한다. 고통의 의미에 대한 이 같은 전도는 "자살적 허무주의"(2000 : 127/14 ; 540)에 대한 감각이나 모든 가치가 결여된 삶에 대한 믿음을 인류에게서 앗아 갔다. 성직자 계급의 "역사적 사명"은 죄의식과 원죄라는 교의에 의거하여 고통을 내면화하고 해석함으로써, 자신들의 불행을 다른 누군가(강건한 사람과 건강한 사람)의 탓으로 돌릴 수밖에 없는 나약한 개인들이 지닌 반응적 의식의 방향을 바꾸는 것이었다.(2000 : 98/14 ; 492) 이제 우리 각자는 자기 자신의 고통에 책임이 있다. 그러나 우리의 실존을 금욕주의적 해석에 종속시킨다면(그리고 우리 스스로 성직자의 권위에 복종한다면), 어쩌면 우리는 도래할 삶에 구원받게 될지도 모른다.

니체는 삶의 타락을 막고 인류를 허무주의에서 구원하는 데 금욕주의적 이상이 수행해 온 긍정적 역할을 인정하면서도, 금욕주의적 이상은 극복되어야 할 삶의 형식을 표상한다고 일관되게 주장한다. 금욕주의의 취약성은 반응적 사고방식, 곧 자아를 규정하고자 자아를 초월한 존재 형식('신' 또는 '영혼')을 상정할 필요성에 의지하여 가치들을 만들고 긍정해야 한다는 데 있다. 이제 우리에게 '좋음'이란 우리 자신의 의지와 본능이 박탈되는 것, 그리고 다른 누군가의 진리 관념에 몰두하게 되는 것을 뜻한다. 이러한 전도는 병든 자들이 모든 강력한 본성을 생산하는 거리의 파토스를 무시한 채 건강하고 고귀한 정신을 억압하는 데 신적 '정의'라는 수사를 사용할 수 있음을 의미하는 것이기도 하다. 금욕주의적인 '도덕화된 취향'은 우리의 비정형적이고 자발적인 생명력을 신적 판단에 대한 두려움으로 대체하고 우리에게 종교적 삶의 해석을 강요함으로써 이 같은 역전을 강화한다.(2000 : 109/14 ; 510) 이 같은 방식으로 금욕주의적 취향은 "모든 고통받는 자의 나쁜 본능을 자기 훈련, 자기 감시, 자기 극복을 위해 이용하는 것이다".(2000 : 100/14 ; 496) 하지만 그러한 자기 극복은 인류에게 고유한 가치들을 결정할 기회를 주지 않는다. 금욕주의적 이상은 "시대, 민족, 인류를 가차 없이 이 하나의 목표에 비추어 해석"하고, "다른 어떤 해석이나 다른 목표를 허용하지 않"으며, "오직 자기 해석이라는 의미에서 거부하거나, 부정하거나, 긍정하거나, 시인"하기 때문이다.(2000 : 116/14 ; 520)

니체가 자신에게 부여한 철학적 과제는 금욕주의적 가치들이 강요한 "의지, 목표, 해석의 폐쇄된 체계"(2000 : 116/14 ; 521)를 극복할 길을 인류에 제시하는 것이다. 이 과제를 피할 수 없는 이유는 금욕주의가 무의미한 고통이라는 허무주의적 공포에서 인류를 구원한 뒤, 궁극적으로는 그 자리에 새로운 형식의 허무주의만을 유산으로 남길 수도 있기 때문이다. '인간적인' 것에 대한 '증오'와 '관능에 대한 혐오'에도 불구하고, 금욕주의는 본래 허무nothingness를 향한 의지와 실존에 대한 역동적이고 새로운 해석을 가져다준다.(2000 : 128/14 ; 541) 그러나 이러한 금욕주의적 해석은 모든 종교적·초월적 가치의 권위를 부인하는 새로운 진리에의 의지로 언젠가는 도전받고 또 극복된다. 아이러니하게도 이 같은 진리에의 의지는 결과적으로 과학적 방법론에 따라 '객관적 진리'를 추구하는 쪽으로 진화하는 '기독교적 양심'이라는 금욕주의 안에서 생겨나는 것이다.

니체는 『즐거운 학문』에서 "우리는 원래 무엇이 그리스도교의 신에 대해 승리를 거두었는지를 알고 있다"면서, "그리스도교 도덕 자체, 점점 더 엄격해진 진실의 개념, 그리스도교적 양심을 지닌 고해신부의 예민함이 학문적 양심으로 옮아가고 승화되어 모든 것을 희생해서라도 지적 청렴함을 지키도록 만들었던 것"이라고 설명한다.(1974 : 307/12 ; 350) 과학적 진리는 종종 종교적인 전제들에 대한 거부로 간주된다고 본 찰스 다윈Charles Darwin(1809~1882)이나 프로이트와는 달리, 니체가 본 과학적 진리에 대한 이상은 기독교적 의지가 확대된 것이었다. 니체의 『도덕의 계보』에 따르면, 과학적 양심은 "2천 년에 걸친 진리를 향한 훈련의 장중한 파국이며, 이것은 마침내 신에 대한 신앙에서의 허위를 스스로 금하게 한 것이다." (2000 : 126/14 ; 537) 따라서 근대적 삶의 허무주의는 기독교적 도덕 그 자체를 향한 진리에의 의지로 금욕주의적 가치들을 극복해 냄으로써 생산된다고 할 수 있다.

> 모든 위대한 것은 그 스스로에 의해, 자기 지양의 작용에 의해 몰락해 간다 : 생명의 법칙이, 생명의 본질 속에 있는 필연적인 '자기 극복'의 법칙이 이러한 것을 원하는 것이다. …… 그와 같이 교의로서의 그리스도교는 자기 자신의 도덕에 의해 몰락했다. 그와 같이 이제 도덕으로서의 그리스도교도 몰락할 수밖에 없다.—우리는 이러한 사건의 경계선에 서 있다. 그리스도교적인 성실성은 하나하나 결론을 이끌어낸 다음, 결국 자신의 가장 강력한 결론을, 자기 자신에 반하는 결론을 이끌어내게 된다. (2000 : 126-127/14 ; 538-539)

허무주의

니체는 두 가지 이유에서 '허무주의'라는 용어를 사용한다는 것을 이해할 필요가 있다. 첫째, 니체가 가치에 대해 고찰하고 근대성을 비판하는 데 주요하게 사용하는 허무주의 개념이 있다. 둘째, 니체 철학의 일부를 이루던 자리에서 점차 분리되어 그의 작업 전체를 기술하는 용어로 정착되는 '허무주의'가 있다.

오늘날 니체는 독자들에게 '허무주의적' 사상가라고 상투적으로 소개되고 있지만, 그러한 맥락에서는 허무주의라는 말이 마치 역사적 전통을 경멸하고 그 어떤 특정한 도덕적 또는 윤리적 입장도 승인하지 않으려는 태도를 가리키는 것처럼 보인다. 이러한 대중적 표상은 니체에게서 도덕 비판과 근대 정치 비판의 요소들을 이끌어내면서도 정작 그의 비판이 갖는 역사적 특수성은 삭제하고, 도래할 정치의 본성에 대한 그의 성찰 역시 무시한다. 허무주의에 관한 니체의 설명을 제대로 전달하려면, 우리는 니체가 의미하는 허무주의의 이중적 성격을 모두 이해해야 한다. 노예 도덕의 효과에 대한 역사적 진단으로서의 성격과 새로운 귀족적 가치의 시대를 향한 이행의 운동으로서의 성격이 그것이다.

이처럼 역사 비판인 동시에 새로운 생존 양식을 알리는 전조이기도 한 허무주의 개념의 이중성은 니체가 능동적 허무주의와 수동적 허무주의를 구별하면서 더욱 강조된다. 니체는 '수동적 허무주의'라는 용어로 노예 도덕에서 비롯된 도덕적 타락과 원한의 삶, 그리고 귀족적 가치들의 몰락을 묘사하고자 한다. 사후에 편찬된 유고집 『힘에의 의지*Der Wille zur Macht*』를 보면, 니체는 수동적 허무주의가 "그 끝에 이르기까지 생각된 우리의 중요한 가치들과 이상들의 논리"(1968 : 4/20 ; 519)를 표상한다고 언급하고 있다. 여기서 '중요한'이라는 표현은 아이러니하게도 기독교적 윤리와 금욕주의적 이상에 대한 묘사로 이해할 수 있다. 이러한 결론은 근대 과학이 옹호하는 경험적 '진리'가 신성성을 신화적 가상으로 치부하고, 나약함·겸양·금욕주의를 도덕적으로 정당화할 속죄의 세계에 대한 관념을 불가능한 것으로 여기는 부분과 맞닿아 있다.

니체는 타락한 세계가 오직 초월적인 영혼의 삶으로만 구제될 수 있다는 기독교적·도덕적 전망은 인류가 발명한 것이라고 주장한다. "생성을 가지고는 아무것도 목표되어서는 안 된다는 것, 생성의 하부에는 개인이 마치 최고 가치의 어떤 요소 안에서처럼 그 안에 완전히 빠져 버려도 되는 큰 통일성 따위는 지배하고 있지 않다는 것"(1968 : 13/20 ; 344)을 인식하려고 하지 않았기 때문이다. 그러나 이 같은 전망이란 '심리적 욕구'를 충족시키고자 꾸며 낸 하나의 환영이었음이 한번 알려지면, 우리는 우리의 실존의 가치에 대한 어떠한 믿음도 상실하면서 더 이상 초월적 세계가 가져다주는 위안을 받아들일 수 없게 된다. 바로 이것이 수동적 허무주의가 의미하는 바다. 인류의 '가장 고상한' 이상들은 자기 자신을 평가 절하하며, 인류는 이 이상들을 대신할 새로운 가치들을 창조할 수 없다는 것이다.

> 근본적으로 무슨 일이 생겼는가? '목적' 개념이나 '통일성' 개념이나 '진리' 개념을 가지고 삶의 총체적 성격이 해석되어서는 안 된다는 것을 깨달았을 때, 무가치함Wertlosigkeit의 느낌이 얻어졌다. 이 개념들을 가

지고서는 아무것도 목표되지도 도달되지도 않았다 ; 생기의 다양성을 지배하는 통일성이 없다 : 삶의 성격은 '참'이 아니라 거짓이며……, 하나의 참된 세계를 자신에게 설득할 근거를 인간은 전혀 갖지 못한다……

요약하면 : 우리가 그것을 가지고 세계에 의미를 부여했던 '목적', '통일성', '존재'라는 범주는 다시 우리에 의해 끄집어내진다—이제 세계는 무가치하게 보인다……(1968 : 13/20 ; 344)

이에 대해 니체가 제시하는 결론은 놀랍게도 허무주의를 더욱 밀고 나가는 것이다. 우리가 정말로 더 높은 수준의 세계에 대한 믿음을 포기하고자 한다면, "모든 믿음이, 모든 참-으로-간주함이 필연적으로 거짓"이라는 것을 받아들여야 한다. "왜냐하면 하나의 참된 세계란 전혀 존재하지 않기 때문"이다.(1968 : 14/20 ; 26) 이른바 세계라는 것은 상이한 삶의 형식들이 스스로 성장해 가는 부단한 생성의 과정인 것이다. 따라서 우리가 세계에 '충실'할 수 있다거나 세계를 도덕적 용어로 평가할 수 있다고 믿는 것은 잘못된 생각이다. '진리', '통일성', 삶의 '목표' 등은 경험에 서사적 일관성과 의미를 부여하고자 우리가 세계에 부과하는 가치들일 따름이다. 이렇게 보면, 경험의 '진리'는 우리가 지닌 진리에의 의지 및 힘에의 의지와 분리될 수 없다.

그래서 진리란 어딘가에 있어서 찾아지거나 발견될 수 있는 어떤 것이 아니다— 오히려 창조될 수 있는 어떤 것이며, 특정한 과정에 대해 이름을, 그 이상으로 그 자체로는 종결되지 않는 정복 의지에 이름을 부여

하는 어떤 것이다 : '그 자체'로 확실하고 규정되어 있으리라는 어떤 것을 의식하는 것이 **아니라**, 무한한 과정Processus in infinitum에 있는, **능동적인 규정**으로서 진리를 집어넣는 일. 이것은 '힘에의 의지'를 말하는 것이다.(1968 : 298/20 ; 62-63)

우리는 '세계 그 자체'에서 발견될 수 없는 실재에 대한 하나의 해석이 생성되는 과정을 '적극적으로 규정함으로써' 경험의 진리를 창조한다. 세계에 대한 이 같은 규정 또는 정초는 세계를 바라보는 관점에 따라 달라진다. 이는 하나의 관점을 다른 관점보다 우선시함으로써만, 그리고 무엇보다 우리의 경험이 의미를 획득할 수 있는 "한층 더 협소하고 단축되며 단순화된 세계"(1968 : 15/20 ; 26)를 창조함으로써만 가능하다.

니체는 우리가 지닌 힘의 척도라는 것은 세계의 가상적apparent 성격, 그리고 세계에 가치들을 투사하는 과정에서 맡게 되는 구성적 역할을 "얼마만큼 우리가 …… 몰락하지 않고도 시인할 수 있는지"에 따라 규정된다고 주장한다. 이처럼 우리의 세계 경험이 갖는 관점주의적·창조적 성격을 자각적으로 강조함으로써, 본연의 진리가 없는 어떤 세계에 대한 허무주의적 계시를 긍정적이고 가치 있는 하나의 사건으로 변형시킬 수 있는 잠재력을 확보하게 된다. 이러한 계시에서 약자들은 무용함과 상실감만을 발견할 뿐이다. 반면에 강한 개개인들은 그 가운데 단지 경험의 뚜렷한 본성만을 인정함으로써, 자기 자신의 필요에 따라 생산적인 삶을 살아가고 세계를 변형시킬 수 있도록 창조적으로 역사를 해석하고자 한다. 이러한 긍정적인 또는 능동적인 허무주의는 하나의 실존 양식으로서, 세계에 대한 '진리'를 구성하는 창조적 역할과 강력하고 상승하는 삶의 형식을 촉진하는 폭력 및 힘의 작용을 더불어 수용한다. 그러므로 능동적 허무주의는 인간의 자기 극복 과정에서 중요한 단계를 이루며, "신적인 사유 방식"(1968 : 15/20 ; 26)이 될 법하다.

원한, 진리의 창조적 구성, 능동적 허무주의 등에 관한 니체의 성찰을 조명할 수 있는 사례로서 문학작품 두 편을 논의하고자 한다. 예언자의 어조로 쓰인 윌리엄 블레이크의 『천국과 지옥의 결혼*The Marriage of Heaven and Hell*』(1790)은 니체의 작업을 일찌감치 예견한 작품이라고도 할 수 있을 듯한데, 왜냐하면 이 작품에서 블레이크는 힘, 투쟁, 불화, 그리고 널리 인정되는 세계관의 합의가 아닌 원기의 급격한 분출 속에서 삶이 창조되고 앞으로 나아갈 수 있음을 암시하고 있기 때문이다. 실제로 도덕이 잔여물로서 주어지게 되는 것은 상호 모순되는 항들의 중단 없는 싸움이 선과 악이라는 종교적이고 삶을 부정하는 대립으로 고착될 때이다.

> 대립 없이는 전진도 없다. 매력과 혐오, 이성과 원기, 사랑과 미움은 인간의 실존에 필수적이다.
>
> 이러한 대립에서 종교인들이 말하는 선과 악이 나온다. 선은 이성에 순종하는 소극적인 것이고, 악은 원기에서 나오는 적극적인 것이다.
>
> 선은 천국이요, 악은 지옥이다.(Blake 1989 : 105)

블레이크는 원기와 의지를 선과 악의 도덕적 이항 대립으로 제한

하는 반응적인 움직임에 이의를 제기한다. 블레이크는 "행동에 옮기지 않을 욕망들을 품고 살 거면 차라리 요람 속의 아기를 죽여라"처럼 수수께끼 같고 얼핏 보면 모순적인 경구들을 사용함으로써 독자들을 해석의 문제와 맞닥뜨리게 하고, '진리'란 모두가 동의하는 객관적 사실이 아니라 우리가 세계에 부과하는 독특한 관점임을 보여다. 이는 훗날 니체가 경구를 사용하는 방식과 똑같다. 한편 블레이크는 사제(육체와 영혼, 인간과 신이 구별됨에 따라 실존의 의미가 계시된다고 주장한다.)와 시인-예언가(의지력과 상상력으로 가치들을 적극 창조한다.) 사이의 대립을 이끌어내면서 '도덕적' 사유의 기원을 암시한다. 인류가 세계에 상상적으로 의미를 투사한다는 사실을 우리가 망각할 때 도덕적 사유가 탄생한다는 것이다.

> 오래된 시인들은 우리가 느낄 수 있는 모든 사물들에 신이나 천재의 도움을 받아 이름을 붙이고 고유한 성질을 부여하며 활기를 불어넣는다. 숲, 강, 산, 호수, 도시, 국가, 그리고 넓어지고 넉넉해진 시인들의 감각이 지각할 수 있는 그 무엇에라도.
>
> 그리고 특별히, 각 도시와 국가의 천재에 대해 배웠고, 천재가 지닌 정신의 신성함에 따라 천재성의 정도를 가늠했다.
>
> 어떤 이들이 서민들을 착취하고 노예로 만드는 제도가 생겨날 때까지는 그러했다. 그들이 특정한 대상들 속에서 정신의 신성함을 깨닫거나 이를 빼내어 추상화함으로써 그러한 제도가 생겨났다. 그리하여 사제가 나타나게 되었고, 이들은 시적인 이야기에서 숭배의 형식을 골라내었다.
>
> 그리고 마침내 사제들은 선언했다, 그러한 일들은 신들이 명한 것이노

라고.

이렇게 해서 인간들은 내면에 깃든 모든 신성함을 잊어버리고 말았다.(Blake 1989 : 111)

블레이크의 창조 신화에서는 세상에 생명을 불어넣고 의미를 부여하는 존재가 시인들이다. 시인들은 그렇게 '신들' 또는 다양한 삶의 자질들을 인격화한 정신들의 형식에 넘치는 상상력과 생명력을 투영시킨다. 사랑의 여신인 아프로디테와 전쟁의 신인 마르스를 떠올려보면 알 수 있을 것이다. 시인들은 또한 세상에 이름을 지어 줌으로써 그에 따른 질서와 통일성을 부여하기도 한다. 동일성이라는 형식은 "숲, 강, 산, 호수, 도시, 국가"와 같은 흐름과 짜임이 지각될 수 있도록 대지에 부여된 것이다. 그러나 이와 같이 적극적이고 긍정적으로 세계를 창조하는 행위는 '사제들'이 '사랑'이나 '강인함'과 같은 특정한 실존의 속성들을 모든 삶이 순응해야 할 일반적인 도덕적 자질로 변형시킴으로써 억압된다. '사제들'의 역사적 사명은 실존에 대한 획일적이고 도덕적인 해석을 생산하는 데 있다. 삶에 대한 이 같은 재해석이 약자들의 상상력을 고정불변의 도덕법칙에 강제로 예속시킴에 따라, 약자들은 노예가 된다. 블레이크가 시사하는 바는 원인과 결과를 사제들처럼 뒤바꾸어 생각할 경우 필연적으로 다음과 같은 결론에 도달한다는 것이다. 신들은 시적 영감의 표현이라기보다는 오히려 세계의 창조자로서 자임하게 되고, 인간의 상상력에 내재된 신성한 본성은 망각된다.

능동적 허무주의에 관한 또 다른 유명한 사례로 알제리 태생의 프랑스 작가 알베르 카뮈Albert Camus의 소설 『이방인*L'Étranger*』(1942)에 등장하는 뫼르소의 이야기를 들 수 있다. 알제리에 거주하는 프랑스인인 뫼르소는 기존의 사회적 관습과 완전히 대립되는 방식으로 자신의 정체성을 만들어 낸다. 그는 주변 세상과 그 어떤 '인간적'이거나 '도덕적인' 감정도 교감하지 않는다. 그는 어머니의 죽음에도 슬퍼하지 않고, 자신이 마주치게 되는 여성들에게도 무심하고 냉담하며, 직장에서 승진하게 될 것이라는 예상에도 별다른 반응이 없다. 소설의 중반부에서 뫼르소는 자신의 이웃 친구와 몸싸움을 벌였던 젊은 아랍인을 총으로 쏘아서 죽이게 된다. 재판을 거쳐 투옥에 이르는 동안, 뫼르소는 당대 사회의 '도덕적' 언어를 사용하거나 초월적 세계의 구원을 기대하길 거부하면서 끝까지 자신을 변호하지 않는다. 그는 자기를 두고 "영혼도, 어떠한 인간적인 면도 없으며, 인간의 마음을 지키는 그 어떤 도덕적 원리조차 없는"(Camus 2000 : 98) 인물이라고 말하는 검사의 주장에 대해 달리 언급하지 않고 그것에 귀 기울일 뿐이다. 뫼르소는 인류에게 가능한 유일한 윤리란 자신의 행위에 대해 정직하게 책임을 지고 공허한 추상적 도덕률 뒤로 숨지 않는 것이라고 믿기 때문에 자신을 정당화하지 않는다. 경험의 '가치'는 자신의 행위를 긍정하는 데 있다. 뫼르소라는 존재를 형성하는 모든 것이 그로 하여금 범죄를 저지르도록 이끈 것이다. 변명거리를 찾으려고 노력한다면 그는 다른 존재가 될 것이다. 세계는 우리에게 무관심하기 때문에, 우리는 세계에 의미를 투영한 뒤 그 안에서 우리가 수행하는 역할이 초래한 결과들을 받아들여야만 한다. 뫼르소가 볼 때, 최소한 이것이 살인자들에게 사제들을 보내어 사형을 기다리는 동안 자신의 죄를 참회하도록 시키는 사회의 도덕적 타락보다는 나은 것이다. 뫼르소는 기독교적 도덕과 절연하며 긍정의 최종 순간에 다다른다.

> 그처럼 죽음 가까이에서 어머니는 해방감을 느꼈고, 모든 것을 다시 살아 볼 마음이 내켰을 것임에 틀림없다. 아무도 어머니의 죽음을 슬퍼할 권리는 없는 것이다. 그리고 나도 또한 모든 것을 다시 살아 볼 수 있을 것 같은 생각이 들었다. 마치 그 커다란 분노가 나의 고뇌를 씻어 주고 희망을 가시게 해 준 것처럼, 신호들과 별들이 가득한 밤을 앞에 두고, 나는 처음으로 세계의 정다운 무관심에 마음을 열고 있었던 것이다. 그처럼 세계가 나와 닮아 마침내는 형제 같음을 느끼자, 나는 전에도 행복했고, 지금도 행복하다고 느꼈다. 모든 것이 완성되도록 하기 위해서, 내가 덜 외롭게 느껴지기 위해서, 나에게 남은 소원은 다만, 내가 사형집행을 받는 날 많은 구경꾼들이 와서 증오의 함성으로써 나를 맞아 주었으면 하는 것뿐이다.(Camus 2000 : 117)〔알베르 까뮈, 『이방인』, 김화영 옮김, 책세상, 1998, 159쪽.〕

니체가 보기에, 능동적 허무주의를 경험하는 것은 의지의 고갈이나 세계에 대한 체념과는 아무런 관련이 없다. 그러한 경험은 "인류에게 풍부한 결실을 맺게" 하는 강력한 운동의 등장을 요청하는, 기독교적 도덕과의 파국적이지만 필수적인 단절을 표상한다. 니체는 "가장 극단적인 염세주의 형식인 본래적 허무주의가 세상에 출현하리라는 것. 이것은 경우에 따라서는 결정적이고도 가장 본질적인 성장에 대한 징후, 새로운 존재 조건들로의 이행에 대한 징후일지도

모른다."라고 암시한다.(1968 : 69/20 ; 158)

니체는 인류와 세계의 관계가 위기에 처했다고 자극하지만, 이때 위기의 가치는 강인한 존재와 나약한 존재의 분리를 강행하고, 새로운 귀족 사회를 창조할 밑거름이 될 '위계질서'를 밀고 나가면서 찾을 수 있다고 본다.(1968 : 38/19 ; 270) 니체 자신처럼 오직 이러한 위기를 경험한 사람들만이 진실한 세계에 대한 환영 및 실존에 대한 도덕적 해석을 거부할 수 있도록 의지를 강인하게 단련해 왔다는 것이다. 그런 점에서, 귀족적 또는 '위대한' 정치에 관한 니체의 개념이 삶의 양식으로서의 허무주의를 극복하는 데 필요한 것이라면, 도덕적 위기로서 허무주의를 체험하는 것은 새로운 정치의 탄생을 가능케 하는 필수불가결한 전환점이 된다고 할 수 있다.

위대한 정치

니체가 묘사하는 19세기 후반의 유럽은 기독교적 도덕을 극복하고 고유한 힘에의 의지를 역설할 수단과 자신감이 결핍된 허무주의적 문화로 가득하다. 이 같은 쇠락의 원인은 복합적이다. 노예 도덕 및 동정과 원한의 정치가 거둔 승리, 귀족적 위계질서를 경멸하는 정치적 민주주의와 평등권을 향한 함성, 새로운 가치들을 창조할 능력이 없는 겉치레에 불과한 과학적 '객관성' 또는 "의지에서 자유로운 순수 인식"(1990a : 137/14 ; 181)에 대한 전반적인 신뢰 등을 그 원인으로 들 수 있을 것이다. 이러한 상황에 대한 응답으로 니체는 『선악의 저편』에서 엘리트적 존재들로 구성된 "새로운 계급"이 성장하여 유럽의 '의지'를 정화하고 재정비할 것을 주창한다.(1990a : 138/14 ; 182-183) 문화적 엘리트들이 이처럼 분명히 역할을 수행하게 되면, 기독교적 · 도덕적인 '인간'과 같은 고갈의 사례를 극복할 수 있고 독자적인 상으로서 세계를 벼릴 수 있다는 것이다. 니체는 다음과 같이 선언한다. "작은 정치의 시대는 지나갔다. 틀림없이 다음 세기는 대지의 지배를 위한 싸움을 하게 될 것이고—어쩔 수 없이 큰 정치를 하게 될 것이다."(1990a : 138/14 ; 183)

문화적 엘리트들만이 인류에 대한 전도를 책임질 수 있는 이유는 "인간이라는 유형을 향상시키는 모든 일은 지금까지 귀족적인 사회의 일"(1990a : 192/14 ; 271)이었기 때문이다. 니체는 위대한 정치에 대해 말하면서, '귀족정치'야말로 인류가 사용할 수 있는 한도 안에서 가장 강력하게 진화된 '삶의 형식'을 표상한다는 점에서 "공동체의 의미"이거나 "최고의 변명"임을 강조한다.(1990a : 193/14 ; 272)

니체는 '귀족정치'라는 용어로써 사회의 엘리트 계층을 묘사하고, 더불어 가장 강한 개인들만이 도달할 수 있는 미적 자기완성에 대해서도 설명하고자 한다. 니체에 따르면, 그러한 귀족정치가 사회 안에서 가장 지체 높은 유형을 더 이상 재현하지 못하고 (입헌군주제의 경우처럼) 단순한 체제 내부의 기능으로 전락한다면, 그 사회는 퇴락한다. 반대로 "선택된 종류의 인간 존재"(1990a : 193/14 ; 273)를 위계적으로 생산해 낼 수 있도록 구조화될 경우, 사회는 더할 나위 없이 건강해진다. 그런 점에서 위대한 정치의 목적은 더 지체 높은 인간 유형을 생산하고 "유럽을 다스릴 어떤 새로운 계층을 육성하는데"(1990a : 183/14 ; 255) 있다. 폭력, 권력, 타인들의 고통을 감수하는 것은 발전에 필수적인 요소다. 인류가 스스로를 극복하고자 한다면 "인도주의적 미혹에 빠져서는 안 된다. 진리는 냉혹하다".(1990a : 192/14 ; 271) 귀족적인 정치는 자신의 목적을 위해 "불완전한 인간이나 노예, 도구로까지 억압당하고 약해져야만 하는 무수히 많은 인간의 희생을 양심의 가책 없이 받아들인다는 것이다."(1990a : 193/14 ; 272) 위계질서 사이의 "긴 단계"를 믿어 의심치 않고 고귀한 거리의 파토스를 확립하는 모든 사회는 스스로 확대되고자 노예제도와 노예계급을 필요로 한다.

니체는 고귀한 사회의 건강을 유지하고 개인이 "보다 높은 존재"(1990a : 193/14 ; 273)로 고양될 수 있도록 하는 데 공히 폭력과 지배가 필수적이라고 단언한다. 귀족 사회는 '어떤 의미에서는' 노예제도를 필요로 하는데, 왜냐하면 주인과 노예 사이에서 생성되는 거리의 파토스는 "점점 더 높고 점점 드물고 좀 더 멀리 좀 더 폭넓게 긴장시키는 좀 더 광범위한 상태"와 더불어, 도덕을 극복하고 선과 악의 문제를 넘어서서 살아갈 수 있는 '인간' 유형을 생산해내기 때문이다.(1990a : 192/14 ; 271) 오직 이처럼 고양된 인간 유형만이 나약함을 굳건하고 강인한 상태로 변모시키는 지속적인 능력과 비범한 자기 훈련을 요구하는 '위대함'이라는 부담을 견딜 수 있다. 나아가 '위대함'이라는 개념은 자아를 미적 견지에서 재규정할 것을 요청한다. 자아란 곧 자기완성을 가능케 할 잠재력에 일관된 표현을 부여하는 삶의 형식 또는 양식을 향한 추구여야 한다는 것이다.

모든 인간을 한쪽 구석이나 '전문성'에 가두고 싶어 하는 '현대적 이념'

의 세계에 직면하여 철학자는—만일 오늘날에도 철학자들이 존재할 수 있다면,—인간의 위대함을, '위대함'의 개념을 바로 그의 광범위함과 다양성에, 그의 다면적 전체성에 둘 수밖에 없을 것이다. 그는 어떤 사람이 얼마나 많고 다양한 것을 감당하고 받아들일 수 있느냐에 따라, 그 사람이 얼마나 멀리 자신의 책임을 넓힐 수 있느냐에 따라 가치와 순위마저도 결정할 것이다.(1990a : 143/14 ; 190)

니체는 위대한 정치를 향한 열망을 구체화할 수 있는 삶의 양식에 대한 전망이 자신과 같은 새로운 철학자들(1990a : 126/14 ; 163)에게서 가장 힘 있게 드러난다고 주장한다. '새로운' 철학자가 좋은 본보기인 이유는 근대 철학의 역할이 삶에 대한 도덕적 해석의 극복과 관련하여 자아의 의미를 문제 삼는 데 있기 때문이다. 새로운 철학자는 영구적 토대가 되는 가치란 없다고 주장하고 '인간'의 미래가 인간 '자신의 의지'에 달려 있음을 직시한다. 그러한 의지를 바탕으로 "훈육과 육성이라는 위대한 모험과 총체적인 시도를 준비하는 것, 그리고 이로써 지금까지 '역사'라고 불려 왔던 저 무서운 무의미와 우연의 지배를 종식시키는 것"(1990a : 126/14 ; 163)을 성취할 수 있을지의 여부에 인간의 미래가 달려 있다는 것이다. 새로운 철학자는 "힘과 과제들이 유리하게 결집되고 고양된 경우 …… 어떤 것이 인간에게서 훈육되어야만 하는지 한눈에 파악"(1990a : 127/14 ; 164-165)하기 때문에, 인류가 스스로를 극복해 낼 수 있는 방법을 준비한다. 그러한 준비로써 의도하는 것은 우리를 '인간'에 대한 압도적인 요구, 곧 스스로 "가치를 창조하기를"(1990a : 142/14 ; 188) 바라는 요구와 대면시키는 것이다. 자기입법과 자기 형성을 삶의 법칙으로 삼고서 궁핍과 타락의 시대 속에서도 "인류의 총체적 발전에 양심을 지닌"(1990a : 86/14 ; 99) 철학자들을 본보기로 삼을 때, 인류는 자신에게 필요한 가치를 창조하는 법을 배울 수 있다는 것이다.

선택적 '육성', 사회적 착취, 그리고 '더 지체 높은 인간 유형' 생산 등의 윤리적 불가피성과 관련하여 니체가 사용하는 수사들의 폭력성을 생각해 보면, 그의 이름이 20세기의 대재앙들 가운데 몇 가지와 주기적으로 결부된다는 사실은 전혀 놀라운 일이 아니다. 반유대주의 및 '조국'을 향한 노예적 숭배를 경멸했다는 점에서 니체는 사람들이 종종 상상하는 '나치의 원조'와 전혀 무관하다. 그렇지만 그의 저작들에 대해 이와 같은 해석이 나오는 것은 명백히 니체 자신의 책임인데, 왜냐하면 그는 노예 계급의 필요성을 강조했을 뿐 아니라 귀족적 자제력과 약자들에 대한 착취의 필연성 사이의 윤리적 경계를 명확히 하지 않았기 때문이다. 그러나 주의 깊게 니체를 읽으면, '육성'이라는 수사는 생물학적으로 미리 상정된 지배적 인종에 대한 신념과는 전혀 상관없는 것임을 알 수 있다. 이에 관해서는 오히려 니체가 '육성', '선택', '귀족정치' 등을 새롭고 적극적이며 미적인 측면에서 포착함으로써, 자신이 맞서야 했던 단순한 삶에 근거한 언어인 허무주의적 언어를 변형시킨 것으로 볼 수도 있다.

니체가 말하는 정치의 복합적인 의미를 바르게 이해하려면 두 가지 점에 주목해야 한다. 첫째, 사회민주주의와 평등권에 대한 니체의 비판은 귀족적 존재의 승리와 '개인'의 상승을 동일시하는 것이 아니다. 그와 반대로 니체는 개인주의에 기반을 둔 정치를 무리 본능의 징후라고 보는데, 그러한 정치는 모든 개인이 대등한 가치를 지닌다고 주장하기 때문이다. 니체의 귀족적인 정치는 "어떤 사람에게 정당한 것이 반드시 다른 사람에게도 정당할 수는 없다는 것을, 그리고 만인을 위해 하나의 도덕을 요구하는 것은 바로 보다 높은 인간을 침해하는 것이라는 사실을, 간략하게 말하자면 인간과 인간 사이에는 따라서 도덕과 도덕 사이에도 위계질서가 있다는 것"(1990a : 158/14 ; 215)을 역설한다. 귀족적 위계를 뚜렷이 하게 되면 삶을 힘에의 의지로서, 정치를 더 높은 존재 형식과 더 낮은 존재 형식 사이의 구별로서 상상하고 받아들이게 된다. 니체의 귀족적인 정치는 '인간'이라는 존재를 추상적이고 일반적인 관념에 종속시키는 것에 끊임없이 반기를 든다. 이 같은 반항에서 니체가 "민족주의의 망상"(1990a : 188/14 ; 263) 및 "애국적 중압감이나, 온갖 종류의 다른 고풍스러운 넘쳐흐르는 감정"(1990a : 171/14 ; 237)을 경멸하는 이유를 알 수 있다.

둘째, 니체는 자신이 보기에 귀족적인 정치에 필연적으로 수반되는 것인 전제정치를 사회민주주의의 노예적 성격과는 구별한 것이 사실이지만, 그럼에도 귀족적 전제주의를 사회민주주의 자체의 압제적 본질에 따른 불가피한 역사적 결과라고 판단했다. 니체에 따르면, 정치적 민주주의는 열등하고 노예적인 개인의 압제적 욕망을 구체화시켜 고귀한 가치들을 전복시킨다. 정치적 민주주의의 유산은 "인간이 평준화되고 평범화"되면서 "무리 동물적 인간"로 고양된 것이다.(1990a : 173/14 ; 240) 그러나 유럽의 민주화가 가져온 영구적 효과는 주인을 필요로 하며 "노예근성을 준비하는 인간 유형"과, 자기 자신의 힘에의 의지를 표현하고자 약자들을 착취할 준비가 된 "강한 인간"을 동시에 창조한 것이다. 그런 점에서 볼 때, 니체가 상상한 위대한 정치는 단순히 나약함에 폭력을 강제하는 것이 아니라, 오히려 하나의 압제적 형식을 상승하는 삶의 양식과 관련된 가치들을 드높일 수 있는 또 다른 형식으로써 대체하는 것이다.

니체의 '위대한 정치'에는 중대한 장점과 약점이 공존한다. 니체가 견지하는 귀족적 시각의 주요 장점은 개인의 값어치에 대한 경제적 정의나 최대 다수에 대한 최대 행복의 전달 여부로 가치를 결정하는 공리주의적 견해를 인정하지 않는 데 있다. 개인의 자율성에 대한 자유주의적 요청과 집단적 정치가 지향하는 해방의 요구 양쪽에 니체는 묻는다. '개인주의'가 의미하는 바는 무엇이고, 이는 누구를 위한 것인가?

니체가 보기에 개인은 단순히 정치적으로 주어진 것이 아니라, 힘에의 의지를 촉진하여 가치를 창출하는 하나의 실천이었다. 이렇게 힘과 의지에 가치를 일치시킴에 따라, 개인은 억압된 형태로 잠재된 힘에의 의지를 평등주의적 정치의 심장부에서 발견하고, 절대적 평등이라는 목표 안에 잠복하고 있는 폭력에 관한 명민한 통찰을 전할 수 있게 된다. 가치와 힘에의 의지 사이의 근본적인 불가분성을 인식하며 고무된 개인은 또한 과거와 현재의 관계를 창조적이고 역동적인 것으로서 제시하며, 그렇게 현재와 미래의 생산적인 삶을 가능케 하는 역사의 국면들을 부각시킨다. 이제 역사의 가치는 가장 강력하고 창조적인 능력의 선별과 재생으로써 결정되는 것이다. 앞으로 보게 되겠지만, 니체는 '위대한' 또는 지체 높은 삶과 힘에의 의지 사이의 이 같은 연관성을 영원회귀 이론으로 발전시킨다.

그럼에도 니체가 강조하는 위대한 정치는 여전히 난처한 의문점들을 남겨 두고 있다. 도덕적 권고로써 도덕(또는 선과 악) '너머로' 이행하는 것이 가능한가? 바꿔 말하자면, 우리는 왜 니체가 드는 사례를 본보기로 삼아야 하는가? 정치는 우리에게 도덕적 요구들을 강요하지 않을 수 있는가? 그렇다면 그 한도는 어디까지인가?(Ansell-Pearson 1994 : 154) 니체가 말하는 비도덕적인 지배의 정치를 자기 훈련이나 자제에 관한 관념과 어떻게 연관시킬 수 있으며, 이 둘 사이에서 전환점을 만드는 계기는 무엇인가? 그리고 새로운 귀족적 철학자들의 공동체는 나타날 수 있을까? 이러한 의문들은 "인간을 보완하고 구원하는", 그리고 우리에게 "인간에 대한 믿음을 견지할 수 있는" 힘을 주는 예언자적 초상, 곧 '위버멘쉬'에 관한 니체의 논의에 항상 따라다닌다.(2000 : 27/14 ; 376) 다음 장에서 다룰 주제가 바로 이것이다.

선과 악 너머의 '비도덕'

니체는 도덕의 가치에 대한 의문을 우리에게 주어진 도덕적 가치들의 역사적 성격을 인식하는 작업과 끊임없이 결부시킨다. 니체에 따르면, 삶에 대한 도덕적 반성을 구성하는 '선'과 '악'의 이분법은 '인간'에 관한 영원한 진리를 반영하는 것이 아니다. 그러한 이항 대립은 도덕이 발생하기 이전에 존재했던 귀족적 본성과 노예적 본성의 구별에 대한 역사적 재해석을 표상한다. 도덕은 변하지 않는 인간 본성의 한 단면이 아니다. 도덕은 삶에 대한 하나의 특정한 관점으로서, 강인하고 독립적인 정신보다 나약하고 노예적인 자들의 이익에 더 높은 가치를 부여하고자 고안된 것이다. 도덕에서의 노예 반란의 한가운데에 자리 잡고 있는 것이 원한이다. 원한이란 삶에 대한 반응적·도덕적 시각의 산물이며, 귀족적 가치들과는 완전히 대립된다. 지난 200년에 걸쳐 지속되어 온 노예 도덕의 우위는 결국 허무주의로 귀결된다. 노예적·기독교적 세계관의 고갈과 파탄을 인식하면서도, 실존의 가치를 어떻게 새로이 평가하여 이전의 세계관을 대체할 것인지에 대해서는 아무런 의식이 없는 상태가 도래한 것이다. 니체의 도덕 비판에 따르면, 허무주의는 인류에게 닥친 정신적·문화적 위기이지만, 잠재적으로는 위대한 정치의 귀환과 선악 너머의 삶에 대한 전망을 약속하며 노예 도덕의 파괴가 임박했음을 알리는 긍정적인 신호이기도 하다.

06

위버멘쉬

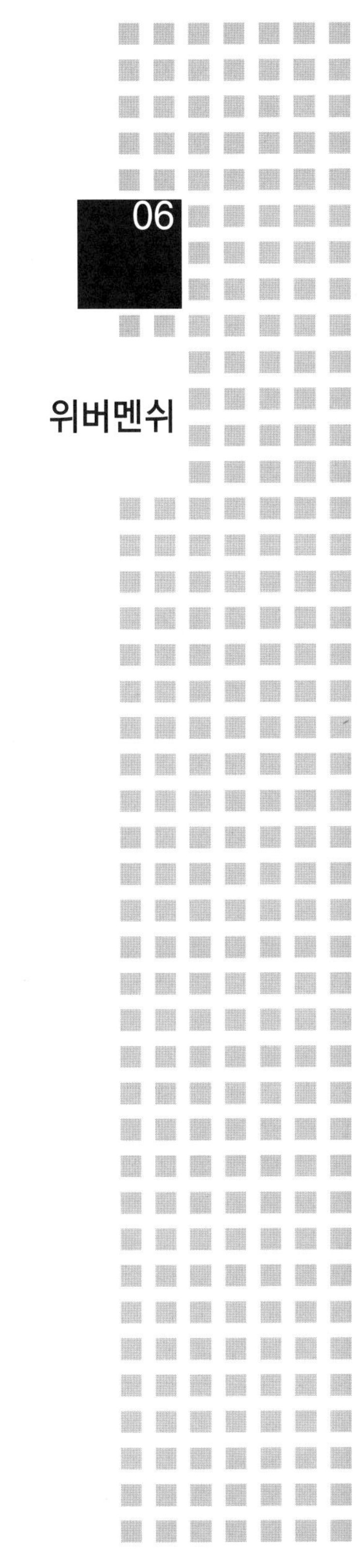

이 장에서는 니체의 개념들 가운데 가장 중요하면서도 논쟁적인 개념 두 가지를 살펴볼 것이다. (차라투스트라의 형상으로 표상되는) '위버멘쉬Übermensch'와 영원회귀 이론이 바로 그것이다. 니체는 자서전격인 『이 사람을 보라』(1888년에 씌어져 사후인 1908년에 출간)에서 이 두 개념이 자신의 사유에서 차지하는 중대성을 다음과 같이 강조하고 있다. "내 작품 중에서 『차라투스트라는 이렇게 말했다』는 독보적이다. 이 책으로 나는 인류에게 지금까지 주어진 그 어떤 선물보다 가장 큰 선물을 주었다."(1992 : 5/15 ; 326) 이어 니체는 "**영원회귀** 사유라는 그 도달될 수 있는 최고의 긍정 형식"(1992 : 69/15 ; 419)이 위버멘쉬의 배경에 놓여 있는 '기본 개념'이라고 덧붙인다.

니체가 영원회귀 및 위버멘쉬 개념에 부여하는 중요성을 가늠하려면, 그의 사후 100년 동안 이 개념들이 얼마나 잘못 이해되어 왔는지를 생각하면 된다. 다시 말해, 이 개념들의 중요성은 그 오독의 정도에 비례하는 것 같다. 니체가 제시한 위비멘쉬라는 '선물'은 파시스트적 의미의 '초인'에 대한 악몽 같은 상상으로 순식간에 변모되곤 했는데, 이때 초인은 강탈과 폭력이 판칠 비인간적 · 전체주의적 세계의 전조가 되는 존재로 이해되었다. 한편 '영원회귀'는 오랫동안 야릇한 우주론적 교의인 것처럼 묘사되어 왔다. 이 교의는 역사적 시간을 이루는 모든 순간들이 영원 속에서 정확히 동일한 순서로 끊임없이 되풀이된다는 식의 공허한 운명론을 설교하면서, 역사를 끝없이 역동적인 동시에 절망적이고 정적인 것으로서 제시한다는 것이다. 그렇다면 다음과 같이 질문할 수 있다. 니체가 이 개념들을 갖고 실제로 재현하려 한 것은 무엇이며, 인류에 대한 새로운 전망이 도달한 최고점으로서 이 개념들을 구상한 까닭은 무엇인가?

니체는 위버멘쉬 개념을 『차라투스트라는 이렇게 말했다』(1885)에서 소개한다. 『차라투스트라는 이렇게 말했다』가 다른 니체의 저서들과 크게 다른 점은 하나의 서사를 갖춘 시적이고 철학적인 이야기를 들려준다는 데 있다. 이 책은 차라투스트라라는 예언자의 경험과 가르침을 제시하고 있는데, 여기서 차라투스트라는 10년에 걸친 고독의 시기를 보내고 인간 세계로 돌아와 인류에게 신의 죽음을 고하고 위버멘쉬로 대변되는 초자연적 가치들 너머의 삶의 전망에 대해 설명한다.

차라투스트라는 '인간'이 반드시 극복되어야 하는 삶의 형식임을 가르쳐 준다. 그의 이야기는 인간 너머의 존재 경험에 대한 설명을 경구와 단장들로 전해 주며, 인류라는 종은 새로운 생존 양식을 찾지 않으면 안 될 정도로 쇠퇴하고 있음을 암시하는 인간들, 다시 말해 실로 '가장 지체 높은 최후의' 인간들과의 일련의 조우를 묘사한다. 실제로, 차라투스트라는 니체가 말하는 '모든 가치들의 전도'의 상징인 동시에, 허무주의, 원한, 노예적 본성의 반응적 가치들이 미치지 못하는 곳에서 살아갈 수 있는 더욱 지체 높은 존재 유형의 전형으로 존재한다. 차라투스트라의 존재 양식은 '인간'의 탈가치화trans-valuation 및 인류가 나아갈 바에 대한 새로운 전망을 표상한다고 할 수 있다. 이와 같은 '탈가치화'는 새롭고 '더 나은' 도덕적 가치들을 제시하며 또 다른 도덕론을 펼쳐 보이는 것이 아니라, 가치들이 행하는 바와 그 가치들이 증진시키는 삶의 형식이 무엇인지를 탐구하는 것이다.

중요한 것은 차라투스트라가 대변하는 탈가치화가 허무주의와 '인간' 양쪽 모두의 극복을 요청한다는 것을 인식하는 일인데, 왜냐하면 니체가 보기에 허무주의는 단지 쇠락하는 삶의 형식을 알리는 징후에서 그치지 않고, '인간'이라는 존재를 현재의 인간 존재 그대로 구축하기에 이르기 때문이다. 도덕에 대한 니체의 계보학적 연구에 따르면, 인류가 생겨나는 데는 적극적인 힘과 반응적인 힘 모두 작용한다.(고귀한 본성은 적극적인 힘의 우월성을, 노예적 본성은 반응적인 힘의 우월성을 각각 드러낸다.) 그러나 인류의 보편적 역사는 적극적인 힘들이 존재의 반응적 상태로 점차 전환되어 가는 양상을 반영한다. 실제로 우리의 가치들을 조화롭게 일치시켜야 하는 불변의 정체성을 상정하고 있는 한, '인간' 개념 그 자체는 반응적인 것일 수밖에 없다.

니체가 근대 서구 문화의 핵심에 놓여 있는 '인본주의humanism'의 가치들을 줄곧 비판하는 것은 이러한 이유에서이다. 반동에 관한 이 같은 우울한 이야기는 니체의 저서들 전반에 걸쳐 되풀이된다. '이론적' 합리주의의 득세에 따른 그리스 문화의 파괴, 유대인들의 신앙심에 정복된 로마의 가치들, 사도 바울에 의해 반동적으로 재규정된 그리스도의 가르침, 민주주의적 관념들에 지배되는 근대 문화 속으로 함몰된 나폴레옹의 귀족정치 등에 관한 이야기들에서 이를 거듭 확인할 수 있다. 니체에 따르면, 그리스인들 뒤에 등장한 인류는 자신들의 적극적 의지가 새로운 가치들을 창조하는 긍정의 힘과 차츰 멀어지게 될 것이라는 곤경에 직면해야 했다. 이처럼 반응적인 문화가 승리를 거두는 시기는 그 토대에 적극적인 힘과 반응적인 힘 사이의

인본주의humanism 예술사로 보나 사상사로 보나 인본주의(인간주의)는 상대적으로 현세적인 운동이다. 중세 말기에 교회는 사유와 학문에 대한 통제력을 상실해 가고 있었다. 고대 그리스와 로마 시대의 텍스트들이 번역되고 다시 읽히는 상황이었던 것이다. 특히 중대한 사건으로 인쇄술의 발달을 들 수 있는데, 덕분에 필사본 형식으로 수도원 서고에 꽂혀 있던 학문의 성과물들이 바깥으로 널리 확산될 수 있었다. 인본주의는 인간의 정신이 진리와 가치를 직접 깨달을 수 있다는 것을 핵심적인 내용으로 삼는다. 설령 신이 존재한다 할지라도 성스러운 지혜가 사제 또는 교회를 거쳐 계시되고 매개되거나 해석될 필요는 없다는 것이다. 르네상스기의 인본주의자들은 플라톤, 아리스토텔레스 등의 고대 그리스 철학자들이나 세네카와 같은 스토아 철학자들을 참조하면서, 진리의 본질을 스스로 발견하는 인간 이성의 힘을 긍정했다. 또한 미술이나 문학에서 인간 형태의 아름다움을 긍정함에 따라, 인간 형태의 구현을 더 이상 타락이나 퇴폐로 받아들이지 않게 되었다. 대표적인 사례로 신을 인간의 형태로 재현한 미켈란젤로(1475~1564)의 경우를 들 수 있는데, 그는 창조의 신성함을 드러내는 아담의 신체를 관능적이고 생동감 넘치게 묘사했다. 그런데 니체는 겉보기에 현세적인 양상을 띠는 인본주의가 사실은 일종의 위험한 환영이었다고 주장한다. 인본주의는 신, 사제, 교회 등과 같은 외적 권위를 거부하는 듯했지만, 노예적인 것들을 실제로 물리친 것은 아니었기 때문이다. 그 대신 인본주의적 문화 아래 이상적이고 도덕적인 규범으로서 '인간'이 창안되고, 그 인간은 또 다른 '사제'를 내면화하게 된다. 이와는 대조적으로 위버멘쉬는 안정된 규범들과 보편적인 도덕적 가치들 없이도 살아갈 수 있는 충분한 힘을 바탕으로 삶을 구현한다.

대립을 견고히 하며 기존의 확고한 가치들(이를테면 오늘날 민주주의와 평등권에는 '좋은' 가치가, 귀족적 엘리트들을 양성하는 것에는 '나쁜' 가치가 각기 부여된다.)을 전복시킬 때이다. 이와 관련하여 차라투스트라는 긍정밖에 모르며 강인하고 충만한 경험을 바탕으로 가치들을 창조하는 존재 양식이 필요하다고 언명한다. 그에 관한 통찰은 「보다 지체가 높은 인간에 대하여」 편의 말미에서 극적으로 표현된다.

니체는 '더 지체 높은 인간'에 대한 차라투스트라의 초상에 기대어 근대의 '계몽된' 사유를 형성하는 퇴폐적이고 검증되지 않은 가치들에 대한 풍자를 전개해 나간다. 이는 '신의 죽음'이라는 치욕적인 소식이 들려오는 상황에서 과연 삶의 기능과 의미는 무엇이어야 하는지에 대해 인류를 대표할 만한 위대한 인물들에게 대답을 요구하는 것으로 시작된다. '신의 죽음'에 대해 니체는 『즐거운 학문』에서 아래와 같이 천명한다.

> 근래의 최대의 사건은―"신은 죽었다"는 것, 그리스도교의 신에 대한 믿음이 믿지 못할 것이 되었다는 점이다.―이 사건은 이미 유럽에 그 최초의 그림자를 드리우기 시작했다. 적어도 이 드라마를 꿰뚫어 볼 만큼 시력과 의혹의 눈길이 충분히 강하고 예민한 소수의 사람들은 하나의 태양이 지고 있으며, 오래된 깊은 신뢰가 의심으로 바뀌고 있음을 느끼고 있다. 그들에게는 우리의 낡은 세계가 매일 더 황혼에 물들어 가고, 더 믿을 수 없어지고, 더 낯설어지고, "더 낡아 가고" 있는 것으로 보인다. 하지만 중요한 점에 있어서는 이렇게 말할 수 있을 것이다. 이 사건 자체는 너무 거대하고, 너무 멀고, 많은 사람들의 파악 능력을 벗어나 있어

서, 이 소식이 도착했다고 말하기도 어려울 정도이다. 더구나 이 사건을 통해 일어나고 있는 일에 대해, 이 신앙의 기초가 무너진 이후 이제 모든 것이 붕괴될 수밖에 없다는 것을 많은 사람들이 알고 있다고는 결코 말할 수 없다. 이러한 붕괴가 필연적인 것은 모든 것이, 예를 들어 유럽의 도덕 전체가 이 신앙을 기초로 하여 그것에 기대어 자라났기 때문이다. 이러한 길고 엄청난 일련의 붕괴, 파괴, 몰락, 전복이 임박해 있다. 이 어마어마한 공포의 논리를 가르치고 예고하는 자, 지상에 일찍이 그 유례가 없었던 이 어두운 일식의 예언자 역할을 해낼 만큼 이것을 충분히 간파하고 있는 자가 오늘날 누가 있단 말인가?(1974 : 279/12 ; 319-320)

물론 여기서 제기된 물음에 대한 답은 '공포'와 '어둠'을 존재에 대한 새롭고 적극적인 전망으로 전환시키는 임무를 맡게 될 차라투스트라이다. 차라투스트라가 그 임무를 맡을 수 있는 이유는 그가 신의 죽음을 목도하며 삶을 다시 일깨울 수 있는 심오한 가능성을 발견하기 때문이다. 니체에 따르면, 신에 대한 관념은 반응적 가치들과 원한이 가장 높은 단계에서 성취된 것이다. 인간의 의지 및 현세의 경험을 판단하고 이에 형을 선고하고자 발명된 '상위의' 형식이 신에 대한 관념이었다는 것이다. 인류가 신앙에 매달리는 까닭은 더 이상 스스로 새로운 가치와 생활양식을 창조해 내지 못하기 때문이다. 신앙은 의지가 결핍되어 "'너는 마땅히 해야 한다'를 향한 불합리하고 절망적인 요구"(1974 : 289/12 ; 330)를 일으킬 때 가장 선망되는 것이다. 그러므로 초월적인 세계 또는 '상위' 세계를 향한 형이상학적 호소는 반응적 형식들이 활개치고 퇴락하는 삶이 유지되는 상황과 불가분의 관계에 놓인다. 이 같은 반동적 움직임은 신의 존재가 부인되어도 여전히 지속되는데, 애국주의·실증주의 과학·혁명적 정치 등과 같은 신앙 또는 믿음의 체계에서 그러한 움직임을 찾아볼 수 있다. 이들 체계는 각기 '민족', '자연의 실태', '보편적 권리' 등의 추상적 개념들을 동원하여 '인간'의 의지 바깥에서 절대적 가치를 확인한다.

'더 지체 높은 인간들'에게 보내는 차라투스트라의 요구는 신이 없는 삶에서 오는 책임을 받아들이라는 것이다. 신에 대한 환상이 인류를 평등이라는 허울로 현혹시키기 때문에 군중들이 그러한 환상에 집착하게 된다는 차라투스트라의 주장은 지당하다. "천민들은 눈을 깜박이며 말하리라. '보다 지체가 높다는 인간들이여, 보다 지체가 높은 인간이란 존재하지도 않는다. 우리는 모두 평등하며, 사람은 사람일 뿐이다. 신 앞에서 우리 모두는 평등하다!'"(1969 : 297/13 ; 472) 그러나 더 지체 높은 인간들은 신에 대한 믿음을 내던져 버렸음에도, 자신만의 지체 높은 삶을 신앙이 있던 자리로까지 끌어올릴 만한 의지가 부족하다. 이들의 나약한 면모는 니체가 『우상의 황혼』(1889)에서 풍자한 영국인들의 모습과 비슷한데, 영국인들은 "그리스도교의 신을 놓아 버렸지만, 그럴수록 그리스도교적 도덕을 더욱 강하게 붙들고 있어야만 한다고 믿는"(1990b : 80/15 ; 144) 사람들이라는 것이다. 그런 까닭에 더 지체 높은 인간들은 초월적 가치들을 불신함으로써 진보성을 띠게 되지만, 한편으로는 반응적 태도들로 슬쩍 후퇴할지도 모른다는 우려에서 항시 자유롭지 못하다. 이들은 아직 "인류 문제로 고심하고 있지는 않기"(1969 : 299/13 ; 477) 때문에, 상승하는 삶의 형식과 하강하는 삶의 형식을 억지로 구별하려고 하기보다는 인류에게 남아 있는 것들을 보존하려는 충동에 이끌릴 수밖에 없다. '더 지체 높은 인간들'이 나약한 존재 양식을 취하여 강인한 힘을 보존하려고 하면 열등한 존재 유형을 생산할 위험에 처하게 된다. 차라투스트라는 "맏이가 되고자 하는 사람이라면 막내가 되는 일이 없도록 조심할 일이다!"(1969 : 302/13 ; 482)라는 수수께끼 같은 언급으로 이처럼 우울한 진단의 윤곽을 그린다. 기독교적 신이 제거된 공허하고 허무주의적인 기독교적 도덕 너머로 진정 이행하고자 한다면 기꺼이 의지, 위대한 정치, 거리의 파토스를 긍정하고 '인간'을 극복할 수 있어야 한다.

신 앞에서라니! 그런데 신은 죽어 없지 않은가! 보다 지체가 높은 인간들이여, 그대들에게 더없이 큰 위험은 신이 아니었나.

그가 무덤에 든 후에야 비로소 그대들은 부활할 수가 있었다. 이제야 위대한 정오가 다가오고 있으며, 이제야 비로소 보다 지체가 높은 인간이 주인이 되는 것이다!

오, 나의 형제들이여, 내 말을 알아듣겠는가? 그대들은 경악하고 있구나. 심장에 현기증을 일으키고 있는가? 심연이 예서 그대들에게 입을 떡 벌리고 있기라도 하는가? 지옥의 개가 예서 그대들을 향해 짖어 대고 있기라도 하는가?

좋다! 자! 보다 지체가 높은 인간들이여! 이제야 비로소 인류의 미래라는 산이 산통으로 괴로워하는구나. 신은 죽었다. 이제 우리는 소망한다. 위버멘쉬가 나타나기를.(1969 : 297/13 ; 473)

위버멘쉬 읽기

니체가 새로운 존재의 경험을 예언하는 인물로 '차라투스트라'를 고른 것은 자의적인 선택이 아니다. 니체에 따르면, 형이상학과 우주의 심장부에서 선과 악의 도덕 투쟁을 처음으로 인지한 인물이 바로 페르시아의 예언가 조로아스터Zoroaster(기원전 약 630~약 550), 곧 차라투스트라Zarathustra였다는 것이다. 이는 도덕을 도덕 자체로 극복하고자 도덕이라는 '오류'의 창시자를 지목하게 되는 아이러니한 정의가 나타나는 이유이기도 하다. 이에 대해 니체는 "진실성에서 나오는 도덕의 자기 극복, 도덕주의자들의 자기 대립물로의 자기 극복 …… 이것이 내 입에서 나온 차라투스트라라는 이름이 의미하는 바이다."(1992 : 98/15 ; 459)라고 설명한다.

이 같은 인간의 자기 극복을 체현하는 사례가 '위버멘쉬'이다. '위버멘쉬'라는 용어에는 가치들의 전도를 수행하는 니체의 작업에 아주 중요한 두 가지 뜻이 담겨 있다. '위버Über-'는 높음 또는 자기 형성이라는 의미에서 '~위의', '~보다 나은' 등의 뜻을 지니는 접두어로, 인류의 자아가 자유의지라는 허구나 도덕주의의 흔적이 전혀 없는 어떤 존재의 경험으로 가장 높이 고양되는 것을 암시한다. 또한 '위버~'는 '~저편의', '~를 넘어서는' 등의 뜻을 갖고 있기도 한데, 니체는 바로 이 두 번째 뜻이 갖는 울림을 활용하여 '인간'을 특징짓고자 한다. '인간'은 우리가 원한과 부정성이 존재하지 않는 삶을 향해 나아가고자 할 때 반드시 건너야 할 하나의 다리라는 것이다.

차라투스트라는 군중을 바라보고는 의아해 했다. 그러고 나서 이렇게 말했다.

"사람은 짐승과 위버멘쉬 사이를 잇는 밧줄, 심연 위에 걸쳐 있는 하나의 밧줄이다.

저편으로 건너가는 것도 위험하고 건너가는 과정, 뒤돌아보는 것, 벌벌 떨고 있는 것도 위험하며 멈춰 서 있는 것도 위험하다.

사람에게 위대한 것이 있다면 그것은 그가 목적이 아니라 하나의 교량이라는 것이다. 사람에게 사랑받아 마땅한 것이 있다면, 그것은 그가 하나의 과정이요 몰락이라는 것이다. ……"(1969 : 43-44/13 ; 20-21)

'몰락' 또는 인간이 지닌 반응적 신앙들의 파괴 없이는 '인간'이 '위버멘쉬'로 변화하는 일 같은 것은 일어날 수 없다. 우리가 경험하는 "더없이 위대한 것"이란 행복, 이성, 미덕, 정의, 동정 등에 관한 우리의 관념들이 우리 자신의 의지를 긍정하는 데 걸림돌인 것으로 드러나는 "저 위대한 경멸의 시간" 속에 존재한다.(1969 : 42/13 ; 19) 이러한 관념들은 우리의 고유한 힘이 삶과 분리되고 우리의 행동과 마음가짐에 대한 도덕적 속박으로 재편되어 온 양상을 표현한다는 점에서 모두 반응적으로 작용하는 것들이라고 할 수 있다. 삶을 판단하고 부정하는 고정불변의 개념들로 적극적 힘을 변형시키는 데 맞서, 차라투스트라는 끊임없이 저주를 퍼부으며 외친다. "형제들이여, 맹세코 이 대지에 충실하라. 하늘나라에 대한 희망을 설교하는 자들을 믿지 말라!"(1969 : 42/13 ; 18) 여기서 '하늘나라'라는 말은 '신'을 가리키는 동시에, 인류가 지닌 적극적인 힘의 내재적 자기완성을 저지하는 모든 초월적 관념을 가리킨다.

페르시아의 예언가 조로아스터
"사람은 짐승과 위버멘쉬 사이를 잇는 밧줄, 심연 위에 걸쳐 있는 하나의 밧줄이다."
니체는 형이상학과 우주의 심장부에서 선과 악의 도덕 투쟁을 처음으로 인지한 인물이 기원전 7~6세기의 예언가 조로아스터, 곧 차라투스트라였다고 주장한다. "진실성에서 나오는 도덕의 자기 극복, 도덕주의자들의 자기 대립물로의 자기 극복 …… 이것이 내 입에서 나온 차라투스트라라는 이름이 의미하는 바이다." 이 같은 인간의 자기 극복을 체현하는 사례가 바로 '위버멘쉬'이다.

이 같은 차라투스트라의 명령 속에서 우리는 어째서 '인간'이 목표가 아니라 다리인지 이해할 수 있다. 위버멘쉬를 궁극적인 목표 또는 인류의 혁명적 진화가 도달해야 할 목적으로 상상하는 것은 각 개인을 단순히 '인간'이라는 일반 개념에 강제적으로 순응시키는 것이며, 이에 따라 반응적으로 고양된 삶의 관념을 재생산하여 삶을 평가하려는 것이다. 차라투스트라는 "비천하기 짝이 없는 인간"(1969 : 46/ 13 ; 24)을 묘사하면서 이런 식의 가정을 풍자하는데, 여기서 '비천하기 짝이 없는 인간'이란 실존의 의미를 발견하였다고 주장하면서도 여전히 삶에 지쳐 있고 그 어떤 적극적인 기분이나 변화도 경험할 수 없는 사람을 말한다. 이와 달리, 위버멘쉬는 인류의 '목표'가 아니라 반응적 가치들을 힘에 대한 적극적 긍정으로 변환시키는 하나의 과정이다.

니체가 말하는 위버멘쉬에 관한 좋은 반례反例로 조셉 콘래드Joseph Conrad의 소설 『암흑의 핵심*Heart of Darkness*』(1900)에 등장하는 커츠를 들 수 있겠다. 커츠야말로 니체가 유발시키고자 했던 근대 문화의 허무주의에 대한 도전 양상을 정확히 재현하는 인물로 종종 이해되어 왔던 점을 생각하면, 이는 의외의 이야기로 들릴 수도 있다. 『암흑의 핵심』은 아프리카에서 벌어지는 식민주의적 자원 약탈 과정에서 드러난 19세기 유럽의 도덕적 파탄을 보여 주는 소설이다. 이 무렵은 유럽의 식민주의를 규정하던 '문명화 사명'이라는 계몽주의적 이상의 명분이 핑계에 불과했음이 밝혀지고 그간의 실상이 계속 드러나던 때였다. 언제나 식민주의는 상아, 광물, 노예들을 빼앗으려는 필사적인 노력에 지나지 않았던 것이다. 소설의 주인공 말로는 "회칠

한 무덤"〔'위선'을 뜻하는 은유라고 한다.〕과도 같은 브뤼셀을 출발하여 혼돈과 두려움이 가득한 벨기에령 콩고로 향하는데, 이 과정에서 그는 식민지 경영의 핵심에 만연해 있는 부패 및 계획적인 폭력과 접하게 된다.(Conrad 1989 : 35) 사슬에 묶인 노예들이 버려진 빈터에서 굶주린 채 누워 있는 가운데, 프랑스 기선은 아프리카의 식민 거점을 이리저리 떠다닌다. 말로가 자기 주변에서 보는 모든 것은 어떤 원칙 또는 의도에 따라 우세한 힘을 마구 휘두를 때 나타나는 파괴적 결과이다. 말로가 보기에, 이토록 악몽 같은 비참한 광경은 식민주의가 "폭력을 동원한 강도짓"과 "흉측한 살인 행위"와도 같은 훨씬 더 사악한 무언가로 추락하고 있음을 그대로 드러내는 것이다.(Conrad 1989 : 31) 말로가 주장하는 식민주의란 최소한 그 이면에 감상적이지 않은 '사상'을 지닌 무엇이다. 어떤 문화를 널리 퍼뜨리고 다른 곳으로 나아감으로써 그 문화의 자기 극복을 도모한다는 취지 같은 것 말이다. 그런데 무제한적 이익 추구에 사로잡혀 이 같은 생각을 버리는 순간, 식민주의는 단순한 '정복'으로 타락하고 세상에는 무질서가 판을 치게 된다는 것이다.

아프리카에서의 여정이 계속되는 동안, 말로는 유럽인들의 식민주의적 사명에 숨겨진 이기적인 위선과 무관한 것 같은 어떤 인물에 대해 반복적으로 듣게 된다. 말로가 가는 곳마다 식민지 중앙 주재소에서의 삶에 문득 염증을 느끼고 홀로 콩고의 오지 속으로 떠나 버린 커츠라는 주재원에 관한 이야기가 들려온다. 커츠가 떠난 이유는 더 이상 식민주의의 기만을 참아 낼 수 없었기 때문이다. 유럽의 무역업자들이 상업적 이득을 얻고자 대량학살에 관여하면서도, 각 식민지 주재소는 "더 나은 것들을 추구하며 나아가는 길목을 비추는 횃불로서 교역의 중심지가 되어야 할 뿐 아니라, 나아가 원주민을 인간화하고 개선시키고 가르침을 주는 곳이 되어야 한다."(Conrad 1989 : 65)라고 뻔뻔스럽게 주장할 수 있는 것도 이러한 기만에 근거한다. 커츠가 볼 때, 케케묵은 도덕주의와 무의미한 평범함을 내세워 자신의 참된 동기를 숨기는 것은 그저 나약함과 자기기만을 드러내는 것에 지나지 않는다. "이 세상에 존재하는 땅처럼 보이지 않고"(Conrad 1989 : 69) 낯설기만 한 아프리카의 풍경에 대한 진정한 반응은 도덕적 윤리관 또는 공허한 계몽주의적 관념에 기대지 않고 오히려 자기 자신만의 의지를 그곳에 강제하는 것이다. 이렇게 해야만 우리가 고유한 "참된 자질"을 바탕으로 세계의 비인간적 '진실'과 대면하고 우리만의 법칙과 가치들을 창조할 수 있다는 것이다.

기존의 진리와 가치를 놀랄 만치 부정해 버리는 커츠의 면모에 말로는 처음부터 끌리게 된다. 말로는 커츠가 "스스로 대지를 힘껏 박차고 나온"(Conrad 1989 : 57) 인물이라고 믿어 의심치 않는데, 왜냐하면 커츠는 용기 있는 사람이어서 자신의 행동이 갖는 의미를 설명하는 데 '거짓말'과 자기기만을 필요로 하지 않는다고 보았기 때문이다. 말로는 "거짓말 속에는 죽음의 기미가, 그리고 죽어야 할 운명이라는 기운이 감돈다. …… 바로 이것이야말로 내가 증오하고 혐오하며 또한 잊고 싶은 것이다."라고 회고한다. 그런데 커츠는 아프리카 밀림의 "야만적이고 격렬한 소란"(Conrad 1989 : 69)과 맞설 정도로 강인하기는 하지만, 그러한 디오니소스적 동력에 형태와 일관성을 부여하기에는 여전히 너무도 약하다. 커츠가 할 수 있는 것은 자기 주변의 세계에 폭력, 죽음, 파괴를 선사하는 것뿐이다. 차라투스트라의 입장에서 보자면, 커츠는 자제력과 자기 인식을 결여하고 있기 때문에 반응적 힘을 적극적 힘으로 변형시키지 못할 뿐더러 새로운 삶의 해석을 긍정하지도 못한다. 커츠는 "극심한 경멸의 시기" 속에서 순전히 파괴적인 양상만을 경험할 수 있을 따름이다. 그에게는 이러한 반동적인 믿음들을 '넘어' 삶에서 새로운 의미를 길어 올릴 능력이 없다. 사실 커츠에게 삶은 순수한 부정성으로 환원된다. 그가 마지막으로 전할 수 있었던 통찰은 이 세상에서 살아가는 게 "무섭다!"(Conrad 1989 : 111)라고 내뱉는 것뿐이었다. 커츠는 자제력의 치명적 결핍으로 말미암아 식민주의의 궁극적 환상을 되풀이하게 된다. 그는 원주민들의 우상을 자임하고, 원주민들은 인간 희생 제의라는 타락한 상징을 동원해 가며 그를 숭배하기에 이른다. 이로써 은연중에 행해진 커츠의 위버멘쉬 흉내 내기가 완결된다. 삶의 비인간적 힘은 신에 대한 고정불변의 개념에 다시 흡수되고, 우리는 초월적 가상 앞에 또 한 번 엎드려야 한다.

『암흑의 핵심』에 나타난 커츠의 운명은 힘과 의지를 다루는 니체의 철학에 대한 통속적 해석의 표본과도 같은 구실을 한다. 『차라투스트라는 이렇게 말했다』를 주의 깊게 읽으면, 이러한 독법이 니체 본연의 시각과 얼마나 동떨어진 해석인지 잘 알 수 있다. 차라투스트라는 「행복한 섬에서」에서 이 같은 시각의 핵심을 이루는 여러 요소들을 요약하고 있다. 행복한 섬은 아름답고 조화로우며 충만한 자연의 풍광을 뽐낸다. 이 섬의 풍광은 인간 경험의 의미란 초월적 가상을 단념하고 지상에 충실을 기하는 데 있다는 차라투스트라의 가르침에 걸맞은 완벽한 배경이 된다. 차라투스트라의 주장에 따르면, 인류가 신을 숭배해서는 안 되는 이유는 스스로 신을 창조하는 것이 불가능하기 때문이다. 이른바 '신'이란 것은 우리가 "창조 의지"(1969 : 110/13 ; 140)의 힘 너머로 경험의 진리를 투사할 때마다 발생하는 반응적 환상의 유형일 뿐이다. 인류는 신을 사유할 수 없지만, 위버멘쉬를 사유할 수는 있다. 인류는 자신만의 이미지에 따라 세계를 재편하고 모든 초월적 관념들을 인간이 지닌 자기 변화 능력의 고유한 토대로 돌려보냄으로써 위버멘쉬를 사유할 수 있다.

> 너희들은 신을 사유할 수 있는가? 하지만 모든 것을 사람이 사유할 수 있는 것으로, 사람이 볼 수 있는 것으로, 사람이 느낄 수 있는 것으로 변화시키는 것, 그것이 너희들에게 있어 진리를 향한 의지를 의미하기를 바라노라! 너희들은 너희들의 감각을 끝까지 사유해야 할 것이다.
>
> 너희들이 세계라고 불러 온 것, 그것도 너희들에 의해 먼저 창조되어야 한다. 이 세계가 너희들의 이성, 너희들의 이미지, 너희들의 의지, 너희들의 사랑 안에서 형성되어야 한다는 말이다! 진정, 너희들이 지복을 누리도록, 사물의 이치를 터득하고 있는 자들이여!"(1969 : 110/13 ; 141)

"유일자, 완전자, 부동자, 충족자 그리고 불멸자에 대한 이러한 가르침 모두"는 '악'하고 '인간 적대적misanthropic'인데, 왜냐하면 그러한 가르침은 인류로 하여금 적극적인 힘과 반응적인 힘을 구분함으로써 자신을 긍정하도록 만드는 인간 내부의 의지와 생성의 힘을 부정하기 때문이다.(1969 : 110/13 ; 142) 인류의 가치는 그보다는 자기 자신의 반응적 자질을 최고의 의욕 행위로 극복해 내는 능력에 있다. "의욕은 해방을 가져온다. 이것이야말로 의지와 자유에 대한 참다운 가르침이다. 차라투스트라는 지금 그것을 너희들에게 가르치고 있노라."(1969 : 111/13 ; 143)

인류의 자기 변화는 '선'과 '악'처럼 겉보기에 절대적이고 영원한 가치들이 사실은 인류가 실존에 인간적 의미를 부여하고 특수한 문화적·정치적 장치들을 정당화하려고 창안한 것들임을 인정해야만 비로소 성취될 수 있다. 차라투스트라가 우리에게 상기시키는 것은 하나의 '가치'란 기존의 진리들을 부인하고 자신만의 관점과 욕구를 타인들에게 강요할 만큼 강력한 사람들이 창조한, 삶에 대한 특정한 '평가'라는 점이다.

> 실로, 이렇듯 사람들은 그들 자신에게 일체의 선과 악을 부여해 왔다. 선과 악, 실로, 그것들은 저들이 어느 누구로부터 받아들인 것도, 스스로 찾아낸 것도 아니며, 하늘의 음성으로서 하늘에서 떨어진 것도 아니다.
>
> 사람들은 그 자신을 보존하기 위해 무엇보다도 먼저 사물들에 가치를 부여해 왔다. 먼저 사물들에 그 의미를, 일종의 인간적 의미를 부여했던 것이다! 그들 자신을 '사람', 다시 말해 '가치를 평가하는 존재'라고 부르는 이유가 여기에 있다.
>
> 가치 평가, 그것이 곧 창조 행위이다. 귀담아 듣도록 하여라, 창조하는 자들이여! 평가된 모든 사물에게는 가치 평가 그 자체가 가장 소중한 보물이요 귀중한 물건이니.
>
> 평가라는 것을 통하여 비로소 가치가 존재하게 된다. 그런 평가가 없다

면 현존재라는 호두는 빈껍데기에 불과할 것이다. 귀담아 듣도록 하여라, 창조하는 자들이여!

가치의 변천, 그것은 곧 창조하는 자들의 변천이기도 하다. 창조자가 되지 않을 수 없는 자는 끊임없이 파괴를 하게 마련이다.(1969 : 85/13 ; 99)

가치들에 대한 '평가'와 창조가 삶의 한복판에 자리 잡으려면, '신'과 같은 보편적이고 영원한 '진리들'을 거부할 수 있을 만한 강인함이 필요하다. 차라투스트라는 일정한 개인들로 하여금 삶을 장악하고 그에 대한 해석을 확립하도록 만드는 힘에 따라 실존의 의미가 규정된다고 강조한다. 위버멘쉬가 '인간'을 극복하고자 한다면 맹렬한 호전적 본성을 키워 "그를 죽이지 못하는 것은 그를 더욱 강하게 만든다".(1992 : 11/15 ; 335)라는 냉혹한 신조를 신봉해야 한다. 삶은 위험과 전투를 거치면서, 그리고 반응적 힘들을 극복해 나가면서 앞으로 나아가기 때문이다. '최후의' 또는 '비천하기 짝이 없는' 인간과 마찬가지로, "살기 힘든 고장을 버리고 떠나갔다."(1969 : 46/13 ; 25)는 이들은 이제 삶에 대한 해석을 제시할 수 없으며, 자신들이 더 이상 제어할 수 없는 역사 속에서 멍하니 헤매게 된다. 반대로, 위버멘쉬는 모든 전통적인 법 또는 "너는 마땅히 해야 한다Thou shalt"를 "나는 하고자 한다I will"라는 긍정으로 대체함으로써 "새로운 가치의 정립을 위한 권리 쟁취"에 나선다.(1969 : 55/13 ; 39-40)

위버멘쉬는 다가올 미래의 의미 및 가치를 창조할 권리와 의무를 받아들인다는 점에서, "원래 상태로 되돌아갈"(1969 : 162/13 ; 240) 것과 자기보다 강한 자들을 처벌할 것만을 바라는 원한에 찬 허무주의적 인간들과 구별된다. 위버멘쉬는 일반적인 도덕 체계로 환원되거나 인류 전체에 적용되는 것이 불가능한 법을 스스로 만들어 낼 수 있을 정도로 강하다. 차라투스트라는 "나는 나와 같은 자들을 위한 계율일 뿐, 만인을 위한 계율은 아니다"(1969 : 296/13 ; 470)라고 경고한다. 자기 긍정의 가장 위대한 행위는 허무주의적이고 반응적인 감정들에서 벗어나 자신만의 가장 고상한 본성을 생산해 내는 것이다. 이것이 가능한 인물들은 차라투스트라의 미덕들을 함께 누리기에 알맞게끔 자기 자신을 변모시킨다. 원한의 무거움 대신 가벼움을 체현하고, 위험과 우연, 노예적 본성과의 차이 등을 긍정하면서 시간을 가로질러 춤을 추며, 삶을 촉진하는 데 파괴와 자기 초월이 필연적임을 가르쳐 주는 디오니소스와 공명하며 웃어 젖히면서 말이다.

> 일찍이 창조의 능력을 지닌 숨결로부터, 그리고 아직도 우연이라는 것들을 강요하여 별의 윤무를 추도록 하는 저 천상의 필연이라는 것으로부터 한 줄기 숨결이 내게 다가왔더라면.
>
> 내 일찍이, 행위의 긴 뇌성이 투덜투덜하면서도 고분고분 뒤따르고 있는, 저 창조의 능력을 지닌 번개의 웃음을 한번 터뜨려 보았더라면.
>
> 내 일찍이 신들의 탁자인 이 대지에 앉아 대지가 요동치고 터져 불길을 토하도록 신들과 주사위 놀이를 벌여 보았더라면.
>
> 이 대지가 신들의 도박대이고, 창조의 능력을 지닌 새로운 말들과 신들의 주사위 놀이로 인해 떨고 있기 때문이다.
>
> 오, 내 어찌 영원을, 반지 가운데서 결혼반지인 회귀의 반지를 열망하

지 않을 수 있으리오?(1969 : 245/13 ; 385)

영원회귀

앞에서 차라투스트라의 미덕을 서술하는 부분은 '영원회귀'에 대한 언급으로 마무리되는데, 니체는 '영원회귀'를 자신의 사고에 절대적으로 중요한 "나의 진정한 심연적 사유"(1992 : 11/15 ; 336)라고 묘사한다. 이 '사유'는 학계에서 끊임없는 논란의 대상이 되어 왔고, 이를 둘러싸고 완전히 상이한 해석들이 쏟아져 왔다. 니체는 『이 사람을 보라』에서 영원회귀의 의미에 관한 흥미로운 단서를 제시하고 있는데, 이 대목의 확장판이 『차라투스트라는 이렇게 말했다』에 수록된 「구제에 대하여」라는 이야기이다.

언젠가 차라투스트라는 어느 누구도 그 의미를 착각하지 않게끔 자기의 과제를 엄격하게 규정했으며—그것은 내 과제이기도 하다— : 그는 과거의 모든 것들도 긍정하고 정당화하며 구제하기에 이른다.

나는 사람들 사이를, 미래의 파편들 사이를 거닌다 : 내가 바라보고 있는 그 미래의.

그리고 파편이고 수수께끼이고 끔찍한 우연인 것들을 하나로 모으고 창조하는 일이 내 혼신의 노력 전부다.

그리고 만일 인간이 창조하는 자나 수수께끼를 푸는 자가 아니며, 우연을 구제하는 자가 아니라면, 어찌 나는 내가 인간이라는 점을 견뎌 낼 것인가?

과거를 구제하고 일체의 '그랬었다'를 '나는 그렇게 되기를 원했다!'로 변형시키는 것—이것이 비로소 내게 구제인 것이다.(1992 : 80/15 ; 435-436)

영원회귀는 일종의 의지의 철학과 불가분의 관계에 있는 것으로 생각된다. 여기서 의지의 철학이란 '그랬었다'를 '그렇게 되기를 원했다'로 변형시킴으로써, 근본적 차원에서 과거와 현재의 관련성을 수정하고 새로운 삶의 기술을 선사할 것을 약속하는 철학을 말한다. 영원회귀에 대해 딱 잘라 말하기가 어려운 까닭은 니체의 양식style이 갖는 성향(철학적 성향도 포함된다.), 곧 관련된 내용들을 동질적인 관점 아래 종합하지 않고 여러 텍스트 곳곳에 흩뜨리는 성향이 해석에 관하여 만만치 않은 문제들을 일으키기 때문이다. 여기서는 상호 보완적인 두 가지 관점을 제안하고자 하는데, 이는 아마도 영원회귀 개념을 가장 명료하게 소개하는 방식일 것이다. 하나는 강한 개별자가 어떻게 살아야 하는지를 살피는 윤리적 맥락에서 영원회귀를 고찰하는 실존론적 독법이고, 다른 하나는 인간의 경험을 하나의 전체로서 고찰토록 하는 비인간적 관점을 제시하는 우주론적 독법이다. 영원회귀에 관한 실존론적 맥락은 『즐거운 학문』의 유명한 대목에서 찾아볼 수 있다.

어느 날 낮, 혹은 어느 날 밤에 악령이 너의 가장 깊은 고독 속으로 살며시 찾아들어 이렇게 말한다면 그대는 어떻게 하겠는가 : "네가 지금 살고 있고, 살아 왔던 이 삶을 너는 다시 한 번 살아야만 하고, 또 무수히 반복해서 살아야만 할 것이다 ; 거기에 새로운 것이란 없으며, 모든 고통,

모든 쾌락, 모든 사상과 탄식, 네 삶에서 이루 말할 수 없이 크고 작은 모든 것들이 네게 다시 찾아올 것이다. 모든 것이 같은 차례와 순서로—나무들 사이의 이 거미와 달빛, 그리고 이 순간과 바로 나 자신도. 현존재의 영원한 모래시계가 거듭해서 뒤집혀 세워지고—티끌 중의 티끌인 너도 모래시계와 더불어 그렇게 될 것이다!"—그대는 땅에 몸을 내던지며, 그렇게 말하는 악령에게 이를 갈며 저주를 퍼붓지 않겠는가? 아니면 그대는 악령에게 이렇게 대답하는 엄청난 순간을 경험한 적이 있는가? : "너는 신이로다. 나는 이보다 더 신성한 이야기를 들어 보지 못했노라!" 그러한 생각이 그대를 지배하게 되면, 그것은 지금의 그대를 변화시킬 것이며, 아마도 분쇄시킬 것이다. "너는 이 삶을 다시 한 번, 그리고 무수히 반복해서 다시 살기를 원하는가?"라는 질문은 모든 경우에 최대의 중량으로 그대의 행위 위에 얹힐 것이다! 이 최종적이고 영원한 확인과 봉인 외에는 더 이상 아무것도 요구하지 않기 위해서는, 어떻게 그대 자신과 그대의 삶을 만들어 나가야만 하는가?(1974 : 273-274/12 ; 314-315)

악령이 인류에게 제기하는 문제는 약속과 수행이라는 실존적 도전으로 나타난다. 어떤 식으로 살아가야만 실존의 기쁨이 가장 끔찍하고 뼈아픈 사건들마저 감내할 수 있을 것인가? 이 같은 도전은 또 다른 물음들로 이어진다. 좋거나 나쁜 모든 순간들이 영원히 되풀이된다면, 자기 삶의 양식을 긍정할 용기를 가질 수 있겠는가? 그러한 긍정을 이끌어내려면 삶의 무엇을 바꾸어야 할 것인가? 자기 극복과 '인간'에 대한 새로운 전망을 얻는 조건으로 고통, 괴로움, 곤경을 감수해야 하는 삶을 긍정할 수 있겠는가? 이때 반드시 인식해야 할 것은 니체가 조건법('만약에 ……라면')을 사용하여 글을 씀으로써 독자들을 생성 및 변화에 대한 약속(과 위험)과 대면시킨다는 점이다. 영원회귀가 우리에게까지 뻗쳐 온다면, 과연 우리는 그것이 가져다 줄 전망을 수락할 수 있을 것인지, 아니면 우리가 원한의 정신 속에서 반응적으로 살아가고 있으므로 영원회귀를 거절해야 할 것인지, 니체는 궁금해 한다. 신에 대한 초월적 소망, 속죄, 도래할 또 다른 삶에 대한 전망 같은 것 없이도 우리는 이 같은 현세의 삶을 받아들일 수 있을까?

니체는 『차라투스트라는 이렇게 말했다』에 수록된 「건강을 되찾고 있는 자」와 「몽중보행자의 노래」에서 회귀에 관한 성찰을 발전시켜 나간다. 처음에 차라투스트라는 삶의 "고리circle"에 대한 계시라고 하는 가장 "심오한 사상"에 따라 깨어났다가 7일간의 혼수상태에 빠져 든다.(1969 : 233/13 ; 360-361) 그는 인류에 대한 혐오로 말미암아 쇠약해졌고, 어떤 사람이 목구멍으로 기어들어 와 그를 질식시키는 꿈을 꾸기도 했다. 니체가 암시하는 바는 그러한 혐오를 극복할 수 있는 유일한 길이 차라투스트라와 인류가 스스로의 삶을 변화시킬 강인함을 소유하는 데 있다는 것이다. 니체가 「건강을 되찾고 있는 자」(제목이 가리키는 인물은 차라투스투라이지만, 잠재적으로는 인류 전체이다)의 이야기를 활용하는 것도 회귀를 바라보는 두 가지 상이한 태도를 윤리적으로 구별하려는 의도에서이다.

한쪽에는 영원회귀가 단지 가장 고상한 본성만을 긍정하는 데서 머물지 않고 심지어 "더없이 작은"(1969 : 236/13 ; 368) 사람과 가장 반응적인 사람에게까지도 적용된다는 불편한 사실을 직면해야 하는 차라투스트라가 있다. 그러나 역설적인 점은 반응적 본성일지라도 그것의 회귀를 의식적으로 긍정할 경우에는 차라투스트라가 그토록 지키고자 바라 마지않는 귀족적 구별을 생산하게 된다는 것이다. 왜냐하면 가장 고귀한 본성만이 파괴와 창조의 끝없는 자체적 순환을 경험할 수 있고, 그것이 경멸하는 모든 것과도 응해야만 하는 구성적 관계를 긍정할 수 있기 때문이다. 이와 반대로 차라투스트라의 짐승들은 악령의 도전을 수락하지도 않을뿐더러 그들의 고유한 삶을 사는 데 따르는 결과들을 생각해 보지 않은 채, 차라투스트라의 새로운 '교의'만을 반복할 수 있을 뿐이다. 하지만 자의식이 없다면 어떠한 윤리적 긍정도 존재할 수 없다고 보는 차라투스트라는 자신의 짐승들이 그의 경험을 바탕으로 "리라〔고대 그리스의 작은 현악기〕에 맞춰 부를 노래"(1969 : 235/13 ; 364)를 만들어 내자 이에 역겨워하며 이야기를 그만둔다.

그렇지만 우리 고유의 개별적 회귀에 영향을 끼치고자 모든 것이 다시 돌아오는 것이 필연적이어야 할 이유라도 있는가? 이에 대한 대답은 니체가 시도하는 주체 비판과 그가 창조하는 힘의 철학에서 찾을 수 있다. 우리가 기억하기에 니체는 삶을 구성하는 다양한 행위와 반작용 배후에 실체적인 존재가 위치한다는 가정을 일관되게 부정했다. 행위들의 배후에서 그 전개 양상에 질서와 의미를 부여하는 '주체'나 '영혼' 같은 것은 없다고 본 것이다. 우리라는 존재는 우리가 행하는 바 그 자체다. 그리고 각자는 우리의 힘과 다른 대상들 사이의 만남에서 솟아나는 인상들 및 우리의 경험들로서 '존재한다'. 만약 우리의 존재가 환원 불가능한 본질로 구성된 것이 아니라 힘,

행위, 반작용 등으로 이루어진 우주론적 관계망 내부의 위치에 따라 생겨난 것일 경우, 우리의 존재 자체를 재생하려면 모든 게 되돌아오는 것이 필연적일 수밖에 없다. 단일한 힘 또는 행위가 변화를 겪는 순간에 우주는 아주 미세한 차원에서 바뀌게 되고, 그 안의 모든 것은 또 다른 무언가로 변모한다. 강한 본성은 그 효과가 유해하건 고상하건 간에 힘과 의지의 관계망 안에서 자신의 위치를 긍정하고 모든 힘의 귀환을 의도할 수 있다. 모든 힘의 영원회귀를 긍정한다는 것은 형이상학적인 먼 미래가 아닌 지금 이 순간의 세계를 긍정하고 회복시킴으로써, 우리라는 존재를 우리 스스로 영원히 생성시킬 수 있는 힘을 불어넣는 것이다. 그러한 긍정을 수행할 수 있는 존재가 보여 주는 것은 니체가 말하는 "인간에게 있는 위대함에 대한 정식", 곧 운명애amor fati 또는 "앞으로도, 뒤로도, 영원토록 다른 것은 갖기를 원하지 않는다는" 믿음이다.(1992 : 37/15 ; 373-374) 이러한 믿음을 차라투스트라는 "내게 우연한 일들이 일어날 수도 있는 그런 때는 지나갔다. 이미 나 자신의 것이 아닌 그 어떤 것이 새삼 내게 일어날 수 있다는 말인가!"(1969 : 173/13 ; 255)라는 주장으로 요약한다. 이는 니체가 말하는 긍정과 기쁨의 철학에 대한 표본으로서 「몽중보행자의 노래」에 재등장한다.

> 그대들은 언젠가 쾌락을 향해 좋다고 말한 적이 있는가? 오, 나의 벗들이여, 그랬다면, 그대들은 그로써 온갖 고통에 대해서도 좋다고 말한 것이 된다. 모든 사물은 사슬로 연결되어 있고 실로 묶여 있으며, 사랑으로 이어져 있으니.

그대들이 일찍이 어떤 한 순간이 다시 오기를 소망한 일이 있다면, "너, 내 마음에 든다. 행복이여! 찰나여! 순간이여!"라고 말한 일이 있다면, 그대들은 그로써 모든 것이 되돌아오기를 소망한 것이 된다!

모든 것이 새롭고, 모든 것이 영원한, 모든 것이 사슬로 연결되고, 실로 묶여 있고 사랑으로 이어져 있는, 오, 그대들은 이런 세계를 사랑한 것이 된다.

그대 영원한 존재들이여, 이러한 세계를 영원히, 그리고 항상 사랑하라. 그리고 고통을 향해 "사라져라, 하지만 때가 되면 되돌아오라!"고 말하라. 모든 쾌락이 영원을 소망하기 때문이다!(1969 : 331-332/13 ; 533-534)

영원회귀에 관한 니체의 논의는 그가 강조한 부분, 곧 회귀가 단순히 어떻게 살 것인가의 문제를 제기하는 실존적 도전에 그치지 않고 우주론적 진리 또는 세계에 관한 이론으로까지 나아간다고 한 대목을 놓고 논쟁이 벌어지면서 다소 모호해진 감이 없지 않다. 니체의 유고(그 일부가 '힘에의 의지'라는 제목으로 사후에 출간되었다.) 가운데 몇 군데를 들여다보면, 그는 모든 것의 회귀가 우주의 근본적인 역학이자 "모든 가능한 가설들 중에서 가장 과학적인"(1968 : 36/19 ; 266) 원리라고 주장하고 있다. 니체는 우주가 하나의 목표나 목적지를 향해 앞으로 나아가는 것으로서 생각되어서는 안 된다는 명제에 근거하여 자신의 우주론적 논지를 확립하고자 한다. 그러한 목적지에는 이미 도달해 있다는 것이다.

도대체 세계가 응고되고 메마르고 소멸되어 무無가 될 수 있다면, 혹은

> 세계가 평형 상태에 도달할 수 있다면, 혹은 도대체 세계가 지속과 불변성과 영원성을 포함하는 어떤 목표를 가질 수 있다면(짧게 형이상학적으로 말하자면 : 생성이 존재로 혹은 무로 귀결될 수 있다면), 그 상태는 도달되었음이 틀림없다.(1968 : 548-549/21 ; 209-210)

니체의 입장은 다음과 같이 간명히 요약될 수 있다. 우주와 우주의 동력 모두 유한하다는 것을("세계를 일정 크기의 힘으로서 그리고 일정 수의 힘 중심들로서 생각해도 된다면"), 또한 영원이란 것이 시간의 불특정한 기원과 현재의 순간 사이를 이미 지나쳐 갔을지도 모른다는 것을 인정한다면, 세계는 사건들의 "산정 가능한 수의 결합"(1968 : 549/21 ; 210)을 통과해야 한다는 결론에 도달할 수 있다. 이러한 조건들 속에서 무한한 시간의 진정한 가능성이란 "모든 가능한 결합은 언젠가 한 번은 달성되었을 것", 나아가 "무한한 횟수로 달성되었을 것"을 의미한다.(1968 : 549/21 ; 210)

우리는 다른 경로를 거쳐 같은 목적지에 다다를 수 있다. 니체가 볼 때 만약 시간이 시작 지점을 갖고 있으려면 시간보다 앞선 어떤 시점이 필연적으로 존재해야 할 텐데, 사실 이는 말이 되지 않는다. 그러나 시간에 시작 지점이 없다면 삶은 영원할 것이다. 삶이 영원하다면 우리는 앞으로 나아가고 있는 시간의 어느 한 순간으로서 현재를 바라볼 수는 없을 것이다.(그런데 시간은 어디에서 오고 있었던 것일까?) 영원은 이미 생겨나고 있었던 것이다. 그러므로 시간에 경계가 없다면 시작이나 끝, 시간의 전후에 존재하는 시점도 없다. 모든 것은 언제나 방향이나 바깥이 없는 하나의 흐름대로 존재할 것이다. 어느 순간 차라투스트라는 기쁨에 겨운 나머지, 다음과 같이 선언한다. "나로 말한다면, 어찌 내게 밖이라는 것이 있으리오? 외부란 존재하지 않는다!"(1969 : 234/13 ; 363) 따라서 영원회귀는 존재의 근본 원리가 된다.

한편 니체의 우주론적 논지는 양자물리학의 발달 및 수학의 확률론이 제시한 새로운 모델들을 설명하기에는 취약한 것으로 밝혀져 왔다. 많은 주석가들은 이 같은 난점들을 근거로 '영원회귀' 개념을 철학에 나타난 변종쯤으로 간주하고 무시해 왔다. 하지만 니체의 영원회귀 논의에서 '과학적' 함의들(아니면 다른 무엇이라도)로 설명할 수 없는 부분을 주시하고 왜 그가 그토록 힘겹게 이 이론을 세우고자 했는지 입증하고자 노력한다면, 실존적 도전이라는 회귀의 개념을 뒷받침할 두 가지 사유를 이끌어낼 수 있을 것이다. 하나는 비목적론적 삶의 경험에 대한 전망이고, 다른 하나는 힘과 긍정의 철학이다.

니체는 회귀 개념을 논의하면서 회귀가 "의미와 목표도 없는, 그렇지만 피할 수 없이 회귀하는, 무에 이르는 피날레도 없는, 존재하는 그대로의 실존"(1968 : 35/19 ; 265-266)이라는 입장을 일관되게 견지하는데, 이 점은 삶이 목적을 가지고 있고 최종 목표를 지향하기 마련이라는 관념, 또는 실존의 의미는 인간의 경험을 조직하는 인과관계들 속에서 발견된다는 관념에 대한 저항을 표명하는 것이다. 모든 사건들이 영원히 회귀한다면 삶의 궁극적인 목적지란 있을 수 없다. 회귀의 사유는 인류가 "신에게로 흘러 나가지 않고"(1974 : 230/ 12 ; 263) 살아 있는 매 순간 존재의 힘과 충만함을 긍정하는 지점에서 시작된다. 목표나 목적지를 상정하지 않고 영원히 다시 돌아오는 것에 관한 통찰이 의미하는 바는 익명의 우주론적 법칙들이 갖는 맹목적인 힘에 우리를 내맡겨야 한다는 말이 아니다. 니체는 영원회귀를 부분적으로는 '기계론mechanism'에 대한 하나의 비판으로 이해했는데, 여기서 기계론이란 비인격적이고 물질적인 동력들의 "인력引力과 척력斥力"을 삶의 기원과 동일시하는 입장을 말한다.(1968 : 333/19 ; 131)

회귀의 사유는 그보다도 우리가 어떤 회귀의 순간들을 긍정하고자 하는지 선택하고 이들을 활용하여 새로운 삶의 해석을 제시함으로써 우주적 동력에 '내적 의지'를 부여할 것을 요청한다. 자연의 '법칙들'을 사유하고자 할 때 그 법칙들을 가치의 위계에 따라 배치하는 의지의 법칙들을 더불어 고려하지 않는다면, 이는 우리 자신을 공허한 숙명론으로 내모는 셈이 된다. 반대로, 니체는 "특정한 현상들의 변경할 수 없는 연속"은 항상 "두 힘 사이 또는 몇몇 힘들 사이의 권력 관계를 증명한다"고 주장하는데, 역사적 사건들은 오직 강력한 의지로 일관되게 통합됨으로써만 그 의미를 획득하기 때문이다.(1968 : 336/19 ; 166) 위버멘쉬가 영원회귀의 원리를 구현하게 되는 것은 이러한 이유에서이다. 위버멘쉬는 각각의 사건에 특정한 의미를 부여하고 이를 자신의 것으로 만듦으로써, 다시 돌아오는 것의 차이를 긍정한다.

해럴드 래미스Harold Ramis가 감독을 맡은 〈사랑의 블랙홀*Groundhog Day*〉(1993)은 영원회귀라는 수수께끼 같은 개념을 이해하는 데 참고로 삼을 만한 할리우드 영화이다. 앞에서 다룬 내용을 환기하자면, 니체는 천국, 속죄의 약속, 도래할 행복에 대한 기대 등의 형식 속에서 삶 너머의 궁극적인 가치나 목적을 상상하려는 성향을 허무주의의 주된 원인들 가운데 하나로 꼽은 바 있다. 결국 우리는 삶을 초월하려 하다가 삶의 가치를 떨어뜨리고 마는 것이다. 이 같은 허무주의적 평가 절하에 대해 니체는 다음과 같이 질문하며 이의를 제기한다. 바깥도 내세도 없이 오로지 영원한 회귀로서만 지금 이 삶을 살아가야 한다면 도대체 어떻게 할 것인가? 그러한 삶을 긍정하고 또 그렇게 하면서 초월적 가치들과 미래의 삶에 대한 희망을 단념하는 것이 과연 가능할까?

〈사랑의 블랙홀〉은 이러한 의문들을 익살스럽게 탐구한다. 텔레비전 기상예보관인 주인공 필 코너스는 삶에서 별다른 가치를 찾지 못하고 냉소적이면서 염세적인 태도로 권태롭게 일상을 살아가는 듯한 인물이다. 하루하루는 똑같고 나날의 일기예보도 전과 비슷하며 인간관계는 파탄과 그에 따른 비난으로 점철되어 있다. 삶을 멸시하는 코너스의 허무주의적 태도는 그가 소속 방송국의 성촉절Groundhog Day〔2월 2일. 우리나라의 경칩에 해당한다.〕 경축 행사 취재차 필라델피아의 펑츄토니Punxsutawney로 파견되면서 더욱 악화된다. 펑츄토니가 강한 눈보라에 뒤덮여 외부와 고립됨에 따라, 코너스는 자신이 경멸해 마지않는 전형적인 촌스러운 시골 마을에 꼼짝없이 갇히게 된 것이다. 그런데 더욱더 나쁜 상황이 찾아오고야 만다. 성촉절 다음 날 잠에서 깨어난 코너스는 자신이 전날, 곧 성촉절을 다시 한 번 살게 되었음을 깨닫는다. 모든 것이 전날과 똑같았던 것이다. 라디오의 내용, 기상예보, 그가 만나는 사람들의 몸짓과 대화들 모두가 그러했다. 게다가 이날뿐 아니라 다음 날에도, 그 다음 날에도, 그리고 이후 매일 아침에 기상할 때마다 성촉절의 상황이 다시 되풀이되는 것이다. 자신이 지상 최악의 장소라고 여겼던 필라델피아의 펑츄토니에서 영원회귀의 순환에 사로잡힌 것, 이것이 바로 코너스의 운명이다.

〈사랑의 블랙홀〉 특유의 웃음과 비애감은 코너스가 자신에게 찾아온 별난 상황에 대처하는 모습에 담겨 있다. 처음에 코너스는 이 같은 상황에 당황하고 겁에 질리지만, 이는 단지 그가 보여 주었던 일상에 대한 허무주의적 평가 절하를 확증할 뿐이다. 절망에 빠진 코너스는 현재를 부정하거나 파괴함으로써 자신의 삶에서 필사적으로 벗어나 보려고 하지만, 모든 것은 지루하기만 하고 장난도 금방 시시해지며 삶에 그 어떤 목적이나 가치도 보이지 않는다. 모든 것이 처음부터 끝까지 똑같다는 바로 그 이유 때문에, 코너스에게 일상은 무가치한 것이 된다. 코너스의 허무주의적 절망은 연이어 자살을 시도할 정도로 극에 달하지만, 그가 처한 비극적이고도 희극적인 곤경은 어떠한 출구도 허락지 않는다. 코너스는 '죽은' 다음에도 전과 다름없이 성촉절 아침에 잠에서 깨어 똑같은 하루를 다시 살아야 하는 것이다.

그러나 똑같은 체험의 끊임없는 회귀에 빠져든 코너스는 어느 순간 삶에 대한 새로운 관점을 갖게 된다. 이 삶이 오직 끊임없이 회귀할 뿐이라면 똑같은 것의 반복은 차이의 무한한 경험으로 이어진다는 것을 차츰 깨닫게 된 것이다. 차별화된 개인의 삶에 갇히지 않고 하루하루를 영원히 비인격적인 생성의 순간으로서 한 번 더 경험할 수 있으므로 모든 것이 가능해진다. 어떠한 사건들도 헤쳐 나갈 수 있고, 다수의 인격들을 선택할 수 있으며, 모든 사람이 될 수 있는 것이다. 이제 코너스의 삶은 이 같은 급진적인 잠재성을 재미나게 표현하기 시작한다. 그는 재즈 피아니스트가 되고, 대가급의 얼음조각 기술을 갖기에 이르며, 프랑스 상징주의 시에 정통해진다. 나아가 코너스는 삶이 시작, 중간, 끝을 갖춘 목적론적 서사라기보다는 영원한 생성의 운동임을 인식함으로써, 자기 자신의 삶에 존재하는 상승하는 힘들을 선택하고 대신 자기연민, 허무주의, 원한을 물리치게 된다.

그러나 코너스에게 찾아온 회귀의 근본적 경험은 이 영화는 물론 할리우드 시스템이 얽혀 있는 광범위한 이데올로기적 이해관계와 궁극적으로 충돌할 수밖에 없다. 〈사랑의 블랙홀〉의 결말부는 관객들에게 부르주아적 도덕 가치에 따른 안전한 의미를 재전달하며 핵심 주제에서 비켜난다. 영화의 결론이 다시 한 번 확증시키는 것은 삶이란 사랑을 찾아 결혼하여 꿈을 이루려는 의도와 목적을 갖기 마련이라는 것이다. 비록 〈사랑의 블랙홀〉은 이처럼 특수하고 지배적이며 익숙한 가치 체계들을 반응적으로 되풀이하고 있지만, 그럼에도 이 영화의 희극적 장면들에 그 태생적 한계 이상의 울림을 가져다주는 원동력은 도덕을 하나의 문제로서 제기할 수 있는 회귀의 사유 능력에 있다.

위버멘쉬와 영원회귀라는 최고의 긍정 형식

위버멘쉬는 허무주의, 원한, 노예 도덕의 부정성을 넘어서는 창조적이고 긍정적인 삶의 전망을 표상한다. 위버멘쉬는 '신의 죽음'이 촉발한 허무주의적 삶의 경험을 극복하고, 초자연적 가치들에 의지하지 않는 실존에 대한 새로운 해석을 긍정하는 것을 가르치고자 한다. 삶에 대한 새로운 해석은 오직 긍정만을 알고 있으며 차고 넘치는 의지와 강인함으로 가치들을 창조하는 새로운 존재 양식을 구상한다. 이러한 관점에 따라 실존을 긍정하는 것은 '인간'에 대한 반응적 시각과 '고상한' 세계의 신비화를 극복하고, 상승하는 삶의 형식과 하강하는 삶의 형식 사이의 구별을 강력히 하는 것이다. 위버멘쉬는 영원회귀에 대한 가르침으로 이와 같은 적극적인 삶의 재해석을 뒷받침한다. 영원회귀는 비목적론적인 삶의 전망 및 힘과 긍정의 철학을 펼쳐 보이면서 우리 경험의 정당성을 실존론적 측면과 우주론적 측면에 걸쳐 한꺼번에 옹호한다. 강력한 개인은 좋은 경험이든 나쁜 경험이든지 간에 자신의 모든 지나간 경험들의 피할 수 없는 영원회귀를 기꺼이 받아들일 수 있는데, 왜냐하면 그 인물은 자신이 그 가운데 어떤 경험들을 긍정하고자 하는지 선택할 수 있는 힘과 그에 따라 모든 도덕적·반응적 가치 평가를 능가할 새로운 삶의 해석을 창조할 수 있는 힘을 두루 갖췄기 때문이다.

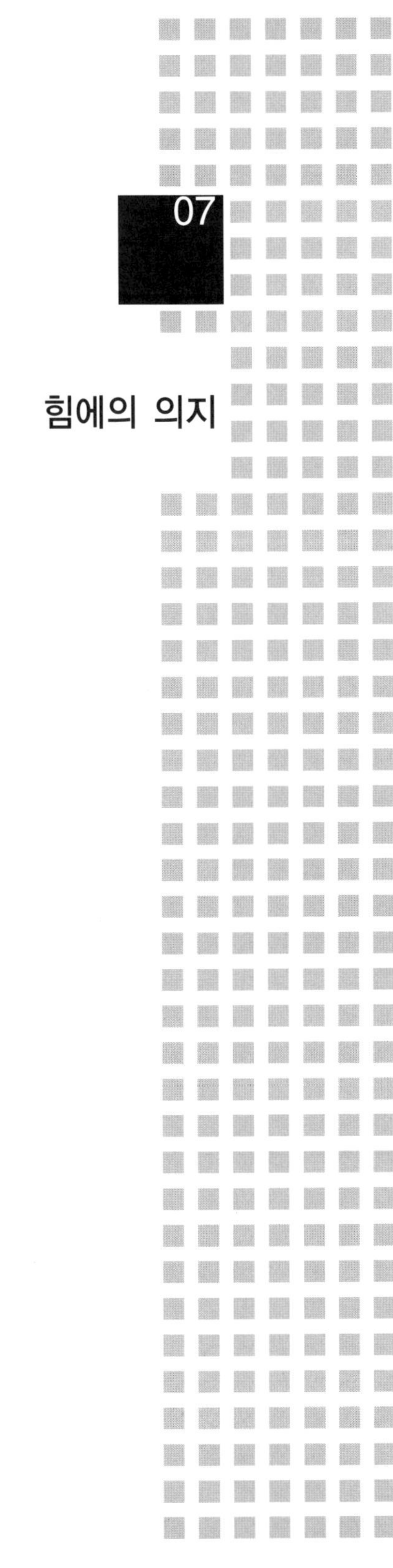

힘에의 의지

이 장에서는 니체의 가장 중요하면서도 난해한 개념들 가운데 하나인 힘에의 의지에 대해 논의할 것이다. 니체가 사용하는 모든 용어 가운데서도 '힘에의 의지'는 대중들이 그의 이름에서 종종 연상하는 바, 곧 니체는 약자들에 대한 강자들의 폭력적 지배라는 측면에서 삶을 바라보며 또 이를 정당화한다는 일반적인 속설과 가장 밀접하게 결부되어 있는 용어이다. 상투적인 견해라는 것이 대부분 그러하듯이 이와 같은 해석은 힘에의 의지 개념의 진정한 면모를 상당 부분 가리고 있지만, 니체가 완전히 새로운 삶의 이론이라고 주장한 것의 가장 극적인 요소만을 집중적으로 강조하는 것이기는 하다.

이 방면의 논의를 둘러싼 어려움 가운데 하나로 우선 지적해 두어야 할 것은 '힘에의 의지'가 하나의 '이론'이나 '관념', 또는 '원칙'으로서 적절히 표상되고 있는지조차 확실치 않다는 점이다. 힘에의 의지는 우리가 마주치는 '존재'나 '실재'에 대한 어떠한 해석도 창조하고 변형시키는 생산적인 힘을 지목한다고 니체가 강조한 점을 생각해 볼 때, 일단 힘에의 의지로 구상된 세계는 실존의 모든 측면들에 새로운 해석이 더해지면서 삶이 명사와 동사로서 동시에 경험되는 역동적인 삶의 전망을 제시한다고 말할 수 있다. 그러나 이러한 새로운 삶의 전망을 이해하고자 한다면, 우리는 먼저 니체가 말하는 '의지'와 '힘'의 의미를 규정하고, 이러한 용어들로 삶을 다시 사유하는 데 무엇이 문제되는지 엄밀히 따져 봐야 한다.

'힘에의 의지'가 니체에게 중요한 일차적인 이유는 그의 작업이 불러일으킨 도전과 역설에 이 개념이 근본적으로 새로운 관점을 가져다주기 때문이다. 니체는 서구 사상의 반응적·허무주의적 역사 '바깥에서' 비판적 입지를 확대시키고자 했으나, 그 과정에서 일련의 모순들과 직면하지 않을 수 없었다. 인간이 '역사적' 동물로 타락해 가는 과정을 밝히면서 어떻게 역사를 쓰는 일이 가능할 것인가? 이성의 활동에 내재된 기만적 본성을 어떻게 논증할 수 있는가? 진리의 허위성을 역설하는 일은 과연 가능할까? 이 모든 질문들을 토대로 니체는 자연의 본질과 '인간'을 역설과 모순의 존재로 생산하는 자연의 능력에 대해 재고했다. 결국 이 같은 교정 과정은 실재와 가상, 존재와 생성 등의 대립과 같은 몇 가지 근원적인 이분법에 대한 도전으로 이어졌고, 이는 니체의 초기 작업의 근간을 이루게 되었다.

그보다도 니체가 시사했던 바는 진리의 개념을 '바깥에서' 사유하려는 모든 시도는 기껏해야 또 다른 진리의 판본을 덧붙이는 데 불과하리라는 점이었다. '모든 인간주의적 삶의 개념에 반대하는 방식으로 행동하라'는 강령에 따라 '인간'을 거부하는 그 어떤 시도도 단지 인간에 대한 또 하나의 규범을 만들게 될 뿐이라는 것이다. 니체에게 '힘에의 의지' 개념은 삶이 미치지 않는 곳에 초월적 이성의 형식으로 비판적 위치를 자리매김하기보다는 삶의 안쪽에 위치하는 삶의 원리를 상상함으로써, 비판적 사유가 일으키는 모순들 너머로 이행할 수 있는 가능성을 대변하는 것이었다. 우리는 단지 삶 그 자체만을 받아들이는 내재적인 원리에 근거하여, 서로 다른 삶의 형식들(동물의 삶, 생리적인 삶, 합리적인 삶, 도덕적인 삶, 기타 등등) 사이의 구분이 어떻게 행해지고 정당화되는지 알 수 있다. 니체는 우리가 단순히 인간의 삶뿐 아니라 힘을 추구한다는 공통점으로 결속될 수 있는 모든 삶을 알아야 할 필요가 있다고 주장한다. (모든 진리 및 규범과 더불어) 인간의 삶이란 단지 삶이 거쳐 가는 하나의 형식일 따름이라는 것이다.

니체가 실존에 대한 새로운 전망을 발전시키는 데 몰두하게 된 것은 삶에 대한 서구적 성찰이 전통적으로 수많은 고정된 항들 사이의 형이상학적 대립을 토대로 구조화되어 왔다는 점을 인식하면서부터이다. 이 가운데 가장 중대한 대립으로는 주체와 대상, 원인과 결과, 존재와 생성 등을 들 수 있다. 니체에 따르면, 서구 사유에 나타나는 이러한 이분법적 경향은 우리가 세계를 재현하는 데 사용하는 언어의 구조 안에서 확립되고 또 이에 따라 생산된다. 여기서 우리는 『우상의 황혼』에 수록된 니체의 유명한 경구 "우리가 문법을 여전히 믿고 있기 때문에 신을 떨쳐 버리지 못하는 게 아닌가"(1990b : 48/15 ; 101)를 떠올리게 되는데, 왜냐하면 이 대목은 우리의 세계 지각이 서로 다른 삶의 형식들에 대한 언어적 구분에 의존하고 있음을 강조하는 부분이기 때문이다. 결국 문법이란 '주체'(종종 인간의 의식이나 '인간'으로 표상된다.)와 '대상'(외부의 세계) 사이의 구별을 강제함으로써 작용한다고 할 수 있다. 이 같은 구별을 더욱 확대시키는 것은 우리로 하여금 운동과 변화를 경험으로서 지각할 수 있도록 돕는 '동사', '명사', '형용사' 등과 같은 문법적 개념들인데, 이때 경험이란 인간 주체를 창조하는 것이 아니라 오히려 인간 주체에게 일어나는 것이다. 다시 말해 문법적 개념들은 끊임없는 생성의 과정이 펼쳐지는 세계를 상태, 행위, 경험 등이 비교적 일정하게 유지되는 가운데 약간의 동요가 이는 정도의 세계로 변형시키는 것이다.

니체에 따르면, 생성과 변화의 세계에 형식과 실체의 세계를 부과하는 규범적인 형이상학의 근저에는 자의식을 존재의 근본적 자질로 잘못 상정하고 "나-실체"에 대한 이 같은 믿음을 세계 일반에 투사하는 이성의 능력에 대한 신뢰가 굳게 자리 잡고 있다. 이런 식으로 인과관계가 뒤바뀜에 따라, 인간의 '자아'('나')와 '의지'는 좀 더 일반적이고 비인간적인 삶의 운동에서 파생된 이차적인 효과가 아닌 실존의 기원과 원인이라고 상상된다. 그러므로 세계라는 존재는 단지 인간의 용어로 재현될 뿐이다. 오늘날, 살아간다는 것은

> 단일성, 동일성, 지속, 실체, 원인, 물성, 존재를 만들라고 이성의 편견이 우리를 강요하는 꼭 그 정도만큼 오류에 빠지고, 필연적으로 오류로 향하는 것[이다]. …… 언어는 그것의 연원상 심리학이 가장 초보적 형태를 갖던 시기에 속한다 : 언어-형이상학의 근본 전제들, 꾸미지 않고 말해서 : 이성의 근본 전제들을 의식하게 되면, 우리는 주물을 숭배하는 비소한 자가 되어 버린다. 의식은 도처에서 행위자와 행위를 본다 : 의지를 일반적 원인이라고 믿는다 : '나'를 믿고, 나를 존재라고 믿으며 나를 실체로 믿는다. 그리고 나-실체에 대한 믿음을 모든 사물에 투사한다— 이렇게 하면서 의식은 '사물'이란 개념을 비로소 만들어 낸다. …… 존재는 원인으로서 어디서든 슬쩍 밑으로 밀어 넣어진다 ; '나'라는 구상으로

부터 '존재' 개념이, 비로소 파생된 것으로서 뒤따르는 것이다. …… 맨 처음부터 의지가 결과를 일으키는 어떤 것이라는―의지가 일종의 능력이라는 엄청난 숙명적 오류가 자리 잡고 있었다. …… 오늘날의 우리는 의지라는 것이 단지 단어에 불과하다는 것을 알고 있는데……(1990b : 47-48/15 ; 100-101)

니체는 인간의 삶을 구성하는 동시에 초과하는 비인간적 창조 원리를 상상하는 방식으로 '힘에의 의지'를 정교하게 가다듬음으로써, 단순히 의인관적 측면에서 실존을 재현하는 오류에 우리가 빠져들지 않게끔 하고자 한다. 이처럼 힘과 지배를 추구하는 중단 없는 비인간적 투쟁으로서 삶을 이해한다면, 니체가 심리적이고 인간적인 측면에서 '의지'를 논의하기 꺼려 하는 이유를 짐작할 수 있을 것이다.

많은 이들이 혼란스러워 하는 이 부분에 대해 말하자면, 니체가 의지를 의식과 동일시하지 않는 이유는 의식이 그릇된 인과관계를 사건들에 도입하기 때문이다. 곧, 의식은 사고, 감정, 내적인 삶의 구성요소 등과 같은 일련의 효과들이 세계에 대한 경험을 지각 가능한 것으로 만드는 기원이라고 판단한다는 것이다. 우리의 실수는 '쾌감'이나 '고통' 같은 의식적 관념들이 신체적 반응의 원인이며 쾌감의 극대화와 고통에 대한 기피가 모든 종류의 행위에 동기로서 작용한다고 상상한다는 데 있다. 그러나 니체가 볼 때 이러한 생각들은 신체의 물질적 작용들을 해석하면서 비롯되는 것이다.

니체는 이러한 자신의 주장을 생리학적 측면과 역사적 측면에 걸쳐 동시에 정당화하고자 한다. 니체가 유고집 『힘에의 의지』에서 주장하는 바에 따르면, 머리로 피가 쏠리고 맥박과 호흡이 변하는 것을 두고 사람들은 대체로 '화가 난 상태'라고 해석하지만, 사실 이 감정은 의식적인 목적과는 무관한 생리적 운동에서 생겨난 것이다. 결과적으로 우리는 일정한 외부 대상들(사람, 장소, 사물 등)에서 특정한 감정들을 연상하는 데 너무나 익숙해진 나머지, 그러한 감정들이 생리적 변화의 원인이라고 추측하곤 한다. 다른 사례를 살펴보자. 인간의 성적 취향에 관한 역사를 최대한 짧게 요약하자면, '쾌감'과 '고통'을 구성하는 요인은 일반적인 생물학상의 법칙보다는 특수한 문화적 판단들에 따라 결정된다는 것이다. 사도마조히즘과 같은 것을 보면 고통이 쾌감과 완전히 대립되는 것이 아니라 오히려 쾌감의 전제 조건이자 찬미 대상으로서 해석될 수도 있음을 알 수 있다. 한편, 영적 금욕주의가 심화되면 결핍 속에서도 성적 쾌감의 효과를 증식시키는 생리적인 강렬함과 황홀경이 나타나는데, 이럴 경우에는 육체적 탐닉을 도덕적으로 비난할 수 있게 되는 셈이다. 그러므로 쾌감과 불쾌감은 신체적 변화를 가져오는 단순한 심리적 원인들이 아니다. 이와 같은 기분들은 생리작용에 근거하여 사후에 내려진 판단들이며, 그 의미는 생리작용을 경험하는 주체 안에서 생성되는 힘에 대한 감정에 따라 달라진다.(1968 : 354/16 ; 883-884)

쾌락과 고통, 선과 악 등 특정한 의식적 관념들과의 일치라는 관점에서 삶을 판단하려면, 삶 속에서 얻어진 결과를 오히려 그에 대한 원인으로 뒤바꾸고 최종적으로 이를 정당화하는 것이 필요하다. 니체가 거듭 주장하는 바에 따르면, 점진적인 "의식화" 과정이 의식적 관념들을 생리적 감각들의 원인으로 단정하기 이전의 초기 의식은 사실 "개인의 생물학적 중심으로부터 가장 멀리 떨어져" 있는 종속적이고 반응적인 존재 형식이다.(1968 : 274/19 ; 360) 의식에 대해 니체는 생물학적 용어를 사용하여 단지 신경계통에 "부가된" 어떤 것으로서 묘사한다. 의식은 인과관계의 원리를 삶에 도입함으로써, 그렇지 않을 경우 어떤 것도 식별할 수 없었을 삶의 공간에서 세계를 인간적 의미로 사고할 수 있도록 만들어 준다는 것이다.(1968 : 285/21 ; 152-153) 이러한 작용은 삶에 내재된 "천 배나 더 복잡한 것"을 자기 반영적 "단일성"으로 대체하고, '인간'의 자주적 의식을 실존의 최고 가치로 끌어올린다.(1968 : 284/21 ; 154) 그러나 '의식화'란 삶의 동력을 전개하고 확대하고자 하는 한 가지 수단에 불과하다. 주로 의식의 측면에서 삶을 이해한다는 것은 삶이 그 자체를 실현하고 확장하는 방식들의 다수성을 인정하지 않는 것이다.(1968 : 376/20 ; 236-237) 쾌락, 도덕, 영성靈性과 같은 관념들을 실존의 최고 가치로 설정하는 것은 총체적인 삶의 경제를 부인하고 자연 전체에서 일부만을 취하는 것이다. 더구나 삶을 설명하고자 의식의 본령을 삶의 배후에 도사리고 있는 무조건적 가치 속에서 확인하는 것은 반응적 사유의 극대치였던 절대정신 또는 '신'에 대한 순진한 믿음을 복제하는 것에 지나지 않는다.

근본적 오류는 우리가 의식을 도구라고, 총체적 삶의 한 단위라고 설정하는 대신, 척도로 그리고 삶의 최고 가치로 설정하는 데에 있다 : 요약하면 부분으로부터 전체로a parte ad totum의 그릇된 관점이 근본적 오류인 것이다. 이것이 바로 모든 철학자들이 의식의 총체, 발생하는 모든 것들이

원하는 것을 의식적으로 같이 원하며 그것들의 삶을 공유하려고 의식적으로 원하는 일, '정신', '신'을 본능적으로 날조해 내는 이유이다. 그러나 이 철학자들에게 말하지 않으면 안 된다. 바로 이러한 일들로 인해서 인간 삶이 괴물로 되어 버린다는 점을 ; 그리고 '신'과 총체적 감각중추가 삶이 유죄판결을 받지 않을 수 없게 만드는 바로 그것이리라는 점을…… 우리가 목적과 수단을 설정하는 의식의 총체를 제거해 버린다는 것 : 바로 이 일로 인해 우리는 아주 무거운 짐을 벗어 버린다…… 우리가 삶에 던지는 최대의 비난은 신의 존재였다……(1968 : 376-377/20 ; 237-238)

의지, 힘, 저항

의식과 정신을 실존의 최고 가치로 간주하는 데 대한 니체의 부정적 비판에서 우리는 그가 제시하는 긍정적인 삶의 전망을 살펴볼 수 있다. 이러한 전망은 다음의 주요한 세 가지 확신으로 구체화된다. 첫째, 삶 전체는 비인간적인 힘에의 의지에서 창조된 힘들로 이루어진 단일한 장場이며, 힘에의 의지는 인간의 의식을 그 결과 가운데 하나로서 생산한다. 이른바 '삶'이라는 것은 끊임없는 생성과 변형의 힘일 뿐이고, 이를 습관적으로 원인과 결과로 갈라 놓는 것은 우리의 언어적 관습이다. 둘째, 삶의 목적은 자기 보존도, 도덕적·영적 계몽도 아닌 힘의 증대이자 "동화이고, 지배를 원하고, 더 많이 원하며, 더 강해지기를 원하는 의지 작용"(1968 : 367/21 ; 71)이다. 니체는 인류의 역사에서 위험을 무릅쓰고 힘과 지배를 추구하는 삶을 살았던 개인들의 사례를 무수히 발견할 수 있다는 데 주목한다. 근원적인 삶의 충동은 힘을 축적하고 강자의 의지가 약자의 의지를 지배할 때 발생하는 저항을 이겨 내는 데 존재한다는 것이다. 이 같은 힘의 관계가 삶의 모든 국면을 특징짓는다. 물론 그러한 관계는 물리적 정복 행위에 내재하는 것이지만, 한편으로는 부상하거나 몰락하는 문화적 운동들 사이에서 역사적 차원의 조율을 이루어 낼 뿐 아니라, 철학적 대화나 궁정식 연애courtly love의 관례와 같은 지적인 형식들의 이면에서 계기로 작용하는 힘이 되기도 한다.

니체는 존재의 기초가 되는 단일한 힘 또는 원리에 관한 일원론적 시각을 바탕으로, 하나의 의지와 다른 의지 사이에 존재하는 지배의 운동 이외의 다른 종류의 인과성이란 존재하지 않는다고 주장한다.(1968 : 347/18 ; 311) '의지'가 '욕구한다' 또는 '요구한다' 식의 추상적인 심리적 범주와 엄격히 분리되어야 하는 것은 이 같은 이유에서인데, 이런 심리적 범주들은 힘의 분출에 앞서 의식적 관념을 내세우기 때문이다. 니체는 "'**원한다**'란 존재하지 않으며, 단지 **무엇을 원한다**만이 존재한다"(1968 : 353/20 ; 351)라고 단언한다. 삶의 운동 전체는 힘의 축적을 향한 의지와 더욱 강한 의지로의 병합에 저항하는 의지 사이의 투쟁 속에서 생산된다. 이러한 탈취와 저항의 투쟁은 삶의 모든 단계를 형성하고 한 단계를 다른 단계와 차별화시킨다.

니체에 따르면, 삶의 모든 '사건'에 당면하여 문제가 되는 것은 "저항의 정도와 우세의 정도"(1968 : 337/21 ; 66)이다. 니체가 "힘에의 의지 '양자quantum'"라고 부르는 것은 우세, 곧 우월한 힘이 열세를 흡수할 수 있는 한에서 "기계적 질서로부터 도외시될 수 없는 특징"을 표현하며, "그것 없이는 기계적 질서 자체를 생각할 수 없게 만드는"

생산적인 삶의 단위가 된다.(1968 : 338/21 ; 67) 따라서 어떤 종種의 생장, 그리고 그 종이 지닌 인식에 대한 욕망의 크기는 힘에의 의지를 얼마나 지배하고 확장하느냐에 달려 있다. 이처럼 놀라운 역전을 바탕으로, 니체는 인식이 힘의 전제 조건이라기보다는 힘의 효과이며, 우리가 "인식 가능"하게 되는 것은 실재를 바라보는 시각을 창안하고 이를 다른 사람들에게 강요할 수 있는 힘을 소유하는 한에서라고 주장한다.(1968 : 267/19 ; 383) 유사한 경우로, 우리가 '쾌감'과 '불쾌감'으로 의식하고 있는 관념들은 행동을 일으키는 원인이 아니라, 우리가 언젠가 발휘했던 힘의 수준과 현재 갖고 있는 힘의 수준 사이의 차이에 대한 의식일 뿐이다.(1968 : 366/21 ; 119) 쾌감을 느낀다는 말은 힘의 최대치를 실감한다는 뜻이다. 이에 반해 불쾌감은 나약한 의지의 향방이 더욱 강력한 의지에 따라 재설정될 때 발생한다.

> 힘에의 의지는 단지 저항에 당면해서만 자신을 표현한다 ; 이 의지는 자신에게 저항하는 어떤 것을 찾는다.—이것이 원형질이 위족僞足을 뻗쳐서 자신의 주위를 더듬거릴 때의 근본적인 경향이다. 탈취와 동화는 다른 무엇보다도 결국 제압된 것이 공격자의 힘에 완전히 넘어가서 공격자의 힘을 증대시킬 때까지 제압하기 원하는 것이며 형태화하거나 길들이며 고치는 것이다.(1968 : 346/20 ; 108)

셋째, 곧 긍정적인 삶의 전망을 구체화하는 세 번째 확신은 힘에의 의지가 해석한다는 것이다. 구체적으로 말하자면, 힘에의 의지의 해석은 서로 다른 삶의 형식들 사이에서 힘의 위계를 식별해 냄으로써 이루어진다. 니체가 '해석'을 들어 말하고자 하는 바는 어떤 것의 주인이 되는 방식이다. 힘에의 의지가 해석하는 방식은 존재 유형들 사이에 경계를 구획하고, 각 존재 유형이 드러내는 힘의 등급을 평가하며, 한 존재가 다른 존재를 얼마나 성공적으로 자기 영역에 흡수해왔는지의 정도를 판정하는 것이다.(1968 : 342/19 ; 171)

힘에의 의지는 삶의 모든 단계를 구성하는 생산적인 힘이기 때문에, 해석이란 것을 니체적인 의미에서 이해할 경우 이는 존재의 경험에 근본적인 것이 될 수밖에 없다. 니체는 매번 이 점을 부각시켜 우리의 세계관이 주체의 '목적'과 '의도'라는 허구로 말미암아 기형적으로 변형되는 양상을 폭로하려고 한다. "목적과 수단은 해석이며, 이때 사건의 어떤 측면은 강조되어 선택되지만, 다른 대다수의 측면들을 희생시킴으로써 그렇게 된다는"(1968 : 351/19 ; 310) 점을 감안할 때, 의도적인 '목적' 안에서 어떤 행위의 의미를 찾으려는 것은 부적절하다는 것이 니체의 주장이다. 우리는 '주체'라는 허구를 승인하면서 모든 행동에 '행위자'를 투사시키는 것을 중단해야 하는데, 일단 '작용을 가하는 주체effective subject'를 포기하고 나면 개념상의 여러 왜곡들('본질적인' 속성 및 '우연한' 속성을 지닌 존재에 대한 근원적인 '실체'가 있으리라는 믿음, '물 자체' 개념 등)을 가능케 하는 토대 또한 버릴 수 있기 때문이다.(1968 : 298/20 ; 61-62)

우리가 자기동일적인 주체라는 관념에 집요하게 매달리는 것도 삶의 다수성을 일관된 질서로 통합하여 볼 수 있게 하는 안정되고 단일한 관점을 가져다주기 때문에 그러하다. 한번 '현실'에 대한 '진리'와 '실재성'이 확립되고 나면, 세계 그 자체의 완전성과 '가상'의 거짓 세계 사이를 완강히 분리함으로써 생성의 물질적 세계 대신 '영혼'과 '자아'라는 형이상학적이고 반응적인 형식들에 특권을 부여하는 것이 가능하게 된다. 하지만 그러한 분리 양상은 주체와 '현실'이란 것이 축적과 저항의 유동적인 힘, 다시 말해 그 대립의 경계가 항상 재조정되고 있는 힘에서 비롯된 효과임이 밝혀지는 즉시 위협을 받게 된다. 니체는 주체와 대상 사이의 실체상의 차이를 인정하지 않는다. 주체가 발생하는 장소는 원자들이 미리 주어진 본질 같은 것도 없이 자유로이 흘러 다니는 세계, 곧 차이의 세계라는 것이다.

> 주체—'원자들'Subjekt-'Atome'이 아니다. 주체의 영역은 지속적으로 증가하거나 감소하면서—체계의 중심점은 지속적으로 움직이면서— ; 주체가 적절한 정도를 조정할 수 없는 경우에 주체는 둘로 나뉜다. 다른 한편 주체는 더 약한 주체를 파괴하지 않고 자신의 기능원으로 개조할 수 있으며 어느 정도까지는 그와 함께 새로운 통일체를 형성할 수 있다. '실체'가 아니라 오히려 그 자체로 강화를 추구하는 어떤 것이다 ; 그리고 자신의 '보존'을 단지 간접적으로만 원하는(그것은 자신을 능가하고 싶어 한다—) 어떤 것이다.(1968 : 270/20 ; 70-71)

관점주의

니체는 삶의 심장부에서 출현하는 힘에의 의지를 생각하며 존재를 실체가 아닌 하나의 작용으로서 특징지을 수 있다고 보았다. 실체적 존재의 세계는 힘의 다양한 효과들이 각기 개념, 상, 동일성으로 재결합되면서 생산된다. 니체는 『힘에의 의지』에서 "'사물'이란, 개념이나 상…… 등에 의해 종합적으로 결합된 작용들의 총계인 것이다."(1968 : 296/21 ; 88)라고 설명한다. 이 대목이 하나의 결정적인 진술이 될 수 있는 이유는 니체가 이를 바탕으로 실증주의도 아니고 자연현상에 대한 '객관적' 독법도 아닌, 자신이 관점주의perspectivism라고 부르는 것에 근거한 급진적인 진리 이론에 몰입하기 때문이다.

> '오로지 사실만 있다'는, 현상에 머무르는 실증주의에 대항해 나는 이렇게 말할 것이다. 아니다, 사실이 있는 것이 아니라 해석이 있을 뿐이다. 우리는 사실 '자체'를 확인할 수 없다 : 그렇게 하려는 것 자체가 터무니없을지 모른다. 너희는 '모두가 주관적이다'라고 말한다 : 그러나 그것 자체가 해석이며, '주체'는 주어진 것이 아니라 덧붙여-꾸며 내진 것, 배후에-숨어 있는 것이다.—해석자를 해석의 배후에 세울 필요가 있는가? 그것이 벌써 창작이고 가정이다.
>
> '인식'이라는 말 자체가 의미를 지니려면 세계는 인식 가능해야 한다 : 그러나 세계는 다르게 **해석될 수 있으며**, 배후에 숨겨진 의미도 없고, 수많은 의미들의 '관점주의'가 있다.
>
> 우리의 욕구는 세계를 해석하는 것이다 : 우리의 본능과 그것의 찬성하고 반대하는 것. 모든 본능은 일종의 지배욕이며, 모든 본능은 자신의 관점을 가지고 있다. 본능은 이 관점을 다른 본능들에 규범으로서 강요하려 한다.(1968 : 267/19 ; 383)

이 부분은 난해해서 면밀한 검토가 필요하다. 니체가 항상 주장하는 바에 따르면, 자연스러운 모든 '사실' 또는 '진리'는 의지를 작동시켜 실재에 대한 하나의 견해를 실체화시킨 것인 삶에 대한 하나의 해석에서 출발한다. 사람들이 습관적으로 저지르는 '실증적' 오류는 모든 세계 해석에 객관적 기준으로서 적용되는 공통의 일반적 실재가 존재한다고 가정하는 것이다. 니체는 두 가지 연관된 근거를 토대로 이러한 가정에 반대한다.

첫 번째 근거는 삶 또는 세계를 다루는 '보편적인' 이론은 존재하지 않는다는 것인데, 만약에 이 같은 이론이 성립되려면 관점을 배제한 서술만을 담아내야 하겠지만 이는 불가능하다. 두 번째 근거는 '현실'에 관한 일반적 모형 구실을 할 수 있는 한 가지 대상이란 없다는 것인데, 왜냐하면 하나의 '사물'이 갖는 성질들은 다른 사물들과의 지속적인 상호 관계 속에서 존재하기 때문이다.(한 분야만을 다루는 이론조차 한 가지만 갖고 분석할 수는 없다.) 니체의 첫 번째 이의를 이해하려면 다음과 같은 니체의 확신을 다시 떠올려야 한다. '삶', '존재', '실체', '사실', '세계' 등등 무엇으로 불리든지 간에 모든 일반적 '본질'은 달리 생성될 수 있는 무수한 해석의 가능성들을 미리 조건 짓고 한계 지은 특정한 관점의 역사적 지배 속에서 생산된 것이라는 확신 말이다. 따라서 우리가 세계를 바라보는 시각은 세계에 부과하고자 끌고 온 관점들의 상호 작용에 따라 구성되는 것이다. 세계를 해석에 필요한 진리의 표준으로 삼는 것은 결과를 원인으로 바꾸어 버리는 것과 같다.

힘에의 의지는 개인이나 집단, 또는 기관이 '사실'을 재해석하여 고유한 가치와 이익을 증대시키고자 할 때마다 출현한다. 우리가 기억하기에 재해석은 언제나 약자들을 강력한 힘에 동화시키는 작용을 수반하기 마련인데, 바로 이 과정에서 필연적으로 세계에 대한 새로운 관점이 창조된다. '삶'을 하나의 사실이자 역사적 가치로 재해석하는 연속된 과정에 주목해 보면 이 같은 통찰에 쉽게 수긍할 수 있을 것이다. 이를테면 귀족적 문화에서 '삶'은 원한에 얽매이지 않은 채로 자기를 소비하고 긍정하는 고귀한 양식으로서 찬양되었다. 반면에 사제들의 금욕주의적 문화가 갖는 권위는 초월적이고 영적인 자세로 앞으로의 삶에 임하는 자기반성과 극기라는 내성內省의 양식으로서 '삶'을 재해석하며 형성된 것이었다. 귀족들의 문화와 사제들의 문화 모두 일반적 관점에서 '좋은 삶'에 대해 논한다고 생각할 수도 있겠지만, 그러한 설명에 담긴 의미는 그들이 인간 경험의 구조를 해석하고자 선택한 관점에서 비롯된 것이다. 이런 식의 견해는 실존을 대하는 니체 고유의 냉소적 관점과 아무런 공통점도 없다. 니체에 따르면, 우리가 '삶'이라고 부르는 것은 "하나의 공동의 영양분 섭취 과정에 의해 결합된 다수의 힘"(1968 : 341/16 ; 876)이다. 앞에서 살펴본 좋은 삶에 관한 견해들이 니체의 일정한 신념, 곧 '삶'은 경험의 재해석 및 옛 관점과 새 관점 사이에 존재하는 불연속에 따라 하나의 의미와 가치로 생산된다는 확신에 부응할 것이라고 기대해서는 안 된다. 삶은 역사의 작용을 평가할 때 필요한 일반적인 근거를 제공하지 않는다.

니체가 제기한 두 번째 이의는 이처럼 의미와 가치가 해석과 힘에의 의지의 결과물이라는 생각을 근본적 차원에서 더욱 확장시킨다. 니체는 어떤 '사물'의 통일성과 일관성을 구성하는 것은 그것에 영향을 미치는 관점들의 다수성이라고 주장한다. 다양한 특징들을 관장하는 하나의 실체나 동일성이 어떤 대상의 통일성을 보증하는 것은 아니다. 대상을 발생시키는 것은 다양한 특징들을 해석하고 이것들을 다른 것과 연계시키며 그러한 결합의 범위에 한계를 규정하는 의지다. 해석은 항상 지배권을 둘러싼 힘들 사이의 투쟁과 결부되므로, 어떤 대상이 형성되어 온 역사를 제대로 고찰하려면 모든 삶의 형식을 구조화하는 포함과 배제의 원리를 고려해야 한다. 니체는 힘과 해석의 운동으로 역사를 이해하는 작업을 '계보학적' 비판양식의 과제로 명확히 설정한다.

하나의 사물은 그 결과들의 총합이라는 믿음에서 영감을 얻은 또 다른 인물로는 이를 바탕으로 문학의 '전통'에 관한 자신의 견해를 확립했던 미국 시인 엘리엇T. S. Eliot을 들 수 있다. 엘리엇은 '전통적인' 예술과 '새로운' 예술의 관계를 일정하게 독립된 두 가지 대상 사이의 순차적인 관계로 이해해서는 안 된다고 주장한다. 이 두 가지 대상의 의미는 모두 어떤 공통의 지평에서 이들을 규정하는 관점에 따라 동시에 생산되기 때문이다. 종종 우리는 전통의 "기념비적인 작품들"에는 특정한 관점에 구애받지 않는 본질적인 특징들이 내재되어 있으며, 이 특징들은 새로운 작품들을 해석하고자 할 때 필요한 영속적이고 초시간적인 맥락을 구성한다고 가정한다. 그런데 엘리엇이 보기에 이는 잘못된 것이다.(Eliot 1951 : 15) 전통이 새로운 예술 작품을 어떻게 읽어야 할지에 대한 맥락을 제공한다는 말은 맞지만, 이러한 맥락은 새로운 작품이 기존 질서에 소개되는 동시에 변형되기 때문이다. 그렇다면 새로운 것의 의미는 구성되는 것이자 구성되고 있는 것이라고 말할 수 있을 것이다. 엘리엇은 다음과 같이 결론짓는다. "새로운 작품이 더해진 뒤에도 질서가 유지되려면 기존의 질서 전체가 조금이나마 바뀌지 않으면 안 된다. 그렇게 되면 각각의 예술 작품이 전체 질서와 갖는 관계, 균형, 가치가 재조정된다. 이것이 낡은 것과 새로운 것 사이의 일치이다."(Eliot 1951 : 15) 그러므로 전통적인 예술과 새로운 예술이 갖는 각각의 성질 및 상호 공명하는 부분은 내적 구성이나 본질상으로 특수한 것이 아니라, 오히려 취향의 공통성에서 비롯된 역사적 기준들이나 특수한 시공간에서 행해지는 독법이 낳은 '일치' 또는 해석의 일관성에 따라 규정되는 것이라고 할 수 있다. 문학의 전통에 관한 논의를 급진화한 엘리엇의 모더니즘적 통찰에서 우리는 니체의 가장 인상적인 언명 가운데 하나를 다시금 떠올릴 수 있다. "어떤 사물들의 속성들은 다른 '사물들'에 대한 효과들이다 : 다른 '사물들'을 빼고 생각하면, 사물은 아무런 속성도 갖지 않는다. 즉, **다른 사물들이 없으면 어떤 사물도 존재하지 않는다**, 즉 '물 자체'는 존재하지 않는다."(1968 : 302/19 ; 129)

그런데 해석과 무관한 진리란 없다는 주장은 두 가지 유형의 반대에 직면한다. 첫 번째 유형의 반대는 '진리'를 해석의 일종으로 보게 되면 개념이 가능한 토대 자체가 완전히 훼손된다는 것이다. 그러나 니체의 요점은 '진리 같은 것은 없다'가 아니다. 니체가 이를 자명한 명제라고 단언한다면 자기모순에 빠져들고 말 것이다. 하지만 니체가 주장하는 바는 세계를 설명하는 데 적합한 **하나의** 관점이란 없다는 것이다. 세계는 가치, 이해관계, 서로 다른 삶의 형식들의 역사적 실천 등에 따라 언제든 재해석될 수 있기 때문이다. 세계에 대한 편견들을 새로운 믿음과 가치로 변형시킬 수 있는 관점들, 다시 말해 아직 도래하지 않은 세계에 대한 관점들이 항상 존재하기 마련이다. 미생물학, 의학, 양자물리학의 발전을 생각해 보면 알 수 있을 것이다. 그런데 해석이 확실히 세계를 설명할 수 있으려면, 해석과는 상관없는 해석되기 이전의 세계를 인식하는 것이 가능해야 한다. 하지만 이것이야말로 정확히 니체가 부정하는 것이다. 항상 새로운 세계 해석이 있을 수 있기 때문에 모든 견해란 '단지' 하나의 해석에 그칠 뿐이고, 그렇다면 그 정당성이 의심스러울 수밖에 없다고 주장하는 것은 관점주의에 대한 적절한 논박이 아니다. 그렇게 주장하는 것은 해석이 아닌 특정한 견해들이 더 있을 수 있다는 뜻을 함축하고 있다. 그러나 영향력 있는 니체 연구자인 알렉산더 네하마스Alexander Nehamas가 주장해 온 바와 같이, 모든 견해는 해석이라는 견해가 오류일 수도 있다는 것을 선언하는 것만으로는 부족하다. 해석과 무관한 견해를 생산하려는 도전이 존재하기 때문이다.

> 모든 견해가 해석이라는 견해는 오류일 가능성도 있다. 그러나 이로 인하여 원근법주의〔관점주의〕를 거부할 이유는 없다. 오류일 가능성이 있다고 말하는 것과 오류라고 말하는 것 사이에는 커다란 차이가 있다. …… 아마도 모든 견해가 다 해석이 아닐지도 모른다. 그러나 이러한 가능성이 참이 되기 위해서는 해석이 아닌 견해가 실제로 존재해야만 한다.(Nehamas 1985 : 67)〔알렉산더 네하마스, 『니체 : 문학으로서의 삶』, 김종갑 옮김, 책세상, 1994, 106쪽.〕

관점주의에 대한 두 번째 유형의 반대는 첫 번째 유형이 변형된 것이다. 모든 것이 관점의 문제이며 힘에의 의지는 재해석 속에서 표현된다는 것이 사실이라면, 그저 우리는 니체가 그토록 피하려던 독단론적 태도를 재생산하는 보편불변의 삶의 법칙으로 되돌아간 것이 아닌가? 이러한 반대는 니체를 진정한 궁지로 몰아넣는다. 그러나 이는 논리적 자기모순이 아니라, 오히려 하나의 형이상학적 구조, 곧 실재를 주어와 서술어 및 실체와 속성 사이의 대립으로 분열시키는 언어 구조를 억지로 적용시켜 모든 형이상학적 개념의 구성 과정을 서술하려고 할 때마다 발생하는 불가피한 역설이다. 이러한 의미에서 니체 역시 존재들에 대한 모든 구조를 생성시키고 그 존재들의 질서와 위계를 결정하는 차별화와 재해석의 힘을 묘사하고자 할 때 언어를 사용하지 않을 수 없을 것이다. 다만 니체는 세계가 경험될 수 있는 방식들의 다수성을 언어 구조가 고갈시킬 수는 없을 것이라고 강조하였을 뿐이다. 그렇기 때문에 "만약 우리가 언어적 속박을 받지 않고 행하고자 한다면, 우리는 생각하기를 중단할 것"(1968 : 283/19 ; 241)이라는 사실은 여전히 유효하다고 해도, 우리는 그렇게 상상된 세계가 "우리에게 논리적으로 보인다"는 것, 그리고 그 이유는 "우리가 먼저 세계를 논리화해 두었기 때문"이라는 것 역시 인정해야 한다.(1968 : 283/20 ; 102) 또한 가치들은 절대적 진리 대신 삶에 대한 지배적인 해석들을 표상한다는 확신 때문에 니체가 소박한 상대주의에 말려들고 있다고 보아서는 안 된다는 점도 분명히 해 둘 필요가 있다. 세계에 대한 다른 관점들이 언제라도 가능하다고 해서 모든 관점에 동등하게 가치가 부여되는 것은 아니기 때문이다. 하나의 관점은 곧 실존에 대한 하나의 재해석이라고 보는 니체는 가장 강력한 관점들이 반응적인 삶의 형식을 적극적인 삶의 형식으로 변모시킨다고 단언한다. 어떤 관점의 가치는 어느 정도까지 힘에의 의지를 표현하고 긍정적인 삶의 힘을 가능케 할 수 있는지에 달려 있다. 삶에 대한 또 다른 해석은 항상 가능하지만, 귀족적 문화가 도덕에서의 노예 반란으로 대체될 수 있는 것처럼 이는 힘에의 의지를 협소하고 반응적인 목표로 되돌리려는 시도로 간주될 수도 있다.

힘, 비극, 긍정

관점주의의 견지에서 실존에 대해 생각한다는 것은 곧 삶에 대한 모든 개념, 상, 조건 등의 중심에서 힘에의 의지를 발견하려 시도한다는 말이다. 관점주의의 견지에서 실존을 바라볼 때 비로소 우리는 힘에의 의지를 단순히 폭력적 지배에 대한 심리적 표현으로 간주하는 속류적인 인식을 버릴 수 있다. 힘에의 의지는 그보다도 존재 상태와 진리 형식의 출현에 대한 전망으로서 인식되어야 한다. 여기서 '존재'와 '진리'의 연결이 자의적으로 행해진 것은 아니다. 니체는 '진리에의 의지'라고 스스로 명명한 것과 힘에의 의지를 시종일관 결부시킴으로써, '진리'란 일련의 '자연적' 사실들의 발견이 아닌 세계의 재해석과 창조적 배치에 대한 서술이라는 자신의 주장을 강조하고자 하기 때문이다.

'진리'에 대해 니체는 『힘에의 의지』에서 다음과 같이 상기시킨다. "진리란 어딘가에 있어서 찾아지거나 발견될 수 있는 어떤 것이 아니다— 오히려 창조될 수 있는 어떤 것이며, 특정한 과정에 대해 이름을, 그 이상으로 그 자체로는 종결되지 않는 정복 의지에 이름을 부여하는 어떤 것이다."(1968 : 298/20 ; 62) 실제로 진리란 "'힘에의 의지'를 말하는 것이다". 삶의 동력이 점점 더 강력해질수록, 실존의 전망에 담긴 '진리'를 세계에 부과하는 삶의 능력은 더욱 커져 간다.(1968 : 299/20 ; 63) 그러나 니체가 '가치'라고 부르는 것이 하나의 목표나 절대적 진리와 대응되지는 않는다. 가치는 다른 무언가로 변형되기 전에 존재가 체화할 수 있는 "힘의 최고의 양"(1968 : 380/21 ; 20)을 표상할 뿐이다. 가치에 항상 반응적 차원이 존재하는 이유는 그 자체가 삶의 조건을 유지하는 방식이기 때문이다. '진리'는 다량의 힘을 도덕적이고 윤리적인 자질들로 변환시키므로, 진리에 대한 형이상학적 신념은 가치들을 공고히 하는 데 필수적인 것이 된다. 결국 하나의 잠정적인 가치를 독단적인 것으로 만드는 가장 간단한 방법은 그러한 가치가 나타나게 된 유래를 강제로 은폐하고 그 가치를 '인간'이 가져야 할 하나의 '자질'이자 영원한 진리로서 제시하는 데 있는 셈이다.

지배력을 확보하려는 상이한 관점들 사이의 투쟁에서 모든 가치가 생겨난다고 하면, 세계에 대한 적극적 해석과 반응적 해석 모두 힘에의 의지를 기반으로 삼아야 한다는 결론이 나온다. 귀족적 존재의 자발적이고 적극적인 자기주장만이 반성되지 않은 힘에의 의지, 곧 기독교의 '양심의 가책'과 노예 도덕의 도전을 받고 종국에는 이들에 의해 재해석되기에 이르기 전의 힘에의 의지를 표현한다는 사실만은 자명하다. 그러나 우리가 보아 온 것처럼 니체는 금욕주의적 이상 역시 어떤 힘에의 의지가 반응적으로 전개되는 양상이라고 판단하고, 이를 다음과 같이 특징짓는다. "금욕주의적 이상은 퇴화되어 가는 삶의 방어 본능과 구원 본능에서 생겨난 것이다. 그러한 삶은 모든 수단을 강구해 자신을 보존하려고 하며, 자신의 생존을 위해 투쟁한다."(2000 : 93/14 ; 484)

니체가 동정이라는 것에 가혹한 이유도 동정이 유발하는 힘에의 의지의 부정적 단면 때문이다. 스스로를 동정하는 것은 자신의 성격에서 극복되어야 할 나약한 특징들을 오히려 보호하는 것이다. 반면에 다른 이들에 대한 동정은 자기 자신의 우월함에 대한 의식과 어느 정도의 생색을 늘 동반하기 마련이다. 힘에의 의지의 부정적 단면이 힘들(다른 사람들, 국가, 귀족적 문화 등)을 특정한 방식으로 형상화하지 못할 때 나타나는데 반해, 힘에 대한 긍정적 경험은 이 같은 힘들을 정복하여 자신과 동화시킬 수 있는 능력에서 생겨난다고 할 수 있다. 결국 반응적 존재와 적극적 존재 모두 힘에의 의지를 표현하는 셈이다. 존재가 하강하는 삶의 형식의 효과로서 존속하는 데서 벗어나, 스스로를 극복하고 힘들의 불균등한 분배 과정에서 우위를 점하게 될 때, 반응적인 것은 적극적인 것으로 전환된다. 단순히 자율적 개인주의를 힘에의 의지가 최고조로 표현된 것으로 말하는 것이 오판인 이유는 이 때문이다. 니체는 개인주의가 단지 "힘에의 의지의 가장 소박한 단계"(1968 : 412/20 ; 199)에 지나지 않음을 환기시킨다. 자유와 자기 결정은 힘의 위계를 생산하고 어떤 지체 높은 유형을 출현시키는 자기극복 운동의 예비 단계에 불과하다는 것이다.

> 내가 골똘히 생각하는 문제는 한 사람이나 다른 사람 또는 모든 사람에게 베풀 수 있는 자유의 정도가 아니라 한 사람이 또는 다른 사람이 다른 사람들에게 또는 모든 사람에게 행사해야 하는 **권력**〔힘〕power의 정도다. 그리고 자유의 희생, 노예화 자체는 어느 정도 높은 **유형**을 산출하는 데 토대가 되는가 하는 문제다.(1968 : 458/19 ; 343)

자기 극복의 연마를 추구하는 철학과 가장 강력한 삶의 동력들은 예술의 신격화에서 극에 달한다고 니체는 결론짓는다. 니체가 보기에 예술가가 힘에의 의지의 궁극적 구성 요소인 까닭은, 자기 자신의 힘과 권위를 극대화하고자 자신만의 관점에 따라 하나의 세계관을 창조하려는 힘을 '예술'이 표현해 내기 때문이다. 그렇기 때문에 예술에는 원한, 곧 우리 자신의 힘보다 강한 힘이라면 모두 사악하고 억압적인 것으로 판단하는 나약하고 반응적인 삶의 전망을 극복할 만한 능력이 잠재되어 있다. 한편 힘에의 의지를 수용한다는 것은 새로운 힘들의 출현을 방해하려는 고정불변의 위치를 승인한다는 말이 아니라, 위치와 법칙을 창조하는 힘들의 조직 체계 전체를 긍정한다는 뜻이다.

이러한 원한과 힘에의 의지 사이의 대비가 핵심에 놓여 있는 소설이 바로 버지니아 울프(1882~1941)의 『등대로*To the Lighthouse*』(1927)이다. 얼핏 봤을 때 『등대로』는 질서정연하고 일관된 세계관을 구성하며 원한의 성공을 나타내는 소설인 듯하다. 이 같은 시각의 근거가 되는 것은 『등대로』에서 드러나는 남성적 이성과 여성적 상상 및 직관력이라는 이분법이다. 각각을 대표하는 인물로 한쪽에는 철학자

램지와 그의 추종자 찰스 탠슬리가, 다른 한쪽에는 인상주의 경향의 화가 릴리 브리스코우가 자리 잡고 있다. 이 맥락에서 철학은 논리, 이성, 진리에 대한 남성적 이상을 내포하고 있는데, 이러한 것들은 협소한 '여성적' 세계, 곧 가사를 돌보고 감정적으로 예민하며 지적으로는 애매한 세계를 초월하는 것으로서 상정되는 것들이다. 철학자의 아내이면서도 전면에 나서지 않는 램지 부인이 바로 이 같은 여성적 세계에 깃들여 있다. 감정과 직관으로 이루어진 여성적 세계 너머로 사유하고 성취를 이루는 남성적 영역의 고상함에 대해 탠슬리는 다음과 같은 경멸적인 상투어들을 내뱉으며 강조하고자 한다. "여자는 그림을 그릴 수 없어, 여자는 책도 쓸 수 없어.……"(Woolf 1984 : 81) 여성적인 것은 전부 진리와 합리적 표상의 자리 바깥으로 밀어내버리는 것이다. 이때 탠슬리가 보여 주는 삶에 대한 빈곤하고 반응적인 시각에서 우리는 원한의 원리가 작동하고 있음을 알 수 있다. 그에게 여성이란 삶에 일관성과 논리적 질서를 부여하지 못하기 때문에 삶을 긍정할 수 없는 존재다. 그에 따라 여성들은 삶을 부인하게 되고, 결국 경험에서 합리적 질서를 분별해 낼 줄 아는 (남성의) 지성에 의해 대변되어야 한다는 것이다. 이렇게 해서 여성의 경험은 형식도 없고 무질서하며 무가치한 하나의 상으로서 그려지게 된다. 그리고 이렇게 여성의 상이 격하됨에 따라, 그만큼 남성적 사유에 속한다고 간주되는 질서와 합리성이라는 자질들에 특권이 부여된다.

『등대로』는 이 같은 원한의 원리를 정교화하면서도, 한편으로는 그 협소한 경계들을 뛰어넘는 또 다른 삶의 전망을 표현하고 있다. 그 전망이란 명백히 릴리 브리스코우의 예술과 연관되어 있다. 브리스코우의 그림을 보고 탠슬리는 조소를 보내는데, 그는 자신이 세계를 바라보는 방식과 전혀 어울리지 않는 미적 작품 앞에서 동요되지 않는다. 브리스코우의 예술적 견해가 남들과 다른 점은 삶의 진리를 논리, 이성, 표상에서 찾는 남성적 본보기와 그것을 주관성, 직관, 신체의 감응으로 이해하는 여성적 재해석 가운데 어느 한쪽에 순응하길 거부하는 데 있다. 대신 그녀의 예술은 우리를 삶의 혼돈과 동력 속으로 되던지는 비인격적이고 자발적인 창조 행위를 기록한다. 브리스코우의 작품이 자아를 표현하거나 자아 아닌 것을 재현하려고 하는 것은 아니다. 그녀의 작품은 모든 진리와 가치를 창조하는 다양한 생성 또는 정형화되지 않은 힘의 세계를 긍정한다. 빛의 선들과 생성의 윈기, 이것이 바로 자신의 예술 작품이 형식과 재현 너머로 이행해 갈 때 브리스코우에게 밀려드는 '또 다른' 실재인 것이다.

> 마치 심한 재촉을 받는 동시에 자제하면서 몸을 뒤로 사려야 하기나 하는 것처럼, 이상한 감각을 느끼면서, 그녀는 빠르고 결정적인 첫 번째 획을 그었다. 브러시가 내려앉았다. 그것은 하얀 캔버스 위에 갈색빛을 어른거리게 하면서, 마치 쉬는 것도 율동의 일부이고, 획들은 또 다른 일부이며, 모든 것이 연관이 있기나 한 것처럼, 춤추는 듯 리드미컬한 동작의 궤도에 올랐다. 그리하여 가볍게 재빨리 쉬고 긋고 하면서 캔버스에 불안정한 갈색 선들을 그어나갔는데, 그 선들은 거기에 그어지자마자 (그녀는 그것이 아련히 떠오르는 것을 느꼈다) 하나의 공간을 형성했다. 한 파도의 우묵 패인 곳 아래에서 그녀는 다음 파도가 그녀 위로 점점 더 높이 솟아오르고 있는 것을 보았다. 이 공간보다 더 무서운 것이 있을 수

있겠는가? 그림을 바라보기 위하여 뒤로 물러서면서 여기서 그녀는 다시 한담閑談, 삶, 인간 공동체를 벗어나서 이 무시무시한 숙적과 마주치게 되는 것이라고 생각했으니—느닷없이 그녀를 휘어잡은 이 색다른 것, 이 진리, 이 실재가 외양의 이면에서 직접 나타나 그녀의 주의를 독차지했다.(Woolf 1984 : 148)〔버지니아 울프, 『등대로』, 박희진 옮김, 솔, 2004, 290~291쪽.〕

이처럼 니체적인 의미에서 볼 때, 예술은 우리가 알고 있는 세계에 관한 모든 진리를 구성한다고 할 수 있다. 예술은 진리를 만들어 내는 계획적인 발명이거나 의식적으로 언명된 관점이다. 예술의 힘은 '동일성'과 '차이', '존재'와 '생성', '진리'와 '가상'처럼 실재에 대한 형이상학적 해석을 구조화하는 개념들을 창조하는 과정에 이미 내재되어 있다. 니체는 "'생각'되기 전에 이미 '창작'되어야만 한다 ; 동일한 경우들, 같은 것의 가상성을 고안하는 것은 같은 것을 인식하는 일보다 더 근원적이다."(1968 : 293/20 ; 256)라고 주장한다. 그런데 니체가 보기에 예술에는 힘과 더불어 다음과 같은 역설도 존재한다. 예술은 개념적 사유에 질서를 부여하는 창조적 관점을 가져다주기도 하지만, 한편으로는 진리와 도덕을 초월하는 힘과 생성의 경험 또한 제공한다는 것이다. 예술의 힘은 자신이 창조해 낸 개념들로 말미암아 소진되는 법이 없다. 예술은 도덕보다 "더 신적인 것"이며 "진리보다 더 가치 있"는 것이라 할 수 있는데, 왜냐하면 예술은 모든 진리가 하나의 해석이며 어떠한 해석도 결코 세계를 충분히 설명해 낼 수 없다는 것을 증명하기 때문이다.(1968 : 453/21 ; 28)

힘에의 의지에 대한 예술적 구성으로서 세계를 지각한다는 것은 삶의 심장부에 담긴 내재적이고 일의적인 힘을 인식한다는 뜻이다. 이러한 관점에서 보면, 니체가 초기에 근간으로 삼았던 '실재'와 '가상'의 구분은 그 자체로 반응적 사유 양식의 효과이다. 가상appearance의 세계를 가정하려면, 더욱 진정한 어떤 세계가 **나타나는**appear 것을 전제해야 한다. 가상이라는 것을 순전히 이차적인 개념으로서, 바꾸어 말해 하나의 확실한 세계가 우리 앞에 **나타난 다음에야** 가치가 부여되는 개념으로서 생각하는 것은 니체가 볼 때 관점들을 생산하는 힘을 기만하는 것이다.

가상 세계는 가치에 따라 응시되고, 정돈되고, 선택된 세계다. 가치에 따라서라는 것은 이 경우에는 특정 동물 속의 유지와 힘 상승을 고려하는 유용성-관점에 따른다는 것이다.

그러므로 **관점성**이 '가상성'이라는 성격을 부여하는 것이다!

관점성을 배제해도 세계가 여전히 잔존한다니! 관점성의 배제와 더불어서 **상대성**도 진정 제거되어 버리는 것이다—

모든 힘 중심은 **나머지 전체**에 대한 자신의 **관점**을, 즉 자신의 전적으로 특정한 **가치 평가**를, 자신의 작용-양식을, 자신의 저항 양식을 갖추고 있다.

그러므로 '가상 세계'는 하나의 중심에서 나오는, 세계에 대한 특수한 종류의 작용으로 환원된다.

이제 다른 종류의 작용은 전혀 존재하지 않는다 : 그리고 '세계'는 이 작용들의 총체적 유희에 대한 낱말에 지나지 않는다.

실재성은 정확히 개별 존재의 전체에 대한 이러한 특수한 작용 및 반작용으로 구성된다……

여기서 가상에 대해 이야기할 권리는 그 그림자도 남아 있지 않다…… (1968 : 305/21 ; 203-204)

힘에의 의지로서의 세계를 경험할 수 있는 강인함을 얻으려면 삶에 대한 비극적 관점을 발전시켜야 한다고 니체는 주장한다. '비극'이라고 하면 니체의 초기 작업을 떠올리겠지만, 여기서 말하는 '비극'을 자신에게 해를 가하는 운명에 대한 순종이라는 고전적 의미로 이해해서는 안 된다. 이는 성숙기의 니체 사상에서 명확해지는데, 비극적으로 산다는 것은 모든 삶의 형식을 구성하는 총체적인 힘들의 경제에 해석을 강제하는 강인함을 소유한다는 것을 의미한다. 비극적인 존재 양식은 선과 악을 반응적으로 구분하는 것에서 벗어나 진리와 가치를 창조하고자 노력한다는 점에서 적극적인 양식이다. 또한 삶의 모든 단계에 깃든 상호 연관성을 받아들이고 "세계를 절대적으로 긍정하는"(1968 : 527/20 ; 157) 한, 비극적 존재 양식은 가장 심오하면서도 얼마든지 실현 가능한 긍정의 체험을 가져다주기도 한다.

이처럼 역동적인 상호 관계 작용으로 삶을 바라보는 비극적인 전망은 '오류', 환영, 힘이 '진리'의 전제 조건임을 인정하고, 도덕의 기원에 잔인함, 폭력, 고통이 자리 잡고 있음을 확인한다. 니체에 따르면, 비극적 존재의 '심오함'은 기존의 도덕 체계에 기대지 않고도 "끔찍한 것, 악한 것, 의심스러운 것을 정당화"하는 "크게 보는 경제"를 긍정하는 데 있다.(1968 : 451/20 ; 265) 나약한 본성들은 자기 자신의 힘에의 의지를 부정하고 "도덕적 세계 질서의 승리"(1968 : 450/20 ; 263)에서 궁극적인 가치를 찾음으로써 적극적인 힘을 포기한다. 반면 강력하고 비극적인 본성은 적극적인 힘과 반응적인 힘을 차별화하고 거리의 파토스를 창조함으로써 가치들을 생산한다. 그러므로 창조적 자기 구성의 과정인 비극은 "디오니소스적 쾌락"(1968 : 531/17 ; 41)의 경험인 동시에 모든 허무주의적 감상의 극복이기도 하다.

니체가 정신질환에 빠지기 직전에 작성한 유고를 보면, 그는 힘에의 의지와 비극적 긍정을 결합시켜 이를 자기 철학의 근원적인 문제의식으로 만들어 낸다. "'정신이 얼마나 많은 진리를 견뎌 내는가? 얼마나 많은 진리를 감행하는가?'—이것이 내게 진정한 가치척도가 되었다."(1968 : 536/21 ; 354) 그러한 질문에 대답할 수 있으려면, 허무주의의 너머로 이행하여 "공제나 예외나 선택함이 없이, 세계를 있는 그대로 디오니소스적으로 긍정"할 수 있도록, 그리고 "영원한 회귀"에 다다를 수 있도록 허무주의를 끌어안을 준비가 되어 있어야 한다. '망치를 들고 철학하기'라는 유명한 표현은 니체가 자신의 사유를 묘사한 말인데, 정확히 이 말은 '인간'을 죄와 양심의 가책을 지닌 동물로 만드는 '도덕화 과정'을 전복시키고 허무주의를 극복할 수 있게 "황홀한 허무주의"(1968 : 544/18 ; 351)를 발전시키는 것을 뜻한다.

니체가 힘에의 의지, 영원회귀, 운명애를 집요하리만치 한데 엮으려 하는 까닭은 그 하나하나가 힘과 생성에 대한 내재적 원리, 곧 삶 저편에서 삶을 판단하는 초월적 정신에 대항하는 원리이기 때문이다. 니체는 "이러한 세계가 힘에의 의지다—그리고 그 외에 아무것도 아니다!"(1968 : 550/18 ; 436)라고 선언한다. 그리고 힘에의 의지에 관한 철학을 발전시켜야만 비로소 『이 사람을 보라』의 마지막을 장식하는 수수께끼 같은 진술을 설명할 수 있다. "나를 이해했는가?—디오니소스 대 십자가에 못 박힌 자."(1992 : 104/15 ; 468) 니체는 힘에의 의지를 삶에 대한 비극적 철학으로서, 그리고 그리스인들의 '강함의 염세주의'로의 복귀로서 성찰하면 할수록, 아폴론이 아닌 그리스도야말로 "삶의 총체적 성격에 대한 황홀감 어린 긍정"(1968 : 539/21 ; 24)으로서 상상되는 디오니소스적 상태에 대한 진정한 반정립antithesis임을 더욱더 확실히 깨닫게 되었다. 최후의 유고 가운데 한 편인 다음 인용문에서, 니체는 힘에의 의지의 최대치를 고통에 대한 비극적 가치 부여를 긍정하고 삶에 대한 반응적 해석과 원한을 극복하는 데서 발견한다.

> 디오니소스 대 '십자가에 달린 자' : 여기서 너희는 대립을 갖는다. 순교와 순교 아님이 아니라,—순교가 단지 다른 의미를 가질 뿐이다. 디오니소스에게는 삶 자체가, 삶의 영원한 풍요로움과 회귀가, 고통과 파괴와 멸절에의 의지의 조건이 된다……
>
> 두 번째 경우에서는 고통이, '죄 없는 자로서 십자가에 달린 자'가 이 삶에 대한 이의 제기로서, 이 삶에 대한 단죄 형식으로 간주된다.
>
> 알아차릴 수 있다 : 문제는 고통의 의미라는 것을 : 그것이 그리스도교적 의미인지 비극적 의미인지가 문제라는 것을…… 첫 번째 경우에, 고통은 어떤 신성한 존재에 이르는 길이어야 한다. 두 번째 경우에는 존재가 엄청나고도 끔찍한 고통을 여전히 정당화할 만큼 충분히 신성하다고 간주된다.

비극적 인간은 가장 쓴 고통도 여전히 긍정한다 : 그럴 수 있을 정도로 그는 충분히 강하고 충만하며 신격화되어 있다.

그리스도교적 인간은 지상에서의 가장 행복한 운명도 여전히 부정한다 : 그는 온갖 형식으로 여전히 삶 때문에 고통받을 만큼 약하고 가난하며 가진 것이 없다……

'십자가에 달린 신'은 삶에 대한 저주다. 삶으로부터 구제되라는 표시다.

토막으로 잘린 디오니소스는 삶에 대한 약속이다 : 영원히 다시 태어나고 파괴로부터 되돌아온다.(1968 : 542-543/21 ; 77-78)

명사와 동사로 경험되는 역동적인 삶

니체의 힘에의 의지 개념은 초월적 이성과 같이 삶이 미치지 못하는 곳에서 작동하는 형이상학적 개념이 아니라, 삶에 내적으로 존재하는 삶의 원리를 설명하는 개념이다. 이 개념에 따르면, 인간의 삶을 포함한 모든 삶은 힘을 향한 공통된 투쟁이 결합된 것이다. 힘에의 의지는 인간의 삶을 구성하는 동시에 초과하는 비인간적 창조 원리를 공언함으로써, 실존을 단순히 의인화하는 재현 양식에서 우리를 해방시킨다. 모든 삶은 비인간적 힘에의 의지가 창조해 내는 하나의 연속체이며, 인간의 의식이나 동일성은 그러한 힘에의 의지가 생산한 효과들 가운데 하나이다. 삶의 목표는 자기보존이나 도덕적·영적 계몽이 아니라, 힘을 증대시키고 지배를 추구하는 것이다. 힘에의 의지의 실존 해석은 서로 다른 삶의 형식들 사이에서 힘들의 위계를 식별하고, 하나의 힘이 다른 힘을 어느 정도까지 지배하게 되는지 판단함으로써 이루어진다. 삶을 바라보는 다른 관점들에 대한 어느 특정한 관점의 우위로서 표상되는 힘들의 위계는 모든 '진리'와 '가치'를 형성하는 기준이 된다. 이처럼 위계를 놓고 벌이는 관점들의 놀이 배후에 자리 잡은 '진정한' 세계란 존재하지 않는다. 힘에의 의지는 모든 삶의 단계를 구성하는 생산적인 힘이다. 따라서 해석들 사이의 투쟁과 지배의 추구는 우리의 존재 경험을 이루는 근본이 된다.

니체 이후

니체는 생전에 상대적으로 좋은 평을 얻지 못했고 경시된 면도 없지 않지만, 지난 100년간 그의 사상은 눈부신 황금기를 누렸다. 니체의 영향력은 제2차 세계대전 이후 프랑스 출신 학자들이 주도한 니체의 재평가가 니체 연구 전반의 급속한 발전으로 이어지면서 특히 두드러졌다. 니체가 남긴 유산은 방대하면서도 논쟁적인데, 정치・도덕・예술・문화 등을 논의하며 그가 내뿜는 도발적인 힘을 생각하면 그리 놀라운 일도 아니다. 그의 이름이 나치즘과 연루되었다는 의혹은 반세기 동안 니체 연구에서 빠지지 않는 부분이었고, 니체가 정치에 관하여 쓴 글들은 여전히 격렬한 논쟁의 대상으로 남아 있다. 같은 시기에 니체의 사상은 미학, 문학, 윤리학, 정치・사회 이론, 역사학, 심리학 등 실로 다양한 분야에 걸쳐 커다란 활력을 불어넣었다. 오늘날 이 같은 영향은 너무나 광범위해서, 인간이란 무엇인지를 논할 때 니체의 이름을 환기시키지 않으면 왠지 불충분한 것처럼 생각될 정도다. 이 장에서는 니체의 사상이 일련의 예술가들과 사상가들에게 끼친 영향을 간단히 살펴보고, 이를 바탕으로 각 영역에서 그의 작업을 수용해 온 방식들에 대해 검토할 것이다.

니체의 영향

니체의 작업을 처음으로 일반 대중에게 소개하는 차원에서 나온 두 권의 중요한 책이 있다. 하나는 루 살로메Lou Salome의 『작품으로 본 프리드리히 니체*Friedrich Nietzsche in seinen Werken*』(1894)이고, 다른 하나는 두 권으로 구성된 엘리자베스 푀르스터 니체의 『프리드리히 니체의 인생*Das Leben Friedrich Nietzsche's*』(1895, 1897)이다. 루 살로메(1861~1937)는 니체를 사로잡았던 시인이자 지식인이었던 자유사상가로서, 1882년 니체에게서 청혼을 받았으나 거절했던 인물이다. 그녀의 책이 주목하는 부분은 두 가지이다. 하나는 니체의 저작에서 문체가 갖는 근본적인 중요성(경구의 활용, 다양한 목소리, 상이한 유형의 서사적 관점 등)이고, 다른 하나는 니체의 육체적이고 정신적인 활력 또는 쇠약과 사유의 생산력 사이에 나타나는 관련성이다.

니체를 바라보는 이 같은 견해들, 특히 살로메가 크게 강조한 두 번째 부분의 경우는 신경질적이고 퇴폐적인 천재라는 니체의 이미지를 일반인들에게 각인시키는 중요한 계기가 되기도 했지만, 그럼에도 이후의 니체 비평이 중점적으로 문제 삼아 왔던 대목이다. 니체를 과도하고 무절제하며 퇴폐적인 저자의 대표자 격으로 묘사하는 것에 대해 특히 격렬하게 이의를 제기한 인물은 니체와의 관계 때문에 항상 살로메에 신경을 곤두세우고 있던 니체의 여동생 엘리자베스 푀르스터 니체였다.

엘리자베스는 자신의 책에서 앞선 견해와 전혀 상반되는 니체의 이미지를 제시했는데, 그에 따르면 니체는 일관되고 체계적인 철학의 교의들을 점진적으로 발전시켜 온 건전하고 개방적인, 그러면서도

1882년 루 살로메와 니체

사진 중앙에 있는 사람은 독일의 작가 겸 철학자로 니체의 친구였던 파울 리. 루 살로메는 니체를 비롯해 릴케, 바그너 등 20세기 유럽의 지성인들을 사로잡았던 여성으로 1882년 니체에게서 청혼을 받았으나 거절했다. 사진 속에서 채찍을 들고 있는 모습이 흥미롭다. 살로메는 1894년 『작품으로 본 프리드리히 니체』라는 책을 발표해 신경질적이고 퇴폐적인 천재라는 니체의 이미지를 일반인들에게 각인시켰다.

분명히 온전한 정신을 유지한 담대한 사상가였다는 것이다. 그러나 엘리자베스의 존재가 정말 중요한 이유는 니체가 쓰러진 1889년 이후 니체의 작업들을 관리해 온 인물이 바로 그녀라는 점에 있다. 엘리자베스는 니체가 남긴 모든 기록물들에 대한 법적 권리를 자기 것으로 만들고, 이 권한으로 그의 미발표 유고들을 '힘에의 의지'(1901년에 초판이 나왔고, 1906년에는 대폭 증보되어 재출간됨)라는 제목의 새로운 '저서'로 재구성하게 된다. 『힘에의 의지』는 출간 이후 줄곧 니체의 평판에 엄청난 영향을 끼쳐 온 책으로, '힘'과 '의지'에 초점을 맞춘 제목으로써 육체적 힘과 폭력의 옹호자라는 그의 이미지를 20세기 전반기 내내 강화하는 데 결정적인 역할을 수행했다.

그런데 『힘에의 의지』의 영향력은 특히 두 가지 이유에서 문제가 된다. 첫 번째 이유는 니체가 이 '책'을 출판할 생각이 없었고, 이 책에 실린 유고 가운데 상당수는 그가 명백히 폐기한 것들이라는 데 있다. 그래서 이 책의 신빙성은 여전히 커다란 학문적 논쟁거리로 남아 있다. 두 번째 이유는 이 책에 선별적으로 수록된 유고들이 힘에의 의지와 영원회귀가 니체의 작업을 관통하는 일관되고 통일된 하나의 철학적 원리를 반영하는 것처럼 보이게끔 한다는 데 있다. 니체의 다른 저서들에서 힘에의 의지와 영원회귀 개념이 모든 가치들의 전도라는 더욱 광범위한 맥락 안에서 사용되는 것과는 구별되는 부분이다.

'극단적인' 동시에 '문학적인' 철학자라는 니체에 대한 이미지는 이처럼 그에 관한 초창기의 해석들에 『힘에의 의지』의 출간이 더해지면서 생성되었으며, 그의 작업은 19세기 후반의 부르주아적·기독교적 문화에 맞선 혁명적 도전의 대표 격으로 여겨졌다. 아마 니체의 글이 철학자들보다는 예술가 집단에게 먼저 수용된 이유도 니체에 관한 이와 같은 공공연한 낭만주의적 이미지에서 찾을 수 있을 것이다. 니체의 저서는 특히 '문학적 모더니즘'으로 알려진 운동에 막대한 영향을 미쳤다. 가장 유명한 사례 몇 가지만 들자면, 예이츠W. B. Yeats(1865~1939), 로런스D. H. Lawrence(1885~1930), 토마스 만Thomas Mann(1875~1955) 등의 작품 곳곳에 문화, 예술, 가치에 관한 니체의 성찰이 배어 있음을 확인할 수 있다. 한편 위버멘쉬 또는 '초인' 개념은 조지 버나드 쇼George Bernard Shaw(1856~1950)의 희곡 『범인과 초인*Man and Superman*』(1903)에서 풍자적으로 재조명되기도 했다.

니체의 작업을 다룬 주요 철학적 고찰 가운데 첫 번째로 꼽히는 것은 독일의 철학자 카를 야스퍼스Karl Jaspers(1883~1969)의 저서 『니체 : '철학하기'에 대하여*Nietzsche, Einführung in das Verständnis seines Philosophierens*』(1935)이다.〔니체의 생애를 다룬 이 책의 1부는 한국어로 번역되어 있다. 카를 야스퍼스, 『니체—생애』, 강영계 옮김, 까치, 1984 참조〕 야스퍼스는 이 책에서 '인간'의 의미와 도덕에 대한 니체의 재해석에 특별히 초점을 맞추었다. 그리고 이를 이어받은 인물이 자신의 니체 강의를 네 권 분량의 『니체*Nietzsche*』(1961)로 집대성한 마르틴 하이데기Martin Heidegger(1889~1976)이다.〔일부가 다음과 같이 한국이로 번역되어 있다. 마르틴 하이데거, 『니체 철학강의 1 : 예술로서의 힘에의 의지』, 김정현 옮김, 이성과현실, 1991 ; 마르틴 하이데거, 『니체와 니힐리즘』, 박찬국 옮김, 철학과현실사, 2000.〕 하이데거는 니체를 해석하는 과정에서도 서구 철학의 전통 일반을 향한 공격을 멈추지 않는다. 『힘에의 의지』에 크게 의존하고 있는 하이데거는 니체가 힘과 의지라는 측면에서 삶을 강조하였으나 이는 전혀 급진적인 반형이상학적 전략이 되지 못했다고 주장한다. 모든 개념들을 힘으로서의 삶이라는 한 가지 원리로 설명하고자 했던 니체는 우리가 존재에 대해 지니고 있는 관념들로 존재를 환원시키려는 형이상학적 경향을 되풀이한 것에 지나지 않는다는 것이다. 하이데거는 니체가 주장하는 하나의 삶 또는 비오스bíos〔특정한 개인 및 집단만이 갖는 삶의 유형 또는 방식을 뜻하는 그리스어. 인간을 포함한 모든 생명체가 지닌 자연적인 생명력 또는 '살아 있음 자체'를 의미하는 조에zōē와 구별된다.〕에 주목하지 않고, 대신 우리가 어떻게 삶을 이해하거나 탈은폐disclose하게 되는지 재고할 필요가 있다고 강조했다. 니체와 마찬가지로 하이데거 또한 나치즘과 연루되었는데, 그 이유는 바로 국가사회주의만이 니체가 범했던 '순전한 삶mere life'으로의 환원에서 독일적 사유를 해방시킬 수 있다고 하이데거는 생각했기 때문이다.

하이데거의 니체 해석에서 특히 힘을 얻고 자극받았던 쪽은 전후의 프랑스 학계였다. 하이데거의 해석에 고무된 프랑스에서는 이른바 '새로운 니체'라고 불리게 되는, 니체의 지적 유산들에 대한 중요한 재해석들이 다수 쏟아져 나왔다. 프랑스의 니체주의자들은 니체를 형이상학자라고 보는 하이데거의 해석에 반발하여, 니체의 작업 가운데서도 개념적 사유를 중단케 하는 그의 문학적·문체적 측면들에 더욱 주목했다. 1960년대 초반 이후 프랑스에서 생산된 중요한 니체 해석들 가운데서도 특히 두드러지는 것들을 몇 가지만 꼽아 보자면, 질 들뢰즈의 『니체와 철학*Nietzsche et la philosophie*』(1962), 미셸 푸코

Michel Foucault의 논문 「니체, 계보학, 역사Nietzsche, la généalogie, l'histoire」(1971), 자크 데리다Jacques Derrida의 『에쁘롱*Eperons*』(1978)〔이상의 한글 번역본 서지 사항은 '니체의 모든 것' 참조〕, 사라 코프만Sarah Kofman의 『니체와 은유*Nietzsche et la métaphore*』(1978) 등을 들 수 있다. 이 저작들은 그 자체만으로도 의미 있는 작업들임이 분명하지만, 동시대의 역사 해석, 권력 이론, 철학에서의 '해체적 전환'에서 나타나는 급진적인 해석학적 성격 등에 미친 니체의 영향을 밝힌 저서들이라는 점에 또한 의의를 부여할 만하다.

예술

앞에서 언급했듯이, 니체의 저작들은 근대 문학에 광범위한 영향을 끼쳤다. 이러한 영향은 특히 토마스 만, 로런스, 예이츠의 작품에서 두드러진다.

만의 소설 『베네치아에서의 죽음*Der Tod in Venedig*』(1912)은 니체가 조명한 아폴론과 디오니소스의 관련성을 재생산하면서 근대 문화에서 예술가가 담당하는 역할을 음미한다. 소설의 주인공인 구스타프 폰 아센바흐는 근대 독일정신을 대변하는 인물로 손꼽히는 작가다. 그러나 아폴론적인 요소인 형식, 질서, 도덕을 디오니소스적 요소인 신화, 성욕, 열정보다 우월한 것으로서 다룬 나머지, 아센바흐의 작품은 결과적으로 단조로워졌다. 아센바흐는 부르주아 사회에서의 안정적인 위치를 박차고 나와 베네치아로 향하는데, 그곳에서 아름다운 폴란드 소년 타치오를 만나면서 치명적인 사랑에 사로잡힌다. 이 이야기에서 만은 니체와 마찬가지로 근대의 예술과 문화가 찾아야 하는 것이 근원적이고 신화적인 삶의 동력과 미적 구조 사이의 생산적 관련성임을 암시한다. 그러한 미적 구조 속에서 우리는 근원적 삶의 동력에 제압되지 않으면서도 이를 경험할 수 있기 때문이다.

로런스의 소설 『무당벌레*The Ladybird*』(1923) 역시 아폴론과 디오니소스의 변증법적 관계에 크게 기대고 있는 작품이다. 소설이 묘사하는 것은 귀족적인 영국 여성인 다프네 베버리지 부인과 전쟁 포로로 붙잡혀 런던에 수용되어 있는 보헤미아 출신의 요한 디오니스 사넥 백작 사이의 관계이다. 디오니스 백작을 만나기 전까지만 해도 다프네는 정신적으로 병들고 지친 상태였다. 그녀의 삶은 그저 겉으로만 충실할 뿐인 사회적 관습과 활기 없는 기독교적 도덕주의에 묶여 있었다. 다프네에게서 볼 수 있는 것은 아폴론적 이상이 디오니소스적 열정 및 생명력과 분리될 때 나타나는 타락상이다. "이곳저곳을 힐끗힐끗 살피는 호기심 어린 그녀의 눈에서는 내면에 억눌린 거친 기운이 발산되고 있었다."(Lawrence 1985 : 13) 이 기운을 디오니소스적 힘으로 해방시킨 인물, 다시 말해 다프네의 세계를 그 토대부터 뒤흔드는 어둠, 관능, 원초적 생명력이 체현된 인물이 바로 디오니스 백작이다. 디오니스가 꿈꾸는 것은 근대 부르주아지의 보잘것없는 평등주의로 보이는 것들을 다 쓸어버리고, "선택하고 명령할 수 있는" 귀족적 유형에 힘을 부여할 "파괴의 신"이다.(Lawrence 1985 : 42, 59) 결국 로런스가 제시하는 니체적 우화에서 아폴론적 형식과 디오니소스적 원기의 분리는 삶을 낡아빠진 사회적 기준과 가치에 종속시키는 결과를 초래하는 것이다. 삶이 새로운 가능성들을 상상할 수 있는 유일한 순간은 공적인 도덕이 변형의 능력을 지닌 디오니소스의 힘과 다시 한 번 마주치게 될 때이다.

묵시록적 어조로 쓰인 예이츠의 시 「재림The Second Coming」(1921) 또한 니체와 공명하는 작품으로 읽힐 수 있다. 이 작품에서는 서구의 기독교적 전통 전체를 떠받치던 "중심이 지탱되지 못하고/전적인 무질서가 세상에 펼쳐진다". 「재림」은 전통적인 도덕적·영적 가치들이 더 이상 유효한 것으로 여겨지지 않고 평가 절하되는 근대 서구 문화의 허무주의를 무섭게 묘사하고 있다. 이러한 허무주의적 주제를 뒷받침하는 것이 시의 첫 줄에 등장하는 "커져 가는 소용돌이"라는 이미지이다. 예이츠가 이 표현으로 가리키는 것은 바로 역사인데, 왜냐하면 그가 볼 때 역사란 근본적으로 상호 대립적인 힘들이 충돌하면서 이루어져 왔기 때문이다. 서구 문화가 그리스도의 출생 이후 두 번째 천년을 향해 비틀거리며 나아가는 동안, 한쪽에서는 기독교적 가치들이 의미를 상실하게 되는 또 다른 역사의 주기가 시작되려 하고 있었다. 이렇게 도래하는 시대는 "가장 훌륭한 이들이 모든 신념을 잃고, 반면 가장 나쁜 자들은/격렬한 흥분으로 가득 차"(Yeats 1975 : 100) 있는 근대 문화의 소멸을 재촉한다. 「재림」은 베들레헴을 향해 늘어진 채로 걸어가며 탄생을 기다리는 반인반수의 모습을 한 "사나운 야수"라는 독특한 반그리스도적 이미지로 마무리된다. 이 시의 곳곳에서 폭력의 전조가 비치는 이유는 강력하고 창조적인 정신이 부과할 수 있을 질서 및 통일성이 부재하는 가운데 우리의 도덕적·영적 가치들 내부에서 어떤 변형이 일어나고 있기 때문이다. 예이츠의 시가 함축하는 내용을 가장 니체적인 의미에서 이해하자면 다음과 같이 말할 수 있겠다. 즉, 근대의 역사가 동시대의 삶의 조건들을 변화시킬 수 있는 새로운 형식과 가치를 창조하려면, 새로운 전망이 담긴 일종의 강렬함이 필요하다는 것이다. 한편 니체와의 더욱 미묘한 관련성을 찾아볼 수 있는 예이츠의 다른 작품들도 있는데, 이를테면 「학교 다니는 아이들 속에서Among School Children」라는 시에서 "어떻게 춤과 춤추는 이를 따로 볼 수 있을까?"라고 질문하는 대목은 '행위'에서 '행위자'를 분리해 내지 않는 니체의 면모를 연상시킨다.

다시, 역사를 생각하다

문학 연구와 문화 이론에서 주목받았던 '신역사주의new historicism'라는 비평적 실천에서도 니체의 영향은 확연히 드러난다. 스티븐 그린블랏Stephen Greenblatt, 루이스 몬트로스Louis Montrose, 크리스틴 갈라처Christine Gallacher 등의 신역사주의 이론가들은 르네상스 연극, 여행기, 의학 문서 등과 같은 특정한 텍스트들과 그 텍스트들이 등장한 역사적 맥락 사이의 연관성을 읽어 내는 '새로운' 방식을 제시하는데, 이 같은 방식은 니체의 계보학적 비판에서 크게 영향을 받은 것으로서, 특히 프랑스 철학자 푸코(1926~1984)의 작업이 재현해 낸 니체적 형식을 따르고 있다.

니체와 마찬가지로 신역사주의 이론가들은 역사가 견고하고 연속적인 하나의 보편적 맥락을 구성한다는 견해에 이의를 제기하는데, 이러한 맥락은 텍스트와 사건의 의미들이 결정되는 방식에 반할 수도 있다는 것이다. 기존의 역사주의 사상가들이 특정한 시기나 사회 체계에 속하는 '세계관' 또는 '이데올로기' 안에 사건들을 위치시킴으로써 역사적 사건들을 해석한다면, '신'역사주의자들은 지역적이고 특수한 역사적 현상이 '16세기 역사'나 '르네상스 문화' 같은 보편적 담론상의 구성물로 포섭되기 이전의 양상에 주목한다. 전형적인 사례라고 할 수 있는 그린블랏(1992)의 르네상스 문화 분석의 경우, 분석을 진행하며 그 대상으로 자세히 열거하는 것들은 공인된 기존 공공문서의 발췌문들이 아닌 겉보기에 그리 중요할 법하지 않은 일화나 구두 증언 같은 것들이다. 그린블랏은 상이한 역사적 기록의 형식들 사이에 나타나는 불연속적이며 종종 적대적인 관계의 측면에서 영국의 르네상스 역사를 살핀다. 법정 규약, 교회의 전례, 신화, 민담, 판결문, 공간과 관련된 건축과 무대 공연의 전후 관계 등과 같은 다양한 기록 형식들을 검토함으로써, 역사적 텍스트와 그 맥락 사이의 경계가 생산되고 정당화되는 방식에 초점을 맞추려는 것이다.

신역사주의는 역사적 서사들의 다양하고 임시적이며 우발적인 성격을 강조함으로써, 이데올로기와 역사적 주기라는 획일적인 개념들에 변화를 불어넣고, 과거의 의미를 규정하는 과정에서 현재에 주어지는 구성적 역할을 부각시킨다. 자아의 구성이 권력의 효과라고 단언한다는 점에서 신역사주의 이론가들 역시 니체에게서 영향을 받았다. 이들의 작업에서 정체성은 타고난 형이상학적 본성의 반영으로 간주되지 않는다. 정체성 또한 의복의 규칙, 수사학의 형식, 몸짓과 의례를 무대에서 상연하는 방식 등과 마찬가지로, 외부적이고 우발적인 효과들에 따라 형성되고 생산된다는 것이다.

니체 이후의 철학

유럽의 대륙철학 역시 니체의 작업에서 많은 영향을 받아 온 영역이다. 그 영향력은 특히 '실존주의'로 알려진 철학적 운동에서 두드러지는데, 이와 가장 밀접하게 연관된 것으로서 장 폴 사르트르Jean-Paul Sartre(1905~1980)의 작업을 꼽을 수 있다. 실존주의의 주요 교의 가운데 하나는 '실존이 본질을 앞선다'는 것이다. 남성과 여성은 신이 존재하지 않는 세상, 곧 신의 인도나 속죄의 약속을 얻을 수 없는 세상에 태어난다. 인간은 필연적으로 초월적 가치나 도덕 구조의 부재 속에서 살아갈 수밖에 없다는 것이다. 그렇기 때문에 인류에게 던져진 실존의 윤리적 목적은 스스로 자신의 가치들을 적극적으로 창조하고, 인간 존재의 의미를 끊임없이 재규정할 생존 양식과 사유 양식을 발전시키는 데 있다고 사르트르는 주장한다.

니체의 영향은 알제리 출신의 프랑스 철학자 자크 데리다(1930~2004)의 작업에서도 나타난다. 이제는 넓은 의미에서 '탈구조주의post-structuralism' 및 '해체deconstruction'라는 용어와 동의어처럼 쓰이는 데리다의 작업은 철학 개념들을 힘과 차이의 운동들에서 비롯된 효과로서 고찰한다는 점에서 니체를 계승한다고 할 수 있다. 『글쓰기와 차이*L'écriture et la différence*』(1967)〔자크 데리다, 『글쓰기와 차이』, 남수인 옮김, 동문선, 2001.〕 같은 논문집에서 볼 수 있듯, 데리다는 페르디낭 드 소쉬르Ferdinand de Saussure(1857~1913)가 개척한 '구조주의적' 분석 양식에 도전한다. 구조주의적 분석은 인간 담론에 우선권을 부여하는 언어, 기호, 개념 등의 구조들에 관심을 가짐으로써, '인간' 또는 인간 주체의 지향적intentional 자기 인식을 중심으로 하는 의미와 인식에 관한 이론을 넘어서고자 했다. 니체의 논의를 바탕으로 데리다는 모든 '닫힌' 구조를 구성하는 동시에 초과하면서 차이를 생산하는 힘들, 곧 스스로 '차연la différance'이라고 명명한 공간내기와 시간적 지연의 운동을 강조한다. 데리다는 언어의 형이상학적 놀이가 언제나 텍스트를 이중적 또는 대체 보충적supplementary 독법에 개방시키는 방식에 초점을 맞추는데, 이후 문학 및 문화 연구에 실로 막대한 영향력을 행사해 온 데리다의 이 같은 작업은 은유와 개념성conceptuality에 관한 니체의 논의를 상기시킨다.

한편, 언어와 개념성에 대한 이와 같은 해체적 접근법에서 지적 영감을 얻은 대표적인 이들로는 '예일 학파'라고 불리던 문학비평가들을 들 수 있다. 특히 이 집단의 가장 걸출한 인물 가운데 한 사람이었던 폴 드 만Paul de Man(1919~1983)은 『독서의 알레고리 : 루소, 니체, 릴케 그리고 프루스트에서의 형상적 언어*Allegories of Reading : Figural Language in Rousseau, Nietzsche, Rilke and Proust*』(1979)에 『비극의 탄생』을 해체적으로 읽어 내는 세 편의 글을 수록했다.

니체의 유산이 결정적으로 작용한 또 하나의 사례는 질 들뢰즈(1925~1995)의 작업에서 확인할 수 있다. 니체와 마찬가지로 들뢰즈 역시 철학의 근본적인 활동이란 개념을 창조하는 것이라고 보았다. 들뢰즈는 사유가 초월성을 욕망하는 것이 문제라고 주장했다. 말하자면 그러한 사유는 '신'이나 '도덕적' 개인과 같은, 삶의 목표와 가치를 규정짓는 이상을 삶 바깥에 위치시킨다는 말이다. 이와 반대로, 들뢰즈는 초월성에 대한 헌신 너머로 이행하여 삶에 대한 우리의 관념이 구성되는 더 넓은 생성의 운동에 참여하는 법을 찾고자 했다.

그래서 들뢰즈는 언어, 역사적 사건, 사회 형식, 발생적 진화와 변이 등과 같이 사유보다 앞서 존재하여 사유를 잉태시키는 차이의 다양한 형식들에 주목했다. 들뢰즈는 니체를 좇아 감정affect(지각, 정서, 욕망에 투여되는 것) 개념을 발전시켜 당대 정치의 의미와 기능을 다시 사유하고자 한다. 들뢰즈에 따르면, 오늘날의 정치는 이데올로기 관념과 '정치적인 것'에 대한 개념, 곧 정치적인 것을 의식적이고 합리적인 행위자들 사이의 의미심장한 교환이라고 설명하는 개념에 따라 규정된다. 이러한 모형에서는 '이데올로기'와 '정치'가 스스로를 강제적으로 부과함으로써 사회적·정치적 개인의 정체성을 부정적으로 한계 짓는 구조로서 작용한다. 그렇기 때문에 시장자본주의를 떠받치는 생산 동력의 일부에 자신을 투여하는 사람은 '좋은' 노동자가 되고, 옷, 이미지, 취향, 언어 등에 관한 여러 가지 규칙들에 집착하는 여성은 '여성적인' 여성이 되며, 기독교적 수사에서 오는 경건함을 추종하면 도덕적으로 '존경받을 만한' 인물이 되는 것이다. 그러나 들뢰즈는 오히려 정치, 이데올로기, 주체성 등에 관한 우리의 관념들이 '비인간적인' 또는 주체에 선행하는 양식 및 강렬도의 계열들에 따라 생산된다는 점을 강조함으로써, 사회적 규약들이 이데올로기적으로 결정된다는 가정에 이의를 제기한다. 들뢰즈에 따르면, 합리적인 또는 정치적인 결정이 내려지기 전에 도덕의 이미지와 양식에 대한 무의식적이고 적극적인 감정의 투여가 이루어진다. 우리의 감정이 투여되는 도덕의 이미지와 양식은 이후 삶의 도덕적 근거 그 자체로 재구성된다. 그렇기 때문에, 들뢰즈가 보기에 아버지라는 권위에 대한 감정의 투여는 곧 은행업자, 경찰, 군인, 상인 등에 대한 투여이기도 하다.(Deleuze & Guattari 1984 : 97) 이른바 '이데올로기'와 '정치'는 이 같은 감정의 투여를 거쳐 구성되며, 그러한 투여 과정은 질서와 통제를 작동시키는 보편적인 근거가 되어 우리에게 되돌아온다.

여성주의

니체의 작업이 여성주의feminism에도 주목할 만한 영향을 끼쳤다고 말하면 놀랄 사람이 있을 수 있겠다. 『차라투스트라는 이렇게 말했다』의 악명 높은 구절 "여인들에게 가려는가? 그러면 채찍을 잊지 말라!"(1969 : 93/13 ; 112) 등과 같은 여성 비하적 언급들이 니체에게서 자주 발견된다는 사실을 생각하면 더욱 그러하다. 그러나 가치들의 전도를 구성하는 니체의 핵심 요소들은 가부장적 권력에 대한 여성주의적 비판에 오래도록 영향을 미쳐 왔다. 가치들의 역사적 구성을 강조하고 주체성을 힘에의 의지가 구현된 하나의 효과로서 인식하는 니체의 논의를 두고, 여성주의 이론가들은 생물학적 위계질서에 대한 중립적 묘사가 아닌 정치적·문화적 구성물로서 가부장제의 성격을 밝혀 나가는 데 유용한 맥락으로 삼았던 것이다.(Patton 1993에 수록된 엘리자베스 그로츠Elizabeth Grosz의 글 54쪽 참조) 이성의 형이상학적 어법을 전복시키고자 니체가 발전시킨 새로운 글쓰기 양식 또한 이성 및 논리가 곧 남성성이라고 보는 가부장적 동일시에 맞서 저항하려는 여성주의자들에게 힘을 불어넣었다. 모든 문화적·철학적 담론은 특정한 삶의 관점이 갖는 힘에의 의지를 재현한다는 니체의 문제의식을 수용함으로써, 여성주의 이론가들은 여성적인 것을 육체성, 불합리성, 관능과 결부시키는 것이 특정한 존재, 곧 얼마든지 그에 대한 정당성이 의혹에 부쳐지고 재평가될 수 있는 존재가 시도한 하나의 역사적 해석일 뿐임을 증명해 왔다.

한편, 여성주의적 실천이 부정적이고 분노에 찬 힘에의 의지의 형식들로 변질되는 양상들을 여성주의자들 스스로 비판적으로 검토하는 데 니체의 원한 이론이 도움을 주기도 했다. 오스트레일리아 출신의 철학자 마리온 태퍼Marion Tapper는 최근의 여성주의적 이론과 실천 가운데 너무나 많은 수가 불의와 차별에 관한 구체적인 쟁점들을 분석하지 않고, 논의의 폭만 넓혀 남성성과 '서구 이성'에 대한 일반론적이고 수준 낮은 비판을 생산할 뿐이라고 주장한다. 태퍼는 이 같은 실천의 유형을 고전적인 원한이라고 특징짓는다. 그러한 태도는 언어, 문화, 사회의 순수한 본질에서 '악'을 발견하려는 강박에 사로잡힌 나머지, (언제나 새로운 불의들을 찾아나선다는 점에서) 퇴영적이고 과대망상에 가까운 모습을 보이고, 결국 힘에 대한 반응적 시각과 관계하면서 힘을 지배 권력으로만 이해하게 된다는 것이다.(Patton 1993에 수록된 태퍼의 글 134쪽 참조)

그동안 니체의 글은 당대의 사유에 커다란 영향을 끼쳐 왔으며, 특히 프랑스 탈구조주의자들의 작업이 세계 곳곳에서 번역되기 시작한 1970년대와 80년대 이후 그 영향력은 더욱 확대되고 있다. 니체의 유산을 탐구하는 글들을 수록한 의미심장한 선집 『새로운 니체*The New Nietzsche*』가 1985년에 출간되면서 니체를 새로이 이해하려는 움직임은 절정에 달했다. 경험을 설명하거나 조직하는 단일한 구조란 있을 수 없다고 강조하는 탈구조주의 일반에 니체가 끼친 영향은 두말할 필요가 없지만, 핵심적인 탈구조주의 사상가들 안에서 니체의 사유에 대한 긍정과 비판은 동시에 진행되어 왔다.

데리다, 푸코, 들뢰즈, 뤼스 이리가라이Luce Irigaray 등은 한편으로 '인간'을 향한 니체의 공격을 지지하고 그 강도를 더욱 높여 갔지만, 다른 한편으로는 니체를 넘어서야 할 필요성을 인식하기도 했다. 데리다의 『에쁘롱』(1978), 푸코의 『말과 사물*Les mots et les choses*』(1966), 이리가라이의 『프리드리히 니체의 바다의 연인*Amante marine de Friedrich Nietzsche*』(1980), 들뢰즈의 『차이와 반복*Différence et répétition*』(1968) 등이 공통적으로 강조하는 바에 따르면, 니체의 작업에 명시적으로 드러난 주제들을 논의하는 차원 그 이상으로 나아가 어떻게 사유할 것인가에 관한 근본적인 의문들을 제기하라고 촉구하는 것이 바로 니체의 '영향력'이라는 것이다. 니체의 사유는 자아와 세계의 관계가 계속 재구성되는 과정에서 나타나는 중요한 문제들, 이를테면 권력과 책임, 주체성의 본질, 도덕의 목적과 가치, 근대성의 올바른 방향, '인간'의 의미 등에 관한 성찰을 담고 있기 때문에, 지금까지 설명한 그의 영향력은 앞으로도 오랫동안 지속될 것으로 보인다.

니체의 모든 것

■ 니체의 저작

니체를 처음 접하는 학생들은 그의 '악명 높은' 책들, 이를테면 『선악의 저편』, 『도덕의 계보』, 『우상의 황혼』 등을 먼저 읽는 경우가 많다. 이 책들로 시작하는 것이 가장 좋은 이유는 아마도 그 책들이 니체의 핵심 주제들에 대한 관심을 유도하면서도 니체 철학이 가져다주는 충격과 도발을 잘 전달하기 때문일 것이다. 니체의 철학 전반이 그렇듯이 이 책들 역시 복잡하고 도전적으로 씌어 있기는 하지만, 니체가 왜 그리도 '비도덕적'이고 '귀족적'인 사유양식을 역설했는지 짐작하게 하는 많은 논쟁적 구절들을 담고 있는 것도 사실이다. 일단 니체의 개념들 가운데서도 가장 강력하고 많은 영향을 끼친 개념들에 익숙해지면, 자연스럽게 그의 초기 저작들도 펼쳐 보게 될 것이다. 그러고 나면 니체가 반대하고자 한 것이 무엇이며, 자신의 지적 반란이 긴요하고도 가치 있는 일이라고 생각한 이유가 무엇인지에 관한 구체적인 인상이 잡힐 것이다. 『비극의 탄생』의 경우 특히 낯설고 까다로워 보일 수 있겠지만, 니체의 후기 작업을 염두에 두고 읽으면 아주 많은 것을 얻을 수 있는 텍스트다. 경구들을 즐겨 사용하는 니체의 글쓰기 방식을 한번 접하고 나면, 니체의 개념들이 『반시대적 고찰』과 『인간적인 너무나 인간적인』을 거쳐 『아침놀*Morgenröte*』(1881)과 『즐거운 학문』(영원회귀와 '신의 죽음'에 관한 수수께끼 같은 성찰들이 수록되어 있다.)에 이르며 심화되는 과정도 마찬가지로 더욱 쉽게 이해할 수 있을 것이다. 이 단계에 이르렀으면 이제 『차라투스트라는 이렇게 말했다』를 읽고 이해할 만한 준비가 된 것이다. 『차라투스트라는 이렇게 말했다』가 니체의 다른 저서들보다 꼭 어렵다고 말할 수는 없지만, 니체의 주요 개념들을 확실히 파악하지 못한 경우에는 우화들의 시적 활용으로 가득한 이 책의 내용이 당혹스럽게 느껴질 수도 있다. 니체의 자서전 격으로서 교훈적 어조로 쓰인 『이 사람을 보라』는 읽는 이를 유쾌하게 했다가 성가시게 만들기도 하는 책인데, 독자들은 이 책을 니체의 저작 전체에 대한 니체 자신의 신뢰할 만한 최종적 판단으로 간주하지 말고 그의 주요 개념들에 관한 짤막한 고찰로 이해해야 할 것이다. 『이 사람을 보라』는 니체가 정신질환으로 쓰러지기 직전에 쓴 책이고, 본문 곳곳에서 이미 그러한 증후가 나타나고 있기 때문이다. 유고집인 『힘에의 의지』〔영역본〕는 니체의 미간행 원고들을 수록하고 있고, 그 안에는 심지어 그가 폐기한 원고들까지 들어 있다는 점에서 마찬가지로 신중히 읽어야 할 책이다. 이 책은 필연적으로 구성상의 일관성이 결여될 수밖에 없기 때문에, 아마도 니체 생전에 출간된 대부분의 책들을 미리 읽고 소화해 낸 사람, 그리고 그의 작업 방식과 관련하여 더 알고 싶은 것이 있는 사람에게만 적합할 것 같다.

이 장에서 니체의 저작들은 독일어 초판본의 간행 연도 순서대로 정리되어 있으며, 니체 생전에 출판되지 않은 글이나 저작의 경우 쓰인 시기순으로 배열되었다. 이에 따라 독자들은 니체의 집필 및 출판 이력을 모두 간명하게 파악할 수 있을 것이다. 여기에 열거한 책들 모두 본래는 독일어로 씌어져 있다. 〔독일어 제목 뒤 첫 번째 괄호 안에 적힌 영문 제목과〕 서지 사항은 독자들이 가장 쉽게 참고할 수 있는 영역본의 것이다. 맨 앞의 괄호 안에는 독일어 초판의 간행 연도를 적었는데, 니체 생전에 출판되지 않은 책의 경우에는 '(생전 미간행)'이라고 표기했다. 대신, 집필되던 시기와 관련하여 참고할 만한 내용은 책에 대한 짧은 설명에 덧붙였다. 〔아울러 책세상에서 출간된 니체 전집을 중심으로 한국어 번역본의 서지 사항을 정리했음을 밝힌다.〕

(1872) *Die Geburt der Tragödie*(*The Birth of Tragedy*, trans. Shaun Whiteside, Harmondsworth : Penguin, 1993.)〔니체 전집 2권 ; 『비극의 탄생 · 반시대적 고찰』, 이진우 옮김, 책세상, 2005.〕

『비극의 탄생』은 니체의 첫 번째 저작이다. 이 책에서 니체는 그리스 비극의 탄생과 소멸에 관한 논의를 전개하고, 도덕적 사유에 대한 비판을 개시하며, 삶을 향한 비도덕적 접근의 가능성을 성찰한다.

(1873) "Über Wahrheit und Lüge im außermoralischen Sinn"("On Truth and Lying in a Non-Moral Sense", in *The Birth of Tragedy and Other Writings*, trans. Ronald Spiers, Cambridge : Cambridge University Press, 1999.)〔니체 전집 3권 ; 「비도덕적 의미에서의 진리와 거짓에 관하여」, 『유고(1870년~1873년) · 디오니소스적 세계관 · 비극적 사유의 탄생 외』, 이진우 옮김, 책세상, 2001.〕

초기에 쓰인 이 짧은 글은 니체 생전에는 출판되지 않았지만, 진리의 역사와 기능에 대한 그의 분석 중에서도 가장 도발적이고 또 영향을 많이 끼친 글에 속한다. 니체에 따르면, 인간의 문화와 사회가 발전함에 따라 인류는 진리가 은유에서 비롯되었다는 사실을 차츰 잊게 되었으며, 우리는 은유를 바탕으로 기괴한 의인관적 가치와 관점을 삶에 부과할 수 있었다. 이 글은 빈번하게 인용되었음에도 번역문을 구하기가 쉽지 않았다. 영문판의 경우 이 선집에서 가장 쉽게 완역본을 접할 수 있다.

(1873-1875) *Unzeitgemässe Betrachtungen*(*Untimely Meditations*, trans. R. J. Hollingdale, Cambridge : Cambridge University Press, 1997.)〔니체 전집 2권 ; 『비극의 탄생 · 반시대적 고찰』, 이진우 옮김, 책세상, 2005.〕

『반시대적 고찰』은 니체가 초기에 쓴 네 편의 글을 수록한 책이다. 이 책에서 니체는 근대 독일 문화·도덕·역사 감각 등을 비판하고, 철학자 아르투어 쇼펜하우어 및 작곡가 리하르트 바그너와 자신의 관련성을 고찰한다. 요즘에는 이 책이 전반적으로 경시되는 편이지만, 역사·전통·예술·문화 등에 관한 니체의 견해를 이해하는 데는 여전히 필수적이다. 두 번째 글인 「삶에 대한 역사의 공과」는 역사의식과 니체가 자신만의 계보학적 사유 양식이라고 정의한 것 사이의 차이를 성찰하고 있는데, 이 주제와 관련하여 가장 이른 시기에 행해진 가장 자유로운 성찰 가운데 하나라고 할 수 있다.

(생전 미간행) *Philosophy and Truth : Selections from Nietzsche's Notebooks of the Early 1870s*, ed. and trans. Daniel Breazeale, Atlantic Highlands, NJ : Humanities Press, 1997.

『비극의 탄생』 출간 이후 『반시대적 고찰』을 집필하던 시기인 1872년부터 1876년에 쓰인 초기의 미발표 원고들을 선별하여 수록한 중요한 책. 철학, 문화, 그리스인들에 관한 니체의 견해를 살펴볼 수 있다.〔이 책에 실린 글들은 1870년에서 1876년 봄 사이에 쓰인 니체의 유고 가운데 일부이며, 이에 해당하는 한국어 번역은 책세상판 니체 전집 3~6권에 나뉘어 수록되어 있다.〕

(1879) *Menschliches, Allzumenschliches*(*Human, All Too Human*, trans. Marion Feber and Stephen Lehmann, Harmondsworth : Penguin, 1984.)〔니체 전집 7, 8권 ; 『인간적인 너무나 인간적인 I · II』, 김미기 옮김, 책세상, 2001, 2002.〕

힘에의 의지, 귀족적 문화 및 노예적 문화에 대한 견해, 진리 비판 등에 관한 대단히 중요한 경구들이 수록된 책. 니체는 이 책에서 초기 저서들에 등장하는 형이상학적 가정들과 결별하고, 이와 같은 그의 가장 독창적인 주제들을 발전시켜 나가기 시작한다. 니체가 경구적 글쓰기 양식으로 전환한 첫 번째 책이기도 하다. 독특하고 유희로 가득한 형식에서 독자들은 이제 니체의 작업이 성숙기에 접어들었음을 발견할 수 있으며, 사람들이 가장 신봉해 왔던 가정들에 끊임없이 이의를 제기하는 니체의 여러 관점 및 시각과 대면하게 된다. 줄곧 도발적이고 선동적인 『인간적인 너무나 인간적인』은 니체의 사유 전반을 요약하는 축소판 구실을 한다.

(1881) *Morgenröte*(*Daybreak : Thoughts on the Prejudices of Morality*, trans. R. J. Hollingdale, Cambridge : Cambridge University Press, 1997.)〔니체 전집 10권 ; 『아침놀』, 박찬국 옮김, 책세상, 2004.〕

도덕, 그리고 칸트에서 쇼펜하우어에 이르는 근대 철학에 공히 존재하는 전제와 편견들을 광범위하게 내내 비판하고 있는 책. 모든 가치들의 전도라는 니체의 기획으로 나아가는 결정적인 발판이 되는 책이다.

(1882) *Die fröhliche Wissenschaft*(*The Gay Science : With a Prelude in Rhymes and an Appendix of Songs*, trans. Walter Kaufmann, New York : Vintage, 1974.)〔니체 전집 12권 ; 『즐거운 학문 · 메시나에서의 전원시 · 유고(1881년 봄~1882년 여름) 외』, 안성찬 · 홍사현 옮김, 책세상, 2005.〕

니체의 가장 중요한 저서들 가운데 한 권인 『즐거운 학문』은 시간이 흐를수록 더욱 높이 평가되고 있는 책이다. 5부에 걸쳐 400개에 가까운 경구들을 수록하고 있는 『즐거운 학문』은 실존에 대한 도덕적 해석을 공격하고 모든 가치들의 전도를 시도하는 니체의 작업을 한눈에 살펴볼 수 있다. 광범위한 차원에서 도발적인 내용을 다루었지만 상당 부분 구어체로 씌어져 있고 익살스러우며 흥미로운 책이다. 『즐거운 학문』은 또한 니체의 지적 기획이 뻗어 나가는 범위와 그 의욕을 아주 명확히 읽을 수 있는 책이기도 한데, 이 책에서 니체는 '좋은 삶'을 구성하는 것에 대한 그리스인들의 탐구에 천착하며 자신의 철학적 뿌리를 재확인하기 때문이다. 니체는 '좋은 삶'에 대한 개념이 힘, 의지, 긍정에 관한 자신의 사유를 바탕으로 다시 사유되어야 한다고 주장한다. 후속 저작에서 대단히 중요한 비중을 갖게 되는 '영원회귀'라는 난해한 개념에 대해 니체는 바로 이 책에서 가장 명쾌하게 소개하고 있다.

(1885) *Also sprach Zarathustra*(*Thus Spoke Zarathustra*, trans. R. J. Hollingdale, Harmondsworth : Penguin, 1969.)〔니체 전집 13권 ; 『차라투스트라는 이렇게 말했다』, 정동호 옮김, 책세상, 2002(개정판).〕

가장 오묘한 니체의 저서들 가운데 한 권으로, 본서 6장의 주제이며 숱한 오해를 불러일으켰던 니체의 '위버멘쉬' 개념을 다루고 있는 책이다. 『차라투스트라는 이렇게 말했다』에서 니체는 철학적 경구들을 병치시키지 않고 시적 우화의 서사적 형식을 도입함으로써, 읽는 이들의 흥미를 이끌어낼 만한 즉각적인 생동감을 확보할 수 있었다. 그 결과, 니체의 저서들 가운데 입문서로 읽기에 적합한 책으로 꼽히게 되었다. 그러나 이 책에서 차라투스트라가 전하는 가르침은 사실 이전 저서들에서 충분히 논의된 니체의 핵심 개념들 몇 가지를 전제로 하고 있다. 그렇기 때문에 이 책의 주요 논점, 곧 자기 자신의 힘에의 의지를 긍정하고 운명애와 영원회귀를 받아들이며 당대 도덕의 허무주의에 도전하는 자유로운 영혼들만이 고귀하고 귀족적인 삶의 양식을 구현할 수 있다는 내용은 니체의 앞선 저작들의 맥락을 고려할 때 더욱 잘 이해할 수 있다.

(1886) *Jenseits von Gut und Böse*(*Beyond Good and Evil : Prelude to a Philosophy of the Future*, trans. R. J. Hollingdale, Harmondsworth : Penguin, 1990.)〔니체 전집 14권 ; 『선악의 저편 · 도덕의 계보』, 김정현 옮김, 책세상, 2002.〕

『선악의 저편』은 가장 많은 영향을 끼친 니체의 저서들 가운데 한 권이자, 역사상 가장 유명한 철학서 가운데 한 권이기도 하다. 무엇이 니체로 하여금 관습적인 철학적 · 도덕적 가정들을 도발하고 자극하며 적대시하게 만드는지를 이해하고자 할 때, 많은 사람들이 이 책을 먼저 읽으려 하는 것도 그러한 이유 때문일지 모른다. 그러나 『선악의 저편』은 니체 사유의 절대적 근간이 되는 내용들을 담고 있기 때문에 거듭 읽고 또 읽어야 할 책이다. 이 책에서 특히 눈여겨볼 대목은 「철학자들의 편견에 관하여」, 「자유정신」, 「도덕의 자연 발생사」, 「고귀함이란 무엇인가?」 등이다. 이 장들에서 니체는 강력하고 창조적인 문화의 흥망, 진리에의 의지, 도덕적 가치들의 역사 등에 대해 고찰하고, 선과 악의 도덕적 범주에 얽매이지 않는 귀족적 삶의 양식을 역설한다. 읽는 이를 몰입케 하는 매혹적인 책이다.

(1887) *Zur Genealogie der Moral*(*On the Genealogy of Morality : A Polemic*, trans. Carol Diethe, Cambridge : Cambridge University Press, 2000.)〔니체 전집 14권 ; 『선악의 저편 · 도덕의 계보』, 김정현 옮김, 책세상, 2002.〕

『도덕의 계보』는 『선악의 저편』과 더불어 니체의 저서들 가운데 가장 중요하면서도 영향력이 큰 책이다. 정치 이론과 윤리 이론에 기여한 니체의 커다란 공헌을 확인할 수 있는 대표적인 책이 『도덕의 계보』라는 점은 더 이상 의심할 여지가 없다. 책의 주제 자체는 도발적이지만 논문 형식을 따르기 때문에, 중심 개념들이 충분한 논의 속에서 해명되고 있다. 『도덕의 계보』는 세 편의 논문으로 구성되어 있고, 각 논문은 '선' · '악' · '정의' · '법' · '책임' · '양심' 등과 같은 근본 개념들이 역사적으로 진화해 온 과정을 살핀다. 이 책은 또한 주인 도덕과 노예 도덕, 원한과 진리에의 의지에 관한 가장 자세한 논의를 담고 있기도 하다. 이 책에 실린 세 편의 논문은 우리가 지닌 도덕 개념을 예리하고 강력하게 비판하며, 이 같은 비판은 니체의 작업을 이해하려면 반드시 알아 두어야 할 기본 요건이다.

(1889/1894) *Götzen-Dämmerung/Der Antichrist*(*Twilight of the Idols/The Antichrist*, trans. R. J. Hollingdale, Harmondsworth : Penguin, 1990.)〔니체 전집 15권 ; 『바그너의 경우 · 우상의 황혼 · 안티크리스트 · 이 사람을 보라 외』, 백승영 옮김, 책세상, 2002.〕

『우상의 황혼』과 『안티크리스트』 역시 『선악의 저편』과 마찬가지로 니체의 작업을 훌륭히 개관하고 있는 책들이다. 우리는 니체가 자기 시대에 유행하는 몇 가지 관념들을 맹렬히 공격하고 이를 간결한 형식 안에 담아내는 것을 확인할 수 있다. 『우상의 황혼』은 도덕의 문제, 언어와 자유의지에 대한 비판, '형이상학적' 관념들과 관련된 실제 인과관계의 폭로, 서구의 지적 전통에서 핵심적 위치를 차지하는 사상가들과 자신의 관계에 대한 의식 등을 비롯한 다양한 문제들에 관한 니체의 견해를 개괄적으로 보여 준다. 한편 『안티크리스트』는 원한과 노예 도덕에 대한 금욕주의적 · 자기부정적인 표현인 제도화된 기독교를 향한 니체의 지속적인 공격이 가장 여실히 드러나 있는 책이다. 이 책은 비슷한 주제를 제법 상세하게 논의하고 있는『도덕의 계보』의 제1논문 및 제3논문과 함께 읽으면 더욱 유익하다.『우상의 황혼』과『안티크리스트』모두 니체의 논쟁적 문체에 담긴 기지와 신랄함을 맛볼 수 있는 탁월하면서도 매우 흥미로운 사례들을 수록하고 있다.

(생전 미간행) *Ecce Homo*(*Ecce Homo*, trans. R. J. Hollingdale, Harmondsworth : Penguin, 1992.)〔니체 전집 15권 ;『바그너의 경우 · 우상의 황혼 · 안티크리스트 · 이 사람을 보라 외』, 백승영 옮김, 책세상, 2002.〕

『이 사람을 보라』는 1888년 니체가 온전한 정신을 유지하고 있던 마지막 몇 주 동안에 작성되어 사후인 1908년에 간행된 저서로, 니체만의 독특한 자서전이라고 할 수 있는 책이다. 이 책은 니체의 저서들에 등장하는 주요 주제들의 상당수를 다시 언급하고 있기 때문에 매우 읽기 쉽고 또 흥미롭다. 니체가 이 책에서 특별히 강조하는 점은 세 가지이다. 자신의 작업이 갖는 비극의 철학으로서의 위상, 모든 가치들에 대한 자신의 전도가 차지하는 전대미문의 중요성, 자신의 작업이 표상하는 승리, 곧 기독교와 형이상학에 대한 디오니소스의 궁극적인 승리가 그것이다. 니체는『이 사람을 보라』의 각 장의 표제로 자신의 주요 저서들의 제목을 사용했기 때문에, 일반 독자들 가운데 상당수는 니체가 이전 저서들에서 비중 있게 생각했던 모든 것들을 이 책에서 구체화하였다고 생각하기도 한다. 하지만 그렇게 추측해서는 안 된다.『이 사람을 보라』는 시종일관 흥미로운 내용들로 가득하지만, 니체의 지적 이력을 설명하는 부분은 매우 선별적으로 수록되어 있으며, 책을 쓰는 동안 그의 정신 상태가 악화되고 있었음을 보여 주는 징후들도 눈에 띄기 때문이다. 니체의 자서전『이 사람을 보라』는 여러 차례 놀라운 통찰력을 선보이지만, 이 책의 고유 기능은 본문에서 언급되는 니체의 주요 저서들을 읽는 이에게 다시 환기시키는 데 있다.

(생전 미간행) *The Will To Power*, trans. Walter Kaufmann and R. J. Hollingdale, New York : Vintage, 1968.

니체 사후에 출간된 유고집. 유럽 문화의 허무주의, 도덕적·형이상학적 가치들에 대한 비판, 삶의 근원적 운동으로서의 힘에의 의지 이론, 강력한 삶의 양식과 나약한 삶의 양식 사이의 관계를 대하는 귀족적 시각 등에 관한 니체의 견해를 담고 있는 이 유고집에는 그의 빼어난 통찰력이 녹아들어 있다. 이 유고들의 본래 모습을 둘러싼 문제는 여전히 격렬한 학문적 논란거리로 남아 있기 때문에, 니체는 이 유고들을 모아서 책으로 낼 생각이 결코 없었다는 사실을 잊어서는 안 된다. 『힘에의 의지』의 초판은 엘리자베스 니체에 의해 1900년에 간행되었고, 이후 대폭 증보된 판본이 1906년에 출간되었다.〔이 책에 실린 글들은 1883년에서 1888년 초 사이에 쓰인 니체의 유고 가운데 일부이며, 이에 해당하는 한국어 번역은 책세상판 니체 전집 16~21권에 나뉘어 수록되어 있다. 한편 이 영역본을 번역한 책으로는 강수남 옮김, 『권력에의 의지』(청하, 1988)가 있다.〕

■ 니체에 관한 저작

20세기 중반 이후, 니체의 작업을 충실히 해석한 다수의 중요한 저작들이 소개되었다. 아래의 도서목록에는 니체를 처음 접하는 사람들에게 가장 유용할 책들은 물론, 니체 철학의 수용 과정에 큰 영향을 끼쳐 왔으나 초심자에게는 다소 어려울 책들도 포함되어 있다. 각 저서마다 주요 내용과 난이도에 대해 짧게 언급했다.

Allison, David (ed.) (1985) *The New Nietzsche*, Cambridge, Mass. : MIT Press.

마르틴 하이데거, 자크 데리다, 질 들뢰즈, 모리스 블랑쇼 등 걸출한 사상가들이 니체에 관하여 쓴 글들을 모은 매우 까다롭지만 중요한 선집. 여기 수록된 글들은 니체의 작업이 오늘날의 유럽 철학에 얼마나 큰 영향을 끼쳐 왔는지 증명함으로써 니체에 대한 관심을 광범위한 차원에서 되살리는 데 크게 기여했다. 힘에의 의지, 허무주의, 위버멘쉬, 영원회귀 등과 같은 니체의 핵심 개념들을 중점적으로 논의하고 있기 때문에, 니체에 관한 기본적인 내용을 충분히 이해하고 있는 이들에게 적합한 책이다.

Ansell-Pearson, Keith (1994) *An Introduction to Nietzsche as a Political Thinker*, Cambridge : Cambridge University Press.

니체의 정치사상가적 면모를 간명하면서도 포괄적으로 이해하는 데 도움을 주는 탁월한 저서. 이 책에서 안셀 피어슨은 고전 문화와 근대의 정치적 전통 양쪽과 니체가 관계하는 양상을 논의하고 있다. 저자는 명료하고 이해하기 쉬운 문체를 사용하기 때문에, 니체의 작업에 상대적으로 익숙하지 않은 독자도 어렵지 않게 관련 쟁점들을 파악할 수 있다. 또한 이 책은 니체의 양식style에 관한 유용한 고찰과 더불어, 계보학이나 위버멘쉬 같은 그의 핵심 개념들에 대한 해설도 덧붙이고 있다. 니체의 정치철학을 처음 접하는 사람에게는 더할 나위 없이 훌륭한 책.

Conway, Daniel W. (1997) *Nietzsche and the Political*, London : Routledge.

니체의 정치사상과 근대성 비판을 명쾌하게 설명하고 있는 책으로, 안셀 피어슨의 책과 더불어 니체의 정치철학에 관한 최고의 입문서다. 이 책은 니체의 작업을 본연의 역사적 맥락에 위치시키면서 그의 저서들의 핵심적인 구절들을 효과적으로 읽어 내고 있다.

Deleuze, Gilles (1983) 〔프랑스어 원저는 1962년에 간행〕 *Nietzsche and Philosophy*, trans. Hugh Tomlinson, London : Athlone.〔질 들뢰즈, 『니체와 철학』, 이경신 옮김, 민음사, 1998. ; 질 들뢰즈, 『니체, 철학의 주사위』, 신범순·조영복 옮김, 인간사랑, 1993.〕

정교한 철학서인 이 책은 니체를 의지, 힘, 영원회귀를 사유한 반변증법적 사상가로 이해할 것을 강력히 요청한다. 들뢰즈는 계보학, 적극적이고 반응적인 힘, 원한, 자기 극복 등 니체의 핵심 개념들을 놀라울 정도로 독창적으로 해석하고 있다. 이 책은 아마도 20세기 후반에 나온 가장 유력한 니체 해석일 테지만, 니체의 텍스트를 잘 이해하고 있는 사람들에게만 권한다.

De Man, Paul (1979) *Allegories of Reading : Figural Language in Rousseau, Nietzsche, Rilke and Proust*, New Haven : Yale University Press.

대단히 영향력 있는 저서이긴 하지만, 니체의 수사학을 분석하는 부분은 몹시 까다롭다. 니체가 보여 주는 은유의 경제는 개념들의 '순수한' 기원에 대한 인식을 단순히 서술하기보다는 오히려 생산한다고 할 수 있는데, 드 만의 해체적 분석은 바로 이러한 은유의 경제가 작동하는 방식을 탐구하고 있다. 이 책은 탈구조주의 철학에 대한 이해를 전제로 하기 때문에, 일반 독자들에게는 적합하지 않다.

Derrida, Jacques (1979) 〔프랑스어 원저는 1978년에 간행〕 *Spurs : Nietzsche's Styles*, trans. Barbara Harlow, Chicago : University of Chicago Press.〔자크 데리다, 『에쁘롱 : 니체의 문체들』, 김다은 · 황순희 옮김, 동문선, 1998.〕

복잡한 해체적 독법으로 니체의 철학적 문체(들) 및 그의 저작에 내재된 미학적 성격을 논의하는 책이다. 이 책에서 데리다는 니체 철학의 은유적 특성, 그 가운데서도 존재의 상이한 수준들을 수사학적으로 구축하는 과정에 힘에의 의지가 잠재적으로 작동하는 양상을 특히 주목한다. 이 책의 주요 논점들을 이해하려면 데리다의 철학에 관한 배경 지식을 어느 정도 갖출 필요가 있다.

Foucault, Michel (1991) 〔프랑스어 원문은 1971년에 발표〕 "Nietzsche, Genealogy, History", trans. Donald F. Bouchard and Sherry Simon, in *The Foucault Reader : An Introduction to Foucault's Thought*, ed. Paul Rabinow, Harmondsworth : Penguin.〔미셸 푸코 지음, 이광래 옮김, 「니이체, 계보학, 역사」, 이광래, 『미셸 푸코 : 광기의 역사에서 성의 역사까지』, 민음사, 1989.〕

니체의 계보학적 비판에 대한 흥미진진한 해석으로 많은 영향을 끼쳐 온 글. 1960년대와 70년대에 니체가 재조명되는 데는 푸코의 공이 컸다. 이 글은 힘, 힘에의 의지, 관점 등에 관한 니체의 성찰을 면밀히 검토하며 목적론적 역사 해석의 폐기가 갖는 함의에 대해 살펴본다. 무척 어려운 부분들이 몇 군데 있긴 하지만, 푸코의 논의는 가장 난해한 니체의 개념 가운데 하나를 중점적으로 분석하고 있다는 점에서 아주 유용하다.

Hollingdale, R. J. (1965) *Nietzsche : The Man and His Philosophy*, London : Routledge and Kegan Paul.〔레지날드 J. 홀링데일, 『니체, 그의 삶과 철학』, 김기복 · 이원진 옮김, 이제이북스, 2004.〕

니체의 작업을 시대별 · 주제별로 정리하여 소개하는 매우 명쾌하고 평이한 니체 평전이다. 일반 독자들이 니체 입문서로 삼기에 아주 좋다.

Irigaray, Luce (1991)〔프랑스어 원저는 1980년에 간행〕*Marine Lover of Friedrich Nietzsche*, trans. G. C. Gill, New York : Columbia University Press.

유체流體의 유동성fluidity이라는 은유를 니체가 어떻게 사용하고 또 억압하는지에 대해 여성주의의 관점에서 대단히 정교하게 탐구한 책.

Kaufmann, Walter (1974) *Nietzsche : Philosopher, Psychologist, Antichrist*, Princeton, NJ : Princeton University Press.

한동안 경시되었던 니체에 관한 철학적 평판을 1950년대 이후 복원시키는데 기여한 책이다. 이 책에서 카우프만은 니체 철학의 각 주제별 전개 과정과 체계성을 포괄적으로 설명하고 있다. 카우프만은 니체의 주요 개념들을 개별적으로 논의하고, 이 개념들이 니체의 사유 체계 안에서 차지하는 위치를 해명한다. 중요한 구절마다 훌륭한 해설을 덧붙이기도 했다. 니체를 처음 접하는 사람과 니체의 애독자 모두 필독서로 삼아야 할 몇 안 되는 책 가운데 한 권으로 고전의 반열에 올라 있는 책.

Kofman, Sarah (1993)〔프랑스어 원저는 1978년에 간행〕*Nietzsche and Metaphor*, trans. Duncan Large, London : Athlone.

니체의 은유 탐구 및 니체의 글쓰기에 사용되는 은유 체계를 면밀히 살펴보는 강력한 해체적 독법으로써 니체의 철학적 문체에 접근하는 책이다. 이 책은 초심자용 텍스트와는 거리가 멀지만, 꼼꼼히 읽을 만한 가치가 충분하다. 특히 니체의 문체와 언어 사용에 관심 있는 사람에게는 더욱 유익하다.

Magnus, Bernd and Kathleen M. Higgins (eds) (1996) *The Cambridge Companion to Nietzsche*, Cambridge : Cambridge University Press.

니체 철학을 다룬 비평문들을 광범위하게 수록한 탁월한 선집. 이 책은 니체의 삶과 시대, 니체의 작업 및 저서들의 주제별 구성, 19세기 철학에서 니체가 차지하는 위치, 모던과 포스트모던 사유 양식에 미친 니체의 영향 등을 폭넓게 소개하고 있다. 니체가 제기한 쟁점들을 두루 개관하는 신뢰할 만한 입문서가 필요한 독자라면, 먼저 이 책을 펼치는 것이 바람직하다.

Megill, Allan (1985) *Prophets of Extremity : Nietzsche, Heidegger, Foucault, Derrida*, Berkeley : University of California Press.〔앨런 매길, 『극단의 예언자들 : 니체, 하이데거, 푸코, 데리다』, 정일준 · 조형준 옮김, 새물결, 1996.〕

'자연 발생적' 도덕과 종교적 도덕 모두에 대한 거부, 그리고 미적 자기구성체로서의 세계와 인간에 대한 강조로 구체화되는 니체 사상의 도전을 독창적이고 도발적으로 설명한 책이다. 저자는 하이데거, 푸코, 데리다의 사상적 맥락을 검토하면서, 니체가 모더니티와 포스트모더니티에 끼친 영향을 명확히 밝혀 두고 있다. 입문서로 보기에는 다소 어려운 책이지만, 니체와 근현대 사상 사이의 관련성을 간파할 수 있는 많은 실마리를 던져 준다.

Nehamas, Alexander (1985) *Nietzsche : Life as Literature*, Cambridge, Mass. : Harvard University Press.〔알렉산더 네하마스, 『니체 : 문학으로서의 삶』, 김종갑 옮김, 책세상, 1994.〕

철학적 엄밀성, 텍스트의 세부 사항들에 대한 충실한 독해, 그리고 폭넓은 주제적 접근법을 적절히 접목시켜, 명쾌하고 독창적이며 새로운 관점에서 니체의 작업에 대해 설명하는 책. 이 책에서 네하마스는 풍부하고 치밀한 분석을 바탕으로 니체 철학의 핵심 요소들을 개별적으로 설명하고 있기 때문에 호기로운 독자라면 네하마스의 책에 도전해 볼 만하다. 좀 더 명료한 입문서로 시작하려는 이들은 입문서를 독파한 뒤 다음 단계로 이 책을 읽어도 좋다. 그러한 독자들의 본격적인 니체 이해를 돕는 필독서 가운데 한 권으로 꼽히는 책이기도 하기 때문이다. 이 책에서는 특히 니체의 관점주의와 미학주의, 그리고 양식과 가치의 문제를 다룬 니체의 글들에 나타나는 '문학적' 성격 등에 대한 명쾌하고 세련된 설명이 돋보인다. 한 마디로, 훌륭한 책이다.

Patton, Paul (ed.) (1993) *Nietzsche, Feminism and Political Theory*, London : Routledge.

니체 철학과 여성주의의 연대 가능성을 탐구하는 논문들이 수록된 중요한 선집이다. 이 선집에 실린 글들은 허무주의, 원한, 합리성, 힘에의 의지, 언어 등에 대한 니체의 비판을 재조명하고 있다. 입문 단계를 막 넘어선 사람에게 가장 적합하긴 하지만, 간명하게 주제별로 논문들을 수록하고 있어 니체의 기본적 사상을 적절히 파악하고자 하는 누구에게나 도움이 될 책이다.

Young, Julian (1992) *Nietzsche's Philosophy of Art*, Cambridge : Cambridge

University Press.

니체 예술철학의 전개 과정 및 형이상학, 윤리학, 정치학에 관한 그의 견해에 예술철학이 차지하는 중요성을 간단명료하게 설명한 책. 니체를 어느 정도 이해하고 있는 사람에게 필요할 법한 책이다. 저자는 미학에 뚜렷이 초점을 맞추어 다양한 니체 텍스트들 사이의 연관성을 다수 밝혀내고 있다.

■ 참고문헌

Adkins, A. W. H. (1960) *Merit and Responsibility : A Study in Greek Values*, Oxford : Clarendon Press.

Ansell-Pearson, Keith (1994) *An Introduction to Nietzsche as a Political Thinker*, Cambridge : Cambridge University Press.

Blake, William (1989) *William Blake : The Complete Poems*, London : Longman.

Byron, George Gordon (1970) *Poetical Works*, Oxford : Oxford University Press.

Camus, Albert (2000) *The Outsider*, trans. Joseph Laredo, Harmondsworth : Penguin.

Coleridge, Samuel Taylor (1963) *Coleridge's Poems*, London : J. Dent & Sons.

Conrad, Joseph (1989) *Heart of Darkness*, Harmondsworth : Penguin.

Davis, Lennard J. (1997) *Factual Fictions : The Origins of the English Novel*, Philadelphia : University of Pennsylvania Press.

Deleuze, Gilles (1983) *Nietzsche and Philosophy*, trans. Hugh Tomlinson, London : Athlone.

_______ (1994) *Difference and Repetition*, trans. Paul Patton, New York : Columbia University Press.

Deleuze, Gilles and Félix Guattari (1984) *Anti-Oedipus : Capitalism and Schizophrenia*, trans. Robert Hurley, Mark Seem and Helen R. Lane, London : Athlone.

Derrida, Jacques (1978) *Writing and Difference*, trans. Alan Bass, London : Routledge.

Eliot, George (1994) *Middlemarch*, Harmondsworth : Penguin.

Eliot, T. S. (1951) *Selected Essays*, London : Faber.

_______ (1977) *The Completed Poems and Plays of T. S. Eliot*, London : Faber.

Foucault, Michel (1991) *The Foucault Reader*, ed. Paul Rabinow,

Harmondsworth : Penguin.
_______ (1992) *The Order of Things : An Archaeology of the Human Sciences*, London : Routledge.
Greenblatt, Stephen (1992) *Learning to Curse : Essays in Early Modern Culture*, London : Routledge.
Hunter, J. Paul (1990) *Before Novels*, New York : Norton.
Irigaray, Luce (1991) *Marine Lover of Friedrich Nietzsche*, trans. G. C. Gill, New York : Columbia University Press.
Kofman, Sarah (1993) *Nietzsche and Metaphor*, trans. Duncan Large, London : Athlone.
Lawrence, D. H. (1985) *Three Novellas*, Harmondsworth : Penguin.
Lycos, Kimon (1987) *Plato on Justice and Power : Reading Book I of Plato's Republic*, New York : State University of New York Press.
Magnus, Bernd and Kathleen M. Higgins (eds) (1996) *The Cambridge Companion to Nietzsche*, Cambridge : Cambridge University Press.
Mann, Thomas (1971) *Death in Venice*, trans. H. T. Lowe-Porter, Harmondsworth : Penguin.
Nehamas, Alexander (1985) *Nietzsche : Life as Literature*, Cambridge, Mass. : Harvard University Press.
Nietzsche, Friedrich (1968) *The Will To Power*, trans. Walter Kaufmann and R. J. Hollingdale, New York : Vintage.
_______ (1969) *Thus Spoke Zarathustra*, trans. R. J. Hollingdale, Harmondsworth : Penguin.
_______ (1974) *The Gay Science : With a Prelude in Rhymes and an Appendix of Songs*, trans. Walter Kaufmann, New York : Vintage.
_______ (1984) *Human, All Too Human*, trans. Marion Feber and Stephen Lehmann, Harmondsworth : Penguin.
_______ (1990a) *Beyond Good and Evil : Prelude to a Philosophy of the Future*, trans. R. J. Hollingdale, Harmondsworth : Penguin.
_______ (1990b) *Twilight of the Idols/The Antichrist*, trans. R. J. Hollingdale, Harmondsworth : Penguin.
_______ (1992) *Ecce Homo*, trans. R. J. Hollingdale, Harmondsworth : Penguin.

______ (1993) *The Birth of Tragedy*, trans. Shaun Whiteside, Harmondsworth : Penguin.

______ (1997a) *Daybreak : Thoughts on the Prejudices of Morality*, trans. R. J. Hollingdale, Cambridge : Cambridge University Press.

______ (1997b) *Philosophy and Truth : Selections from Nietzsche's Notebooks of the Early 1870s*, ed. and trans. Daniel Breazeale, Atlantic Highlands, NJ : Humanities Press.

______ (1997c) *Untimely Meditations*, trans. R. J. Hollingdale, Cambridge : Cambridge University Press.

______ (1999) "On Truth and Lying in a Non-Moral Sense", in *The Birth of Tragedy and Other Writings*, trans. Ronald Spiers, Cambridge : Cambridge University Press.

______ (2000) *On the Genealogy of Morality : A Polemic*, trans. Carol Diethe, Cambridge : Cambridge University Press.

Patton, Paul (ed.) (1993) *Nietzsche, Feminism and Political Theory*, London : Routledge.

Sartre, Jean-Paul (1957) *Being and Nothingness : An Essay on Phenomenological Ontology*, London : Methuen.

Shakespeare, William (1997) *The Norton Shakespeare*, ed. Stephen Greenblatt, London : Norton and Co.

Shelley, Percy Bysshe (1977) *Selected Poems of Percy Bysshe Shelley*, London : J. M. Dent & Sons.

Sophocles (1986) *The Theban Plays*, trans. Don Taylor, London : Methuen.

Stallybrass, Peter and Allon White (1986) *The Poetics and Politics of Transgression*, Ithaca, NY : Cornell University Press.

Stevens, Wallace (1984) *The Collected Poems of Wallace Stevens*, London : Faber.

Watt, Ian (1957) *The Rise of the Novel : Studies in Defoe, Richardson and Fielding*, London : Pimlico.

Winckelmann, Johann (1850) *The History of Ancient Art among the Greeks*, London : J. Chapman.

Woolf, Virginia (1984) *To the Lighthouse*, London : Panther.

Yeats, W. B. (1975) Selected Poetry, London : Pan.

찾아보기

니체의 저작

ㄱ

ㄴ

ㄷ

ㄹ

ㅁ

가치의 입법자 프리드리히 니체

2009년 1월 20일 초판 1쇄 발행

지은이 | 리 스핑크스
옮긴이 | 윤동구
펴낸이 | 노경인

펴낸곳 | 도서출판 앨피
출판등록 | 2004년 11월 23일 제2011-000087호
주소 | 우)120-842 서울시 영등포구 영등포로5길 19 동아프라임밸리 1202-1호
전화 | (02)336-2776 팩스 | 0505-115-0525

ISBN 978-89-92151-24-5